经济全球化背景下
市场营销战略研究

韩婷婷　著

哈尔滨工程大学出版社
Harbin Engineering University Press

内容简介

本书在经济全球化的时代背景下，以市场营销的内涵和观念为基础，阐述了市场营销战略的基本内涵，对企业家、营销组织和流程、营销顾问机构展开探索，全面论述企业营销机构的战略战术及实战应用。阅读本书，能使读者在置身于经济全球化的时代背景下去把握市场营销战略的要点、在理解系统完整的理论中去领会市场营销战略方法、在清晰基本理论的层面中去了解热门行业的市场营销战略。

本书结构清晰、体系完整、紧跟研究前沿，条理性与实用性强，适合市场营销战略的实践者与研究者阅读与参考。

图书在版编目(CIP)数据

经济全球化背景下市场营销战略研究/韩婷婷著
.—哈尔滨：哈尔滨工程大学出版社，2022.12
ISBN 978-7-5661-3713-5

Ⅰ.①经… Ⅱ.①韩… Ⅲ.①市场营销-营销战略-研究 Ⅳ.①F713.54

中国版本图书馆 CIP 数据核字(2022)第 195039 号

经济全球化背景下市场营销战略研究
JINGJI QUANQIUHUA BEIJINGXIA SHICHANG YINGXIAO ZHANLÜE YANJIU

选题策划 马佳佳
责任编辑 马佳佳
封面设计 李海波

出版发行 哈尔滨工程大学出版社
社　　址 哈尔滨市南岗区南通大街 145 号
邮政编码 150001
发行电话 0451-82519328
传　　真 0451-82519699
经　　销 新华书店
印　　刷 黑龙江天宇印务有限公司
开　　本 787 mm×1 092 mm　1/16
印　　张 12
字　　数 301 千字
版　　次 2022 年 12 月第 1 版
印　　次 2022 年 12 月第 1 次印刷
定　　价 48.00 元
http://www.hrbeupress.com
E-mail:heupress@hrbeu.edu.cn

前　言

当今,人们生活在一个科技突飞猛进、城市日新月异、经济全球化的新时代。市场营销战略是市场经济发展到较高阶段的产物,是企业市场营销的灵魂,是对市场营销的总体谋划,决定着市场营销的成败与效果。

如何在把握市场营销战略理论的系统性并紧跟学科研究前沿的基础上,总结一套既重点突出又不失体系的完整,既汇集当今相关成果又把握未来趋势,既保持理论的深度又通俗易懂,既体现理论与实务的交叉性、综合性又突出其务实性和操作性的完整的体系,并且在这个体系中,将综合市场、营销机构、品牌、营销战略和大数据营销等方面的内容有机融合,进行完整的论述并提供相应的方法,一直是作者着力研究的重点。

作者经过长时间的思考、归纳与整理,结合本人在本领域长期的研究经验,撰写了本书,比较成功地体现了上述要求。

本书的研究目的就是探索经济全球化背景下的市场营销战略。全书共有七章,第一章从经济全球化背景下大环境入手,论述了经济全球化的时代背景;第二章以市场营销的内涵和观念为基础,阐述了市场营销战略的基本内涵;第三章从市场环境、市场能力、市场调研和购买行为四个方面展开论述,促进企业经济的进一步发展;第四章对企业家、营销组织体系和流程、营销顾问机构展开研究,全面论述企业的营销机构;第五章以品牌概念和品牌管理的流程为基础,论述了如何对品牌进行塑造和管理;第六章以产品、价格、分销渠道、促销等角度,探究企业营销市场战略;第七章论述了大数据营销平台及应用。阅读本书,能在置身于经济全球化的时代背景中去把握市场营销战略的要点、在理解系统完整的理论中去领会市场营销战略的方法、在清晰基本理论的层面中去涉足热门行业的市场营销战略。

本书结构清晰、体系完整、紧跟研究前沿,条理性与实用性强,适合市场营销战略的实践者与研究者阅读与参考。

本书在写作过程中,参阅了国内外学者的许多最新研究成果,在此,谨向这些学者与同人致以崇高的敬意和感谢。由于作者知识水平的不足,以及文字表达能力的限制,在专业性与可操作性上还存在着较多不足。对此,希望各位专家学者和广大的读者能够予以谅解,并提出宝贵意见,作者当尽力完善。

著　者

2022 年 9 月

目　　录

第一章　经济全球化背景下大环境解析

经济和科学技术的不断发展,促进了社会的发展,全球进入了新经济发展时代,世界经济越来越趋向于全球化。新经济发展时代是社会发展的产物,为了更加充分地了解新经济发展时代,本章主要就经济时代和全球化进行分析和研究。

第一节　经济的本质和全球化

人们希望生活得更好,这是人性的基本组成部分,也是促使社会进步的根本动力。在经济学中,人的这些基本欲望构成了消费需求。为了满足这种需求,各种经济主体便开始组织资源或生产要素。然而人类的欲望难有止境,有时在资源或成本受限的情况下就应考虑“机会成本”的问题。不管是处理各种经济问题还是调配“机会成本”,经济学的研究总会落到一个基本问题上,那就是:要用我们有限的资源满足哪些需求。

一、经济学的本质

经济学问题的产生是因为人们想要生活得更好,这是人性的基本组成部分,为此,人类也取得了一些非凡的成就。

(一)欲望与满足

在经济学中,与其说人们想要一些东西,不如说人们有一些欲望。对于所有人来说,生存必需品是人的三大基本欲望,它们包括食物、衣服和住房。只有当人的三大基本欲望得到满足时,我们才会去考虑其他的、不是很迫切的欲望。有一件事情是我们需要肯定的:人都会有其他的欲望。例如,我们可能想要一个新的餐桌,或者一件名牌衣服,或者一匹小马驹,或者一辆汽车,等等。

欲望的问题在于它是无止境的,无论这些欲望在多么短的时间内得到满足,还是会有更多的欲望等着实现,有一些欲望是附加的,是随着我们的欲望得到满足而来的。例如,当我们得到一辆电动车时,就会想要一个头盔,然后我们可能还想要一套骑行时用的配套服饰。

一些欲望是循环重复的,食物就是最明显的例子。此外还有一些其他的例子,如鞋子、洗发水、剃须刀、护肤品,等等。

欲望也可能会随着时间的改变而改变,因为我们人本身就在随着时间而发生变化。例如一个人 5 岁时想要的东西,当其长大后可能就不想要了,毕竟人们在 20 岁时的欲望和幼时的欲望是有很大的差别的。

欲望可以分为两类:个人的欲望和集体的欲望。个人的欲望是一些能愉悦自我的东西,比如我们试图通过购买商品和享受各种服务来满足自我的欲望。集体的欲望是一个群体想要的东西,如机场、图书馆、公共交通以及体育设施等,这些都是政府通过税收所得及财政支持等来修建的。

(二)资源及其分类

现代的西方经济学家将我们用来满足欲望的东西叫作资源,也就是生产要素,他们将资源分为土地、劳动力、资本和企业家。

1. 土地

这里所说的“土地”的范围和我们平常的观点有很大的不同,它包括人们用来满足欲望的所有自然资源,这里面包括森林、水、农田和矿产资源,甚至阳光和风也可以被划分为“土地”。

2. 劳动力

劳动力是指可以生产产品或提供服务的人力资源，它不仅仅是指单纯的体力劳动，也包括脑力劳动。

3. 资本

资本是指为生产业和服务业提供帮助的一类物体。各种工具，如锤子、螺丝刀和梯子等都是资本，它们能够使其他物品的生产过程变得更容易。在一个更广泛的概念中，起重机、道路、铁路和铲车也都是资本。

钱本身并不是资本，因为钱只是一个概念上的东西，虽然它帮助人们对货物和服务进行交易，但它并不是资源。当一个人获得工作报酬时，实际上他得到的是以一种简易可交换形式获得的劳动力的等价物。

4. 企业家

企业家指企业的经营管理者（领导者）。在现代企业中企业家大体分为两类：一类是企业所有者企业家，作为所有者他们仍从事企业的经营管理工作；另一类是受雇于所有者的职业企业家。多数情况下，企业家指第一种类型，而把第二种类型称作职业经理人。

（三）国家财富

一个国家的财富就是这个国家满足其国民欲望和需求的能力。由于资源被用来满足人们的需求和欲望，所以我们可以通过测定一个国家资源的数量和整合量来判定这个国家的财富。

美国被认为是世界上最富有的国家之一，它有很多富饶的土地、广泛的人力资源、大量的资本设备以及很多的企业家。所有这些资源联合起来满足了人们的诸多需求。日本是另一个富有的国家，它有大量的劳动力、资本以及众多的企业家，但是它没有美国富有，因为它的人均资源占有量较少，所以日本必须从其他国家进口一些被划分为“土地”的资源，如煤、铁等。中国是发展中国家，尽管它有丰富的劳动力和土地资源，但是它没有足够的企业家，缺少擅长将其他资源整合起来以获得利润的一类人。

（四）资源的特征

资源的主要问题在于它是有限的。例如，森林中的树木，一大片森林里有很多树，其数目可能达数千或数百万株，但它绝对是有定数的，如果砍倒了一些，我们可以种更多的树，但树的生长速度仍是有限的，所以树的数量就是有限的。

资源可以有多种用途，比如树，它们用来保护土壤和保持生物的多样性。而我们砍下的树，可以用来制作成纸、家具，或者将其燃烧来取暖。

资源用来满足人的欲望，但资源是有限的，它们的用途也是有选择性的。但是，人类的欲望永无止境，这就给我们带来了经济问题。因为没有足够的资源用来满足人们的所有欲望，所以我们必须决定满足哪些欲望而又放弃哪些欲望。经济问题就是在不停地做选择，当我们满足一个欲望时，通常不得不放弃另外一个，这就是众所周知的“机会成本”。

机会成本原则也对商业和政府工作产生了影响。例如，当在军事防卫领域投资时，政府必须仔细衡量，如果将这些钱花到卫生等其他领域是不是更好呢？这个关系可能十分微妙。如果我们不能保卫国家免受侵略,那么即使我们拥有了世界上最好的医院也没有任何的意义。但是,即便我们拥有世界上最先进的武器装备,我们的国民体质却虚弱不堪,那也是毫无意义的。当政府向其他领域,如教育、交通、旅游等领域投资时,决策也会非常艰难。

我们可以用“生产可能性”模型来理解“机会成本”这个概念。在模型中,我们假设所有的资源都被完全利用,整个社会只生产两种商品——面包和烤箱。面包是消费商品,烤箱是资本商品。如果我们决定将所有的资源都投入到生产面包上,我们一天可能生产 100 个面包,但是这意味着我们连一个烤箱都生产不出来。如果我们决定将所有的资源都投入到生产烤箱上,那么就一个面包也烤不出来了。这两种决定都太不现实了。

面包是一种迫切的需求,如果我们不想被饿死,这一需求就必须得到满足。如果我们做 75 个面包,就能用剩下的资源去生产 2 个烤箱。如果我们决定生产 3 个烤箱,我们也有可能用剩余的资源做 50 个面包。我们在坐标图上用一条线将所有这些点连接起来,就能得到一条“生产可能性曲线”。

人们如果可以使用所有能利用的资源,就能沿着曲线生产出任何一种由面包和烤箱组合的商品。但是,大部分的经济问题都不能按曲线来操作。如果有失业人员,社会就不能利用所有的资源,那么商品的生产量和提供服务的数量就会在曲线数值的下方。

如果人口增长或是发现了新的资源,那么有利于经济生产的资源将增加,“生产可能性曲线”将上移,有新技术产生时也是如此,因为新技术将使生产效率提高。

(五)“机会成本”下的选择

有限的资源和“机会成本”意味着我们今天所做的决定将会有一个未来效应。例如,我们今天使用了非再生能源煤炭,那么对于子孙后代来说,可利用的煤炭资源就少了一些,这就意味着他们将必须停止使用煤炭的一些活动,因为已经没有多少煤炭资源了,除非他们能找到一种可替代的能源。

那么,我们是购买满足目前所需的消费性商品,还是购买资本商品?在两者之间做出选择也十分重要。葡萄园主可能会用他的经营利润去度假,这是他在满足当前的欲望。但是,如果他没有去度假,而是把这些钱投入到购置机器设备上,那么酿酒厂将来可能会有更多的产出,利润也会增加。当然他也可以去享受一个更奢华的假期,甚至可以退休。所以我们现在将更多的资源投入到资本商品中时,我们将来就能满足更多的欲望。为了更好地满足欲望,人们必须做出决策。人们每天做出的这样,那样的决策受到很多经济因素的影响,事实上,这代表了“机会成本”。例如,如果经济情况很好,人们感觉非常自信,他们就有可能花更多的钱去满足他们的迫切需求。如果人们感觉经济状况将会走下坡路,他们就有可能会攒钱,以备将来的不时之需。所以,他们可能就不会买车,而是乘公交、地铁等公共交通工具去上班。

当人们选择去读大学或是一些培训学校时,他们就是对自己的劳动力进行投资,试图更吸引未来的雇主,期待将来能挣更多的薪水。这里的“机会成本”就是接受这份教育的费用和他们本可以利用这段学习时间去工作而赚得的钱。

经济状况也会影响一些商业决策。如果经济前景一片大好,那么公司就有可能雇用更多的工人增加商品产量。相反,如果经济状况不好,公司就会减少它的消耗,减少产量,甚至裁员。

资源的价格不同也会影响商业决策。在澳大利亚、英国和加拿大等国家,人们的工资很高,劳动力非常贵,所以有大量的资本投入。在这些国家,买一辆起重机来卸货比雇用一些工人要便宜得多。但在另外一些国家,像越南,人们的工资很低,劳动力很便宜,在这里雇用工人比买起重机卸货要便宜得多。

经济因素在政府的决策中也起到了非常重要的作用。如果经济行情好,政府有可能增加存款利率或是增加税收,以减少通货膨胀。如果失业率很高,政府就有可能降低税率和减少存款利率,以刺激消费需求。增加的消费意味着公司将有更大的可能性雇用更多的工人进行生产,以满足市场的需要,这样就会减少失业人口。

我们每天都会处理各种“经济问题”和“机会成本”。经济学的研究总是会回到一个基本问题,那就是:要用我们有限的资源去满足哪些欲望。

二、全球化的影响

当今社会,世界各国正趋向于相互依赖,彼此的联系也日趋紧密。全球化带来了很多令人可喜的益处,但并不是所有的国家都是平等获益的。在世界范围内,居住标准和收入水平存在着很大的差别。工业强国的人们通常寿命偏长,比以前有着更加舒适的生活。但在较贫困的国家,每年有数千人死于一些非常容易预防的疾病,如麻疹和疟疾。

有许多关于收入和生活质量方面的指标都显示出了差别,其中一项就是联合国《人类发展报告》。从 1979 年开始,联合国每年都进行这项调查,这项研究主要给出了一个国家在一年中发展状况的一些相关指数。有很多变量被联合国纳入考虑范围,最重要的部分可能是个人的收入情况、雇主和雇员的支付和收入情况。

经济增长和经济发展不是同一个概念。经济增长是指一个国家产量的增长,或是指国内生产总值(GDP),它不考虑人口的改变或是财产分配问题。经济发展指的是整个国家公民生活水平的提高。经济发展反映的是在联合国《人类发展报告》监控的一些标准上,包括该国个人收入、寿命、读写能力以及教育水平的提高。基础设施方面的投资在很大程度上可以促进经济的发展,比如公路、水坝、学校、医院和港口;同样,也可以促进那些以农业为基础的乡村转变成以工业为基础的城市。

不幸的是,我们生活的这个世界并不是处处都有公平可言的,有的国家比其他国家更加发达,有的国家拥有优于其他国家的丰富的自然资源,有的国家人民的受教育程度很高,所有这些都是导致差异的原因,如非洲的现状也许就是由这些原因造成的。

联合国《人类发展报告》将三个方面纳入了考虑范围,即人们的寿命、知识水平(以读写水平为衡量标准)和国内生产总值。通过这些统计,它给每个国家一个人类发展指数(HDI),在 0~1 的范围内,指数越高,国家的发展水平越高。基于它们各自的人类发展指数,联合国将国家水平分为三组,高发展水平的国家指数在 0.8 以上,这些国家的人们的平均寿命为 77 岁,人均 GDP 超过 23 000 美元。在 2003 年的报告中,澳大利亚的 HDI 为 0.939。中等发展国家的指数在 0.5~0.8,这些国家的人们的平均寿命为 67 岁,人均 GDP 约 4 000 美元。发展缓慢国家的 HDI 指数低于 0.5,这些国家的人们的平均寿命为 49 岁,人均 GDP 约 1 200 美元。在 34 个发展缓慢的国家中,有 30 个国家在非洲的撒哈拉沙漠地区。在 2003 年的报告中,莫桑比克的 HDI 为 0.356。

整个世界的发展水平如此多样化的原因很多,但是在大多数情况下,主要的影响因素是健康、教育和收入水平,这也正是联合国考察这些要素的原因。例如,在很多贫困的国家,农业是其收入的主要来源之一。农产品的价格是极其不稳定的,因此一个国家的总产量或是 GDP 以及收入每年都会有很大的波动。

在非洲，低收入意味着很多未成年人经常不得不去工作以贴补家用，几乎没有钱用于保障健康。卫生保健的缺乏和童工现象意味着很少有儿童入校学习。教育的缺乏导致健康和工作环境的低下，这些又进一步导致了低收入现象，这就是大家所熟知的“贫穷循环效应”。有的童工家长说：“对于这一点我感到很抱歉，但是如果他们不工作的话，我的工资是远远不够的，孩子们可能会衣不蔽体、赤脚地出现在大家的视线里。”

疾病同样产生了很大的影响。在南非地区，20%的人们感染了艾滋病。在莫桑比克，13%的人口患有艾滋病，18%的人口患有疟疾。每年有 80 万人死于麻疹，而这本是一种可以预防的疾病。有些贫困国家还受到内战的影响，战争带来了死亡、疾病以及破坏，如果没有一个稳定的政府，要得到医疗救助和食物就会更加困难。

(一)国际趋同

全球化使得世界的经济互相联系，一种经济状况影响着其他经济状况。如今大多数国家都有市场经济。从 20 世纪 80 年代后期开始，很多国家采纳了市场经济体制，它们当中有的取得了成功。如俄罗斯和乌克兰的发展水平在 1990—2001 年下降了，而中国和越南则都有所提高，中国的发展尤为迅速。

在生活质量上，富裕和贫穷的国家之间仍然有着很大的差别。不过，对于世界上的大多数人而言，人们的生活水平已经越来越高了。

在 1978—1998 年，人们的平均寿命延长了，这是因为儿童在未满周岁时夭折的现象大大减少了。在很多地方，收入水平提高了不少，但比起贫困国家，富裕国家人们的收入增长幅度要大得多。

(二)全球化对贸易、投资和环境的影响

不断增强的全球化趋势意味着哪里有最大的利益，哪里就会有跨国公司。通常情况下，跨国公司所在国家的工资和税收水平都很低。尽管工资和其他状况都低于高度发达的国家水平，但对很多人而言，这也是别无选择的，因为他们需要这些工作来维持生活。墨西哥工人支持委员会的玛丽·唐说：“我们现在不是在讨论那些不能付给工人最低生活工资的公司。我们也不是想让这些公司离开墨西哥，因为工人确实很需要这些工作。我们只是希望这些工作能够尊重工人的权利。”

在墨西哥的提瓦纳，很多人都去大城市找工作，因为他们还没有足够的经济来源去安家，所以贫民窟的范围就迅速扩展开了。这种情况在全球范围内不断上演。从更广的范围来说，运输费用的下降促使了大规模移民现象的出现，贫困国家的人移民到富裕国家以寻找更好的工作和生活。

快速的经济增长和工业化水平的提高使得全球化成为可能，但同时也对一些国家或地区的自然环境造成了毁灭性的影响。但是，同样归功于全球化的影响，世界各国的人们能够携手共同解决这些问题，甚至是事先阻止事情的发生。全世界的政府人员、科学家和环境保护积极分子们都致力于共同解决温室效应、采伐森林等环境问题。

(三)爱尔兰的全球化影响

爱尔兰共和国是一个非常年轻的小国。自 1922 年脱离英国获得独立后，该国的政治家

们既推行过保护主义也实行过自由贸易。20 世纪 30 年代经济大萧条后,爱尔兰采取了一种极端的保护主义政策,也就是鼓励本国企业和公司的产品取代进口商品。但是爱尔兰的人口很少——当时只有 300 万,并且人们的生活水平很低。企业和工业的经济发展前景很不乐观。

在 20 世纪 50 年代,尽管爱尔兰有了很高的出生率,但是爱尔兰的人口数量整体仍呈下降趋势。这是因为人们在国内不能得到满意的薪水,所以大多数人都选择了移民。但是,面对这种状况,政治家们却束手无策,直到他们加入欧洲联盟(即欧盟)。

欧盟的成员国之间实行自由贸易,但是欧盟之外的国家若想要和欧盟成员国展开贸易往来,则会面临贸易保护壁垒。

加入欧盟意味着爱尔兰的公司将拥有一个 3 亿人而不是 300 多万人的大市场,而且爱尔兰政府看到了另一个机会。由于欧盟的贸易保护壁垒,非欧盟成员国的公司若想出售产品到欧盟国家需缴纳沉重的关税。但如果一家公司在某一个欧盟成员国(如爱尔兰)内生产其产品,则可以免交关税。

爱尔兰工业发展署的凯文·麦卡锡说:“我们所做的首先是确定关键部分,然后说‘我们将要努力实现这些目标’,并且我们确定了 ICT,也就是信息、交流技术部门,还确定了软件部门、卫生保健部门和医药部门。我们追随着这些行业内规模最大、最有经济效益、最好的公司,并对他们说‘希望你们能来到爱尔兰’。这个战略是非常成功的,它的结果是,我们已经拥有这些领域内的最尖端的工业部门了,它们在欧洲的运作大部分都以爱尔兰为基础。”

爱尔兰对外国投资者同样非常具有吸引力,因为这里的企业增值税率非常低。凯文·麦卡锡说:“很多欧洲国家的公司所得税率都超过 30%,而我们只有 10%。因此如果你在爱尔兰设厂,你可以因低税率而获益。我们还有受过良好教育的劳动力。在这次工业发展革命之前的 60 年代,那时爱尔兰还没有很多的资源,我们除了大量投资用于满足其他产业的需求外,就已经决定花大笔资金投放资源来满足教育领域的需求了。这可能是爱尔兰自成立以来所做出的最正确的决定之一。”

外国的直接投资促进了爱尔兰的经济繁荣,其中大部分的投资来自美国。爱尔兰对美国投资者非常具有吸引力,因为它是当时的欧盟中唯一既说英语也使用欧元的国家。

爱尔兰都柏林大学的布伦丹·沃什教授说:“到了 20 世纪 80 年代末,特别是 90 年代,这个新政策帮助我们实现了前所未有的经济繁荣。我们在 20 世纪 90 年代有很高的产出率,即国内生产总值。这个可以转化成两个重要的成就:爱尔兰的就业率增长很快,促进了社会和经济的转型,它解决了过去爱尔兰的高失业率问题以及由此导致的高移民率。”

凯文·麦卡锡说:“从 1991—2001 年,爱尔兰已经增加了 70 万个工作岗位。对于一个人口只有 350 万的国家来说,这个数字是非常惊人的。其中大多数工作是由国外直接投资提供的。如今我们的出口额约有 1 100 亿美元,其中包括 200 亿美元的贸易顺差。很明显,我们从依赖英国作为出口市场的小型经济转变成全球经济的参与者,也是世界上主要的软件输出国。”

布伦丹·沃什教授说:“爱尔兰的工业部门由传统的小规模产业转变成高科技、高盈利的行业,如医药制品、电子以及各种医学技术等。”

不过,也有一些不利影响。布伦丹·沃什教授说:“我们不再拥有单独的资金流通,爱尔兰政府和中央银行在汇率、货币政策以及利率等方面都不具有影响力。因此,从某种意义上说,它更像是联邦体制下的州政府。”

与其他快速发展的城市一样,爱尔兰首都都柏林也面临着很多问题。布伦丹·沃什教授说:“爱尔兰的城市化程度更高了,同时也经受着一个城市化国家的所有问题,比如高犯罪率、城市拥堵、高房价、上下班乘车的疲惫等。但是在这些地方,也有着更高的物质生活水平和更好的福利待遇。如果时间可以倒流,我完全相信人们会选择居住在今天这个现代化、繁荣的爱尔兰,而不是我小时候生活的那个孤立、贫穷、古色古香的爱尔兰。”

第二节 全球经济探究

全球经济是人类社会生产力发展到一定历史阶段的产物。世界经济的形成与发展是与资本主义生产方式的出现紧密相连的。在资本主义生产方式出现之前,人类社会由于生产力水平不足,自然经济一直占据统治地位,虽然有一定程度的国际经济交往和贸易往来,但这只是偶然、个别和局部的现象。到了20世纪中期,世界五大洲的多数国家在不同程度上经历了分工和商品的交换,形成了统一的世界市场。对全球化经济我们应该如何对待呢,让我们通过一些实例了解一下经济学家们的观点,了解一下20世纪最后几十年的世界经济。

一、发展中国家

在全球经济市场下,发展中国家面临艰难的选择,它们是应该进口还是应该自己生产?是什么因素阻碍了发展中国家与全球经济融为一体?它们过去的发展策略是什么?发达国家能为发展中国家做点什么呢?发达国家最好的援助方法是什么,救助还是贸易?

(一)发展中国家与发达国家

从1830—1990年,随着美国变得越来越发达,美国人民的收入状况增加得越来越迅速。我们用1988年的数据与其他国家对比一下,就会发现瑞士、日本及法国在这条线之上,像斯里兰卡、中国等这样的发展中国家远在美国之后。这是一种就收入情况而言的发展程度的衡量标准。

此外,还有一种衡量标准,这就是平均寿命。收入状况与平均寿命有十分微妙的联系,一般来说,富裕的国家人们的健康状况会好一些,人均寿命会长一些。如日本从1900—1990年的人均寿命变化情况,日本人的平均寿命从小于45周岁增加到大于80周岁。

随着日本越来越发达,与其他国家相比,人均寿命在日本之上的有希腊、法国、美国。发展程度低于日本的乌干达、印度、印度尼西亚等国家,其平均寿命要远远低于日本人的平均寿命标准。毫无疑问,寿命与经济状况有一定的联系。所以,经济发展很快的原因是居住环境的改善与寿命的提高。那么,发展中国家如何有效、快速地促进自己的经济发展呢?答案是融入世界经济体,同世界其他国家一起,共同促进、共同发展。但是发展中国家曾经在一段时间内,甚至于现在都很难融入世界经济体、很难得到发展,这些国家的阻力是什么?这里有多方面的原因。

第一,这些国家的经济体制落后,这种落后的体制被政府牢牢控制着。这样的结果就是国家为了发展,一直处在国外市场的超支借贷中不能自拔,这就造成了巨大的债务负担。在20世纪80年代,某些国家甚至发生了债务危机。这还能引起其他一系列的问题。

第二,许多国家经济的特点就是被政府高度控制的大公司垄断,其主要的产业不是国有的就是被政府控制的,导致企业的效率极其低下,因为官僚主义不会去为了公司做事。

第三,许多国家通过大量印钞来供给所需资金造成持续的预算赤字,最终会导致极高的通货膨胀率,所以许多发展中国家都有一些持续的通胀问题。

第四,因为各种各样的原因,许多发展中国家会出现一些估价过高的汇率问题——汇率高于市场的需求,这会导致这个国家有相对优势的公司项目上出现一系列的问题。

(二)进口代替工业化

那么,什么样的政策过去或现在在发展中国家受欢迎,对经济的发展比较有效呢? 许多国家都采用了进口替代工业化的政策,这是一个不错的点子,我们把它归类于进口替代工业化(ISI)。客观地说,一系列的文献及经济理论都支撑这种发展规划。

首先,进口替代工业化的一个逻辑就是:工业化会带来副作用,也就是说,鼓励制造业发展时,会产生溢出效应,接着,溢出会改变方向。例如,当鼓励汽车工业时,就需要制造工业生产的零配件、生产轮胎的公司等,会有这样的联动或溢出效应。

其次,进口替代工业化是通过对全国的贸易保护实现的,换句话说,执行进口替代工业化的方法就是保护本国的制造工业。在某种程度上,限制进口往往可以改善一国的贸易条件,至少在理论上是这样的。它的方式就是基本上可以压低进口价格,提高出口价格。不过,这种经验只对部分较大的国家来说是真实的,如巴西和印度,实际上许多国家并不能真正享有进口代替工业化带来的好处。

最后,进口替代工业化代表着市场信息的廉价与方便。例如,市场发生了变化,政府不知道下一个该发展的产业是什么,那么,他们只需要盯着进口在哪里进行,进口些什么样的货物等,然后认为:"这就是工业的未来!"接着通过设置关税壁垒或其他一些政策来限制这些工业的进口,再以国内工业来满足国内市场,这就是进口替代工业化的本质,所以这是一种先收集市场信息,再预测进口,之后取代它们的方法。

在理论上这种方法很有效,但实际如何呢? 为了回答这个问题,让我们看看韩国与斯里兰卡的个案分析。

在20世纪50年代,韩国正从与朝鲜的战争中恢复过来,经济不景气,大部分都依赖于国外的救助。与之对比,斯里兰卡的经济在当时被认为是亚洲最好的一个。斯里兰卡拥有着丰富的资源,工业、熟练工人,但30多年之后,它变成了经济的"丑小鸭"。可韩国成为工业上的"天鹅"——其工业水平在世界上都排得上号。是什么让这种转变发生呢?

斯里兰卡的工业奠基于减少进口的策略。进口替代政策鼓励当地企业生产斯里兰卡从国外进口的产品,这些公司被输入限额、贸易壁垒及其他政策措施保护着,远离国外竞争。斯里兰卡不顾世界经济的发展,试图通过自给自足来使自己慢慢地变富有。但是,在20世纪60年代后期,它的经济开始停滞不动,国内生产总值由原来的每年提高3%降为1.5%,在某些年份甚至是负增长。斯里兰卡的内向型工业政策使它的工业远离竞争,资源优势没有得到最大限度的发挥,保护主义不能使规模经济变成具有国际竞争力的企业。

在韩国,像现代汽车集团("现代")这样的公司在走一条不同的路——从世界贸易的需求来发展。韩国经济的基础是不发达的制造业,即像丝绸、鞋子、假发这样的工业。

这些普通的产品是韩国建立工业的基础。这促使韩国政府在1962年通过了关于参与世界经济的发展策略,其核心是鼓励本国具有优势的劳动密集型产业出口。金钟荫是这项政策的设计者，他说："在20世纪60年代，如果我们采纳进口替代政策，那么我们就不会有如此大的发展。因为我们采用了外向型政策，我们努力争取在质量和价格上具有国际竞争力。我们不但出口，还进口一些需要我们出口加工的原材料，用这种方法扩大了我们的生产活动方式。"例如，在短短的20年里，这个地方从一个小小的渔村变成了世界上数一数二的造船中心，是政府的政策改变了它。资本更自由地提供给企业，政策减少了他们需要的商品的进口税项目，出口商获得所得税减让政策，出口流程上的繁文缛节被简化和优化了。

可靠的财政金融政策、汇率政策随着经济情况的变化建立起来了，国内生产总值从20世纪50年代的每人180美元到1990年的每人5 500美元。香港大学亚洲研究中心的陈坤耀教授说："出口导向是一个更好的政策，因为它提供激励机制，能消除对经济的扭曲，这种政策迫使所有的公司在国际市场上竞争，因此，他们不得不追求最高的效率。"

"现代"公司的汽车部门每年生产100多万辆的汽车，其中的一半用于出口。价格与质量在国际上也很有竞争力。在造船业上，韩国也打败了拥有悠久历史的其他竞争者。尽管韩国的资源很少，但它还是能满足世界市场的需要。金启焕教授曾是韩国发展研究院的主管，他说："外向型的策略使得经济变得比内向型经济体更加灵活多变，在世界市场竞争的生意人比进口替代下的官僚体制经济的生意人更懂得怎样变通。"到1971年，韩国的出口量每年都有超过30%的增长，全年的增长量达到两位数。

这些数字很好地证明了那些像斯里兰卡一样采用出口替换政策国家的不利，转变是不可避免的，如印度和中国那么大的国家，有着巨大的国内市场，但很难依靠出口替代政策成功。拥有10多亿人口的中国，最终也不得不在沿海省份通过出口导向工业化政策。

斯里兰卡独立发展工业并没有带来经济的迅速增长，与韩国同期对比，政府的政策性驱动带来了巨大的不同。斯里兰卡的经济学家加米尼·阿杜柯拉拉曾经对自己国家的贸易政策进行了一次详尽的研究，他说："斯里兰卡与韩国或其他成功的东亚国家相比，令人失望的经济增长记录很容易被归结到错的政策选择上。"

韩国高速提高的生活标准来自政府对融入世界经济的强调，它瓜分了世界蛋糕上极大的一块。那么，为什么韩国在发展上比斯里兰卡更加成功呢？或者说为什么实行经济外向型政策的国家更容易成功呢？

依靠出口就意味着竞争与专注。这些试图通过出口替代政策提高经济水平的国家不得不因为国内生产的无竞争性产品而保护本国的贸易部门，而保护本国贸易部门的做法会使这些部门变得毫无效率可言。在一些个案中，这表现为企业垄断了所有的国内市场。如果市场规模不足以支持积极竞争，甚至没有竞争，公司就没有动力去提高效率。此外，提高进口货物的成本意味着提高所有应用这种产品的工业生产的成本，当发展一种工业时，从长远上阻碍了其他利用此种工业品的工业的发展前景。假设我们要在国内生产电脑，像巴西做的那样，限制国外进口的有竞争力的廉价电脑，就会使运用电脑进行生产的行业成本增加。

令人吃惊的是，即使是一些大的经济体也有自己的问题，因为全球市场比大的经济体的市场要大很多。但是，计算出自己擅长与不擅长的领域，增加进口量，对该国经济有消极的影响吗？如果一个国家想要出口，那么它也必须进口，其中的一个原因就是以进口的东西提供输入。如果像巴西之前那样限制电脑入关，它就无疑放弃了电脑服务，在某一阶段，巴西的中央银行将不能转换到路透社的外汇报价，因为这是外国公司提供的。所以这种无效性是非同寻常的。如果想出口，那么就需要进口，因为国家贸易需要平衡。

在早些时候有没有进口替代这一说法呢？100 多年前，对欧洲公司来说，很难将其货物出口到美国，因为运输成本非常庞大，而且美国的市场萧条。如今，我们生活在与过去完全不同的时代里。如今最有趣的现象在于像中国、美国这样的国家，它们在大量依靠技术输入的意义上非常小，但也非常依赖于世界庞大的出口市场。例如，美国的电脑生产商要从不同的国家进口零配件，即使是美国的高科技公司，也要依靠在欧洲、亚洲等世界其他国家的子公司向其提供进口材料，所以现在的公司比起 100 多年前的规模要小。

（三）奖励输出政策的优势

把奖励输出与进口替代工业化政策放在一起，让我们来看看世界银行前几年对 3 个国家——巴西、哥伦比亚、韩国做的一项对比研究。

世界银行研究的是政府一开始一直奉行进口替代工业化，然后切换到促进出口的时期。

巴西在 1965 年将经济的重点从进口替代工业化转到了促进出口政策方面，在接下来的 10 年里，巴西的经济增长率翻了一番。

哥伦比亚也和巴西相似，它是在 1965 年转换政策的，也使得它的经济增长率翻了一番。

至于韩国，在 20 世纪 60 年代早期从内向型经济转为促进出口的外向型经济后，经济突飞猛进。

因此，外向型经济促进本国经济发展并不仅仅是针对韩国，对许多国家来说也都是十分有益的。由此看来，奖励输出政策在某些地方要比进口替代工业化政策好得多。那么，外向型经济政策的基础是什么？它的好处在什么地方呢？在这里，我们会讨论以下四点。

首先，外向型经济政策是促进而不是打压了相对优势与规模经济。事实上，进口替代工业化政策倾向于提升那些国家没有优势的行业，而且这种政策带来的是有相对优势的进口提供商进口成本的增加，那么就带来了双重打击。其次，鼓励出口政策可以带来更多非熟练工人的就业机会及更公平的所得分配，而进口替代工业化政策使收入分配不平等，因为它使得国家产生了制造业工人的孤立点，让不熟练的工人落在了后面。再次，这种政策鼓励了竞争，所以也就抑制了腐败。这是一个更加开放的体系，因为贸易更加公开化，与全球经济融为一体，所以就会有比较少的腐败和政府干预。最后，促进出口的政策使得国家的调整措施更加有弹性，因为它是随着市场的变化而运作的，而不是受到政府的干预才运作的。政府再也不用规定什么，官僚们不做任何决定，是市场和公司在灵活地运用措施。

东亚部分运用鼓励输出政策的国家或地区（韩国是它们中的一个），它们与其他亚洲国家相比发展得较快，譬如印度与巴基斯坦。而中东和非洲，在过去的十几年里这里就像没有发展一样。与之对比，即使是那些发达国家，发展速度也仅仅是其一半左右，鼓励输出外向型经济政策让这些地区与国家的发展速度在一个相当长的时间内远远超出了世界上的其他国家。

到底是什么样的具体政策导致了这种变化呢？政策造就了这些亚洲发展明星的市场亲和力：它们对公众的投资非常大，对教育下了很大的功夫，特别是初级教育与中等教育；它们有着很有竞争力的微观经济，这些国家鼓励国内竞争与国际竞争；它们追求稳定的宏观经济，通货膨胀率在这些国家也很低；预算赤字在政府的控制之下；最重要的一点可能就是，它们与全球互通。它们与其他国家融为一体，利用全球的规模经济体和自己的相对优势。

从1965—1987年60个发展中国家的平均发展速度观察中发现,我们首先把国家分为大量投资教育的国家与几乎不投资教育的国家。这其中也包括了不常常干扰其外汇市场的国家,换句话说,这些国家的政府不随自己的意愿调控国家的经济。另外一些是各国政府严重干预各自经济的国家。这种状况正好与两点契合:其一,较少干预经济的政府,贸易壁垒较少,对市场的调控较少,对外汇市场的干预较少,它的反面就是政府明显地干预经济;其二,发展速度最快的国家是那些对教育投入力度巨大且很少对经济进行干预的国家,这些国家从1965—1987年每年的人均GDP平均增长率达到了5.5%,而其他对教育投入少、严重干预经济的国家的每年人均GDP平均增长率只有3%。

(四)正确认识西方发达国家的经济援助

发达国家给予发展中国家很多经济援助,那么,援助有多少呢?我们从净援助资金流动量可以了解到,一年有1 000亿美元至1 500亿美元之间的援助资金从发达国家流入发展中国家。

经济援助主要分为两大类:一类是官方援助;另一类是非官方的或是私人的援助。有趣的是,在前几年里援助的数量有着巨大的波动。我们了解到在20世纪80年代中期只有1 000亿美元,但在20世纪的90年代初期却上升到了1 600亿美元。

援助占一个发达国家经济的百分比是多少呢?值得注意的是,经济合作与发展组织(经合组织)提供的援助平均量与经合组织的成员国的GDP平均量的百分比不到0.5%,这是一个非常小的部分。

最慷慨的捐赠者是斯堪的纳维亚的一些国家,很多国家的援助资金都占其GDP的1%左右。但值得注意的是,美国的援助资金只占了GDP的0.2%,所以,美国对发展中国家的援助相对于全部经济来说是非常小的,这对发达国家来说并不是非常大的负担。

那么,发达国家实行经济援助背后的理由是什么呢?大部分的理由是利他的。首先,援助缓解了贫困。贫困是很多发展中国家经济景观的一部分,援助的目标是帮助这些国家里贫穷的人们。其次,为了推动发展中国家发展经济,援助的资金时常用来建造大型基础设施,如修建道路、机场和港口,这些项目需要巨大的资金。最后,援助资金也时常用来帮助解决一个国家的国际收支平衡问题。例如,国家在进行发展的时候需要进口很多的制成品。援助资金能够帮助他们来购买这些商品。所以在这个过程中,援助能够帮助发展中国家解决很大一部分的需要。

那么,援助存在什么样的问题呢?下面列出了其中的五项。

第一,理论上隐藏在援助背后的动力是为了缓解贫困并帮助这些国家从贫困中走出来,但事实上这是有政治动机的。通常发达国家将帮助那些在政治上支持它们的发展中国家。比如说,在"冷战"期间,美国仅帮助它的同盟国,除此之外,即使是世界上最贫穷的国家它也不提供援助。其他的国家也是这样,并不是只有美国才这样做,这种务实的经济援助其实是根据政治路线调整的。

第二,援助通常是受经济因素驱动的,是附带条件的援助,实际上它就是一系列隐藏的出口津贴。若购买援助国的产品,就会获得一些钱,美国这样做,日本也这样做,很多的国家都这样做。一方面,它强迫发展中国家从它们从未购买过商品的国家购买商品,因为这些商品相对来说价格较高;另一方面,它可能会强迫发展中国家购买一些在当时的发展阶段它们并不需要的商品,这些都会延缓它们的经济发展过程。

第三，援助从属于捐赠国家的预算压力。在 20 世纪 80 年代，美国不得不大幅度减少它的预算赤字。在这种强大压力下采取的一个措施就是外援。所以当发展中国家面临着外援的时候便由援助国任意摆布了。

第四，援助会提升接受国的腐败。具有讽刺意味的是，时常是富国的穷苦人民援助贫穷国家的富人。更重要的是，这些援助时常无效地用在那些大型、高能见度的项目上，而不是更能发挥作用的低能见度的项目，比如说在卫生保健方面的投资，或者是在中小学教育上的投资。

第五，在最好的情况下，援助与发展没有关系；但在最坏的情况下，它对该国的发展却有违背常理的作用。前面几十年国际上大部分的援助都给了非洲的国家，但非洲相比世界其他的地方并没有进步很多。而一些国家，比如中国，在 20 世纪 70 至 80 年代几乎没有收到任何援助，但它却发展得很快。从这一方面来看，援助与发展的关系并不是很明显。在某种意义上说，援助会有一个违背常理的影响，即援助鼓励我们之前谈论过的无效率和腐败，对指导国家经济发展也不利。

我们试着把所有的线连起来并提出这样一个问题：全球经济中的某些因素是否特别不利于发展中国家？在这里经济学家列出了五种可能。

第一，发展中国家的人们永远是伐木工人或是抽水工人吗？我们在这里这样说的主要意思是，他们是否会永远使用低科技，是低端产品的生产商。从东亚国家的经验来说，答案当然不是。我们已经看见了一些从最底层开始发展却很快提升的国家的例子，所以在发展中国家的产品结构里并没有内在的东西可以表明它们就会败在初始阶段。

第二，在贸易方面也有恶化的焦虑因素，也就是进出口商品的汇率对发展中国家来说可能是不容乐观的。很多发展中国家主要是铜或是可可或是石油商品的制造者，所以它们会遭受很大的损失，因为这些产品的价格并不能像发达国家的工业制成品的价格那样上升很多。这种说法或许是正确的，但也不能说发展中国家就只能永远制造这些商品，它们的产品也能够转移到其他领域上。

第三，还有一个相关的要点，就是出口不稳定。像石油或是可可或是木材等商品，它们的价格波动很大，所以发展中国家的出口收入是非常不稳定的，这就使得发展中国家需要通过达成一定的协议来稳定商品的价格，这就出现了“卡特尔”①。最著名的卡特尔要数欧佩克（石油输出国组织）卡特尔，它的存在是用来控制石油价格的，虽然不一定能成功。

第四，国际债务问题。很多的发展中国家从发达国家获得各种贷款，并最终形成巨大的债款，而这些借款大部分被浪费掉了，没有得到有效利用，特别是在 20 世纪 70 年代后期至 80 年代初期，这严重地伤害到了这些发展中国家，极大地阻碍了其国家经济的发展。

第五，这一点或许是最棘手的，很多的发达国家趋向于抵制发展中国家的产品进口。具有讽刺意味的是，虽然发达国家已经意识到这会伤害到发展中国家，但是工业国仍然阻止发展中国家进口产品的进入。发达国家给发展中国家一些援助，但是，如果它们打开市场，发展中国家对那些援助的需要则会减少，因为这些发展中国家通过促进出口的可能性和相关政策就能够扩大生产，增长经济并变得更加繁荣。

无疑，从我们至今看到的来说，贸易是非常有益的，对发展中国家更加有益。发展中国

---

① 卡特尔是法语 Cartel 的音译，原意为协定或同盟。指生产同类商品的企业为了垄断市场，获取高额利润而达成有关划分销售市场、规定产品产量、确定商品价格等方面的协议所形成的垄断性企业联合或同盟。

家和发达国家的责任是通过一些改变在全球经济上创造一个更为自由的贸易。

二、环境

所有的经济活动都有其环境成本。谁来制定规则？谁来为保持环境清洁买单？国家之间的贸易会对环境造成伤害还是带来帮助？如何权衡环境利弊？当污染跨过了国界，会发生什么呢？工业国是否有权将它们的环境标准强加给较贫穷的国家？一方面是自由贸易的目标，另一方面是环境保护，两者是否水火不容？

（一）污染的成本问题

对于经济学家来说，关注一些环境问题和它的国际后果非常重要，污染是市场失败的一个典型。

现在经济学家并不相信市场总是能有效运作，事实上，在许多案例里，市场不能正常运作，甚至是失败的，污染就是其中之一。原因是在污染这种案例中，社会成本和个人成本之间存在差异。例如，有一个工厂正在污染环境，向河里倾倒废物，则工厂下游的居民将会忍受污染带来的成本。除非工厂被迫为这些成本买单或者减少污染，否则工厂会继续污染环境，所以在工厂成本和社会作为一个整体的成本之间存在差异。

再比如我们对空气、水和森林的利用。我们总是会过度利用它们，因为它们是免费的。但我们以各种各样的方式污染了环境，不管是水还是空气。烧烤或是用壁炉取暖，其实都会产生污染。在与日俱增的污染方面，除非我们再次被迫为其买单，成本不在我们，而在于作为一个整体的社会。因此，个人成本和社会成本之间再一次有了差异。

在全球成本和国内成本方面，有一个相似的类比。让我们看一个例子，法国的一个工厂将垃圾投入河中，然后垃圾流入德国。德国人就承担了法国污染带来的成本。因此在污染方面，相对来说较低的法国成本和相对较高的德国成本之间存在差异，因为他们承担了后果，所以就存在差异。

另外一个例子就是全球变暖。基本上每个国家都在燃烧各种各样的碳燃料，都在污染环境，而作为一个整体的地球就是受难者。因此，各个国家都没有承担全球变暖的成本，而是作为一个整体的地球承担成本。

现在让我们看看在真实的市场里，尤其是产生的数量方面会有什么影响。如果污染的全部成本并没有计入生产那种物品的成本，附带着还有销售物品的成本，那么就可能会过度生产这种产品。如果我们计入污染的全部成本，事实上，如果产品的价格反映了污染的社会成本，供给曲线会往上移，数量减少，也就是说生产变少了。所以，如果将污染成本全部反映在产品的价格中，就不太可能过度生产。现在应该如何应对？决策者应该怎么做呢？其中一个可能就是征收污染税，无论是水污染或是大气污染或是诸如此类的。事实上，在这个方面有很多尝试，有些尝试十分成功，要做的就是对那种特定产品产生的每一个污染单位征税。我们以一个向河里倾倒废物的造纸厂为例，额外征税就反映在产品价格上，因此政府可以颁布的另一项政策就是命令和控制，也就是说，他们在产品和污染的量上设定数量限制。但这往往会导致造纸厂的减产，随之污染也减少了。然而，从经济的角度看，这是低效率的，因为政府不是决定生产需要量和污染限度的最好代理。

经济学家更喜欢先征税，再让市场决定什么是最好的，由此产生的最佳产量和污染量是多少。污染的国内成本和全球成本之间存在的差异也可以进行类似的分析。

（二）污染的控制

现在我们来总结一下关于污染控制的可行措施。

1. 污染税

经济学家喜欢这个措施，因为它非常有效，能够让市场运作。

2. 关于污染的实际限制

也就是我们先前说的命令和控制。经济学家不喜欢这个措施，因为这要求政府来决定一个国家的最佳产量和污染量，而政府不是非常善于做这类决策。在做这类决策的时候，市场更有效。

3. 设立实际的限制，但让企业互相买卖这些限额

这是一个人非常有创意的选项。举个例子，美国公司允许将二氧化硫排放许可进行买卖。美国公用事业、电子企业以及燃气企业等都有份参与。它们是这么做的，也是政府允许它们这么做的，比如说 A 类企业，污染比它的许可少，就可以将额外的许可卖给污染比它的许可多的 B 类企业。这样做的结果就是允许市场决定一个公司和一个行业最佳的污染量，它允许市场运作。因此这是一个达到全部目标的创新方式，即让市场决定污染限额的分配额。

4. 给控制污染的设备补贴

如果给控制污染的设备补贴，企业会更乐意购买这些设备，它们使用这些设备，污染自然就会减少。这个想法很不错，但问题在于这样一个事实，即补贴往往基于错误的技术或过时的技术或不适当的技术，所以它并不是一个非常有效的达到目标的方式。

5. 指定财产权的概念

基本的假设是：关于污染的问题之一是没人具有财产权。例如，一个工厂向下游倾倒废物，造成了环境污染，但没有人拥有这条河的财产权，因此，也就没有人会为这条河的清理和污染的成本买单。没有财产权的概念，人们就会过度使用某一特定资源。在全世界，人们做了许多创造性的努力来利用这个概念。例如，印度尼西亚的贫民窟居民，在公地上定居者获得了他们占据的那块地的权利。这样一来，情况马上开始变化。因为他们现在拥有这些财产权，他们以财产为傲，开始做清洁，投资卫生设施，等等。因此，事实上它变得更干净了。同样，在肯尼亚，很多农民获得了他们正在耕作的土地的财产权。因此，他们开始对减少土壤侵蚀感兴趣，因为现在这是他们自己的土地。

再比如新西兰，那里的渔民获得了捕鱼的特定水域的财产权。结果，现在这是他们自己的财产了，因此过度捕捞就减少了。而先前，谁都没有财产权，自然每个人都竭泽而渔。因此，这真的是一个解决污染问题的创新而有趣的方法。

这为我们带来了经济学家使用的另一个分析工具，这个工具备受争议，但事实上，它预示着存在一个区域，超出这个区域，污染控制并不划算。

让我们来看一看污染控制带来的增量利润和增量成本。起先，污染控制带来的增量利润远超过增量成本，因此这是非常有效的。但随着时间的推移，增量利润开始减少，增量成本开始增加，因此在某一点上，在增量利润和增量成本相同的那点上停止污染控制。超过那一点，增量成本就比增量利润高了，进一步做污染控制就不划算了。

那么,这里的成本和利润是什么意思呢?成本更容易确定。基本上,成本可以是污染税或者是进行实际清理的成本或者是购买擦洗烟囱的用具之类的成本,因此成本这方面更容易确定。利润就有一点难度了,但也很好理解。例如,它可以是死亡事故的减少,由于某种污染导致的疾病发病率减少,比如说因空气污染导致的肺病,或者仅仅是对我们所拥有的某些环境资产的日益增长的享受。这很难测量,但从根本上说这个想法很好。

如果,污染控制政策在早期阶段,制定像财产权这样的法律,就像我们之前谈论的一样,或者取消能源使用的补贴(很多国家至今仍有能源补贴,以鼓励能源消费)。当取消这些措施时,执行这些选项的成本相当低,回报就相当丰厚了。

在下一阶段,就是投资于新科技之类的事情,同样地,回报相当丰厚。在最后是征收污染税和做出各种各样的调整,这样的政策,这的确让我们达到目的了。原则上说,这是一个很好的想法,但实际上很难判断究竟应该在哪一点停止额外的污染控制。但原则是一个非常重要的方面,因为有人提议我们应该完全消除污染。这对于社会来说真的开销巨大。我们大多数人可能会拒绝承担这些成本。但是有一种平衡,在某一点上,社会成本和社会收益会相匹配,这就是污染控制的一般原理。

(三)贸易政策和环境

在贸易政策和环境方面,我们现在应该何去何从呢?现在,让我们来看看一些关键问题。贸易政策应该用来影响别国的环境标准吗?到目前为止,经济学家们得出的结论就是:不可以。这里有几个原因。

第一,自由贸易实际上增强了国家的环保意识,往往能使许多发展中国家改善其环境。除此之外,正如我们之前提到的,不同的国家在发展的不同阶段有不同的环境需求和标准,所以将发达国家的标准或工业国的标准强加给发展中国家是不合适的。

第二,贸易政策应该用来加强和贯彻国际环境协议吗?很多年来,已经有许多这样的协议,与危险废物和酸雨等有关。但是有一点很重要,贸易和环境政策不应该挂钩,这主要是因为贸易政策是非常生硬的手段,它们会产生许多的不确定性,而且彼此之间的联系也不紧密。所以,实际上是正确的政策却采用了错误的工具。那么,处理贸易和环境问题最正确的方法是什么呢?首先,当然是保证投资和开放贸易。迄今为止,正如我们指出的那样,这对于解决环境问题和保护环境有帮助。其次,明确投资于环境保护和清洁环境这些关键领域的科技发展作用。

第三,要对环境服务支付费用。特别要说明的是,如果生物多样性对于工业世界十分重要,维持和拯救热带雨林对于工业化国家十分重要,那么我们就应该为保存这些资源支付部分共享费用。这些负担不应该全落在发展中国家和贫穷国家的头上。

第四,我们需要重新聚焦目标,制定更多关于环境目标和环境焦点的政策。

第五,鼓励发展。正如我们之前看到的那样,当国家越发达,人们就越关注环境问题,他们就会制定越多的政策来减少污染。所以在努力洁净全球环境方面,鼓励发展是一个很好的政策。

(四)莱茵河的污染问题

到目前为止,我们已经考虑了各种政策,这些政策都与一国之内的环境和环境问题有关。但是,如果污染跨过国家边境,进入另一个国家呢?之后会发生什么呢?我们来看下一个案例，这个案例着眼于莱茵河沿岸的污染。

莱茵河长1 320千米，是欧洲最长的河流之一。瑞士阿尔卑斯山麓是莱茵河的源头。莱茵河流经列支敦士登、奥地利、法国、德国和荷兰，一直到北海出海口。莱茵河是其周边国家之间重要的航运通道。在莱茵河上，捕鱼业已经存在了几个世纪。在历史上著名的荷兰城市多德雷赫特，石制纪念碑的正面纪念着鲑鱼捕鱼业曾经的繁荣，但是后来鲑鱼消失了。第二次世界大战后，莱茵河沿岸的工业活动开始兴盛。

那个时候，经济增长比环境保护更重要，向河里倾倒废物是很正常的事情。

在20世纪70年代，研究者推断情况不容乐观。举个例子，莱茵河的氧气浓度在70年代有时可低至一毫克每升。从这点来说，莱茵河本质上是条死河，鱼类不可能生存，因为这里没有它们需要的氧气。测量船探知，流经边境，从德国进入荷兰的水流每秒携带有350千克的盐，也就是每天5万吨盐。这些盐里至少有1/3来自法国的钾矿。这些钾矿自从1932年起就向莱茵河里排放。在西欧，大约2 000万民众依赖莱茵河，取水饮用。水里的盐不仅危害人们的健康，还产生了其他费用。

阿姆斯特丹水务部部长是这样解释的："对阿姆斯特丹来说，我们每年大约要额外花100万美元清理河道，擦洗管道，在生铁管中浇铸水泥以防生锈，预铺管道以便替换。"

荷兰西部的温室园艺业，多年来一直受到堆积在河水表面的盐分的危害。我们听听一名种植者是怎么说的："因为莱茵河的含盐量逐渐增多，作物的发展和生长遭受了损害，导致产量低，质量差。"

欧洲的污染是一个危险因素，1970年，欧洲委员会断定这不是哪一个国家能够单独应对的。菲利普王子强烈恳求："我们需要更干净的河流，我们需要决定究竟应该怎样使用河流和湖泊，是作为国内饮用水的供给，还是作为体育和娱乐用途，还是作为循环使用工业废水的载体，抑或是作为下水道让其自生自灭。"

所有这些功能不可能同时满足，法国的钾矿仍然继续向莱茵河倾倒含盐的废物。1974年，3G荷兰种植者向钾矿提出了诉讼，但是因为污染物是来自边境之外，因此他们的律师建议他们询问鹿特丹的法官，看看荷兰法官是否对跨境环境争议有裁判权。法官说他没有那种职权。所以他们去海牙更高级的法院，那里的法官让他们去卢森堡的一个法庭，这个法庭给了肯定答复，荷兰法庭有权审理跨境环境争议。

14年来，种植者一直提出法律诉讼，鹿特丹法庭最终做出了判决。判决决定，外国污染者对荷兰园艺业的损失负有责任。1976年，莱茵河畔各国部长签署了莱茵河工业盐协议。不过，直到1987年，法国才同意储存部分工业盐。

尼利·克洛斯是当时荷兰的谈判代表，他说："在国际协商中，你似乎需要不死之身才能看到达成共识的那一日，拥有耐力的人才是最终的赢家。"

当然，在大多数案例中，污染者不愿意为清理自身生产过程中产生的脏乱买单。他们会说，如果你想的话，那你就买单吧。但遭受损害的那些人还要负担费用，那不是很让人生气吗？在源头上就应该制止。那么，谁应该承担停止废物倾倒的费用呢？法国和德国负责30%，荷兰负责34%，瑞士负责6%。但是污染者支付费用不是更合适吗？为了确定当时如何分担费用，我们看看谁是污染的最大受害者，当然还有污染来自哪里。

污染者肯定要付一部分，法国钾矿后来已经开始停止倾倒含盐的废物。不过，成本被分散到希望提高莱茵河水质的各国，因此污染者只付了一小部分的份额。当事方实际上付了最大一部分。自20世纪70年代以来，莱茵河水质有了显著改善。城市和工业部门现在都要进行大规模的废水净化处理。

鲑鱼还会回到莱茵河吗？人们相信鲑鱼会回来的。事实上，水质经治理后，它现在能够维持鲑鱼的生长，鲑鱼最后真的回来了。不过，要让鲑鱼在这里繁殖，达到以前的状态，人们还要奋斗很多年。

那么，处理莱茵河沿岸的污染最佳的办法是什么呢？

公共财产资源在国内和国与国之间都是个问题。这是一个公共领域，在环境中都存在这样的问题，这不仅适用于一个国家，同样适用于不同国家之间。公共财产资源不仅是一个国家内部的公共财产，同样也是世界作为一个整体的公共财产、公共环境。问题是：我们应该如何建立财产权？因为当财产权建立了，人们就会试图行使这些权利，就像我们如果通过栅栏向邻居家院中扔垃圾，他们就会行使他们的权利。

我们看到了莱茵河沿岸曾经的情形，为什么政府不采取更协调的方法来制止过度使用资源？政府确实采取了行动，而且他们最终解决了问题。他们采取的方法是：需要各方坐在一起，对如何解决这个问题达成协议。否则，他们就不能真正地解决问题。这就是他们采取的措施。

这主要归功于欧洲共同体，如果没有欧洲共同体，就不可能解决问题。不过，他们在解决问题之前让其继续存在了很多年。为了协调这样的政策、这样的规定，需要强有力的机构。全世界都存在公共资源被污染的问题。例如，美国就有来自邻国的问题，河流横跨两个国家，使两边都受到污染，那么就要有强硬的政府和强大的机构，需要强制实行财产权并执行这些权利，而且这与一个国家的发展阶段有关。

在一个国家内部，我们有这样的问题：政府当然可以分配财产权，可以坚持各种形式的环境守则或其他规章。但是当问题越过边界，谁能解决呢？在欧洲共同体内部，有一个机构框架，在这个框架中可以解决这个问题。但是，在没有相同的机构框架的其他国家之间，如何解决问题？

环境应该将贸易排除在外吗？或者说它们能够相容吗？国际贸易为什么不能帮助环境，实际上这是毫无理由的。我们有很多例子可以作为参考。在许多案例中，保护和禁止贸易实际上导致了污染进程一直在继续。例如，在欧洲，煤炭工业的保护政策实际上保护了污染煤炭的使用。美国也是如此。汽车工业就更不用说了。如果欧洲和美国减少对煤炭的进口限制，它们就可以使用清洁的澳大利亚煤，事实上这能够让环境更清洁。这样说来，有一点很明确，促进开放更多的贸易，实际上不仅更有效，而且还能创造一个更清洁的环境。

事实上，环境保护产业正在发展，这也会带动就业、带来投资，这样做的一个好处就是促进了全球经济增长，这样一来，那些正在生产污染的国家也能使用这些产品，可以进口这些产品，人们也可以从另外的正在发展的产业中获利。

现在，我们对上面的案例做个总结，集中于促进成功的跨国环境政策的因素。很明显，第一个要素就是国际协议，就像我们在个案研究里看到的那样，欧洲国家聚在一起，对制定减少莱茵河沿岸污染的适当政策达成了一致意见。第二个要素就是财产权的分配。如果某国家、城镇或公司得到了莱茵河某一段的财产权，它们就对该段河流的污染或清理负有责任。这会带来最优化的资源配置，也会带来更少的污染。

贸易和环境的底线是什么呢？我们得出以下两个结论：

第一，自由贸易和环境保护并不是互相矛盾的目标；

第二，对环境政策的国际协议及合作需求将持续增长。

随着环境问题变得更加全球化，这类协议和合作就变得非常关键。

三、不断变化的世界经济

自第二次世界大战以来，全球经济经历了很多变革。美国、西欧、日本和东亚都依次步入了繁荣。全球经济应该如何演变，我们该何去何从？各国又该如何从中获益呢？

对于经济学家来说，最头痛的事情就是关于全球经济的一些迷思。譬如有人断言美国经济因为贸易正在去工业化。有的经济学家认为，解决这些迷思很重要，在这个过程里人们也能重温一些经验和教训，我们先来看看一些教训。

第一个教训也许也是最重要的，是商品、服务、劳动力、资金和技术的急剧流动。第二次世界大战之后，世界各地的生活标准极大地提高了。即使全球化有"成本"，例如在某些行业里的工作流失，甚至停业，然而，全球贸易自由化带来的好处远比这些损失要多。

第二个教训就是政府试图干预贸易、资金、技术等的自由流动，这是最大的浪费，有严重的危险。这是什么意思呢？任何干预市场和贸易的尝试都是徒劳的，这样的结果往往得不到最佳的资源配置，丧失了竞争优势。尝试干预贸易、资本流或科技会导致贸易报复甚至贸易战争。

第三个教训就是随着经济日益一体化，政府扮演的角色越来越重要了。制定有利的宏观经济政策，倡导市场驱动的汇率会使经济运行更加稳定。保持经济具有竞争力，开放贸易，鼓励储蓄、投资和创新，为公民提供优质教育，这些也都是政府要做的。不过，这只是竞争优势的基础。政府不应该去决策竞争优势，更重要的是，不应该在贸易中甄选成王败寇。

前面已经提过，关于全球经济有许多迷思，我们来看看关于美国和其他工业国去工业化的一些说法，通过探索一些案例，看看能否解开这个迷思。

（一）中国经济的崛起

中国的南方，也是中国经济腾飞的开始，成千上万的工厂从香港迁移至此。房屋建设与日俱增，为蜂拥而至的工人提供住房。在这里加工的产品为中国赚得了巨额外汇收入，也提高了工人的生活水平。但是，中国是不是以损害其他发达国家的代价来发展？经济腾飞能否惠及全国呢？

在1950年，日本建造了制造业基地，集中了像成衣业和鞋业这样的劳动密集型产业。随着工资和工人技能的提升，日本发展出了更多、更复杂的行业，这些低技术行业转移到了发展中经济体，这就是所谓的"雁队理论"。相对成本和产业的生产不匹配时，产业就应该转移到更低工资的国家。这个过程会不断持续，就像飞行的雁队，它们有队形、有领队，领队后面跟着的就是不同层次的"国家"。在1990年的早期，中国的相对优势是劳动密集型产业。在中国的南方，像广东省这样的地方聚集了很多的劳动密集型产业。它们通常都是从中国香港转移过来的。制造业创造了巨大的财富，其后10年间，经济增长每年超过20%。

查尔斯·杨是一名商人，他在20世纪60年代到了香港。在香港，他创办了纺织企业，价值几亿的产业现在遍布全球。但他的纺织厂不在香港，而是转移到了内地，这有很多好处：首先是成本降低；其次是内地劳动力充裕，空间大。事实上，内地提高了产品的品质。

劳动密集型产业对内地也有好处。新产业带来了新的工作，取代了成千上万的低报酬的农业工作,也带来了大量的基础设施投资,如道路和房屋。人们的生活水平急速攀升。

在惠州,查尔斯·杨的公司资助了西北纺织工学院,老师给学生传授他们在巴黎、米兰和纽约的时装经验,学生毕业后就能够设计衣服。工人学习新技能,提高了产品的质量。查尔斯·杨说:"工人们不单只对工作感兴趣,还对学习新技能感兴趣。所以我们提供许多机会和训练。我们设立大学培养学生,让他们看问题时能够站得更高,这就是我们的未来。"大学毕业生可以在国内学以致用。一石激起千层浪,其他工人也学习技能。随着中国的改革开放,这些知识和技能也越来越重要。

后来,在内地也出现了"雁队"现象。广东省发展迅速,劳动力短缺,纺织业开始向内陆进军。像浙江省和湖南省,那里土地供应更充足,劳动力更低廉。香港迁移制造业不但没有损失,反而获利多多,释放了更多的资源,以便集中在高精尖行业。旭日集团有限公司(Glorious Sun)的办公室在香港,其业务涉及了 80 多家企业,该公司的介绍中说到:"这里集中了所有的会计服务,电脑系统完善了财政管理和生产。内地生产的销往世界各地的服装在这里设计,因为这里对市场的了解更为成熟。"Glorious Sun 是香港演变的典型,香港的办公地已经成为经济和管理的中心,创造着新财富。

这种互补的关系为发达国家的经济提供了新机会,发达国家可以提供很多发展中国家需要的服务。像美国,就是服务型导向经济。美国在商品贸易里逆差巨大,但美国有很好的出口和服务平衡。中国经济的腾飞,不意味着发达国家的经济受损,而是发达国家的角色会有所转变,为发展中国家提供服务和专业知识,这样就可以让新财富源源不断地流入自己的国家,这是一个双赢的局面。一个国家的成功并不意味着另一个国家的失败,一个国家的崛起不是以牺牲别的国家为代价,这不是非零和对策,"1+1"肯定大于 2。这在中国香港和内地的案例中就已经表现得很清楚了。通过填补空缺,中国建立产业,提升了人们的生活水准,经济的发展从中国开始,逐渐散布到别的国家,非洲和东欧也在新世界秩序里找到了自己的位置。

有的经济学家认为,过去 100 年来最重要的经验就是:在正确的条件下,对收入来说是没有限制的。持续增收的关键是持续增产。持续增产有多种办法,其中之一就是教育。受过培训的工人比没有受过培训的工人赚得多。此外,生产力还取决于技术,而技术可以通过研究开发来获得提升、通过学习和实践获得提升。当然,生产力也取决于资本和设备,现在投资得越多,未来的生产力就会越丰厚。

至于贸易,要发挥各自的优势,以达到各自效率的最高。所以全球劳动格局是人均收入上升的另一推动因素。

亚当·斯密在很久以前就说过:增长来自劳动分工。在市场范围内,劳动专门化。市场越来越大,现在整个世界都是市场。全球化意味着"劳动分工",就是"人们从事他们最擅长的事项",劳动分工现在可以跨越国家。科学技术和劳动分工二者十分相似,这就是经济增长的机制,也是我们每个人免于饥饿的方法。

是否每个国家都能因经济而崛起呢?是的。每个国家的经济都能突飞猛进。当然这样说的意思并不是说每个国家都要成为超级大国,这只是针对少数国家而言。但是,每个国家都有成长的可能性,都有可能让公民生活富裕。例如,斐济共和国,其经济没有日本那么发达,但斐济人依然可以像其他国家的人那样具有较高的幸福感。

作为发展中国家和重要的出口国,中国成功的秘密并不是工资低。中国成功的真正秘密在于 20 世纪 80 年代和 90 年代初期迅速增长的生产力,这也是中国成为世界主要出口国的原因。

(二)美国制造业的萎缩和服务业的提升

现在我们来看看另外一个迷思,即美国制造业的萎缩是因为国际贸易,还是因为服务业导向型经济损害了制造业的优势?要想解开这个困惑,我们先来看一些关于制造业和服务业的数据。有关1850—1992年美国农业、工业和服务业三大领域的经济数据,我们要注意几点。

一是美国农业就业占就业人数的比例在1850—1992年从60%下降至2%。但是,美国依然是世界主要的农业出口国。很明显,就业率的降低并没有伤害到农业部门,反而帮助了农业,因为在这一过程中,美国的农业产量迅速增长,美国是农产品产量较高的国家,也是非常可靠的出口国。

二是从1850年开始,美国工业的就业率开始上升,它的趋势是戏剧化,所以有很多人曾经担心从农业过渡到制造业的这个趋势是错误的,认为不能总靠机器吃饭。

三是制造业的就业率下降,但是服务业的就业率上升,原因就是很多美国公司为了保持竞争力不得不削减人手。在这期间,有很多人怨声载道,说美国离开了制造业就没法生存,不过,这种担忧并没有发生,工业领域和制造业领域的就业率虽然下降了,但是产量迅速提升。因为美国有可靠的农业和制造业,只不过雇员比以往少了许多而已。与此同时,服务业的就业率攀升,占总就业人数的80%。

接下来,我们了解一下这个就业攀升是怎么开始的。在1980—1991年美国私有领域服务行业的增长。增长最快的是法律服务,其次是商业服务,然后是健康服务、娱乐、酒店、教育等,这就是服务的分布,专业服务是攀升最迅速的行业。

值得注意的是,从制造业到服务业发生转变的不单只是美国,其他工业国家也有这种转变,像加拿大、法国、意大利、英国、日本和德国等。在1970—1991年,所有这些国家的服务业占GDP的比例均有上升,这不只是美国才有的现象。

现在,美国的出口更具有服务业的倾向。我们常说"出口服务",那它到底是什么意思呢?打个比方,一个美国的顾问前往法国,向法国公司兜售他的顾问服务,这就是服务出口;或者法国的游客来到美国,这就是美国向法国出口旅游业。法国游客来到美国后享受酒店的服务、在大峡谷旅游等,他们付法国法郎,这也是美国向法国游客出口服务。

出口服务对美国的经济越来越重要。在1980年,总出口只占总产值的20%,后来差不多有30%。事实上,出口服务上升也是一个全球现象。商业服务出口,如运输、旅游、银行业和保险业等,从20世纪70年代末到80年代末全球服务贸易翻了十番。过去人们认为不吸引人的行业,事实上却十分具有爆发力。

美国是出口服务的领先国,其次是法国、英国、德国。这是一个充满活力的领域,贸易量急速上升,而美国在这里的优势无与伦比。

美国服务业和商品的贸易平衡。在20世纪80年代末至90年代初,美国的商品贸易出现了逆差,而服务业这边则有可观的顺差,这对美国来说很有利,美国服务业在全球经济的浪潮中帮助了美国。

关于服务业,人们存在一些误区,我们在此列举三条。

第一个误区就是认为制造业和服务业有很大的不同,事实上这些差异微乎其微,我们举几个例子说明一下。人们通常认为为通用汽车提供汽车零件的供应商属于制造业,奇怪的是,这个供应商是“蓝十字会蓝盾公司”——家医疗供应商。同样,通用汽车的资金中,很大一部分来自金融业和保险业,因此,要区分通用汽车是制造业领域还是服务业领域十分困难。我们再来看一个例子:人们通常以为电脑和软件是一家的,电脑和软件通常也一起买。但是,电脑是制造业生产的,而软件是服务业制造的。同样,人们对医用设施和医疗服务不加以区分,认为医疗服务是随着医疗科技一并提供的。

第二个误区就是服务业的职位都是生产力低下的岗位。如果保持这种思想,我们就注定要变成制作汉堡包的工人,实际上,专业服务职位是上升最快的服务行业。如何衡量服务业的产出和产量,这是一个有趣的问题。举微软的例子,我们如何衡量微软的产量?他们写了多少行代码?还是他们邮寄了多少张光盘?这些都不能令人信服,都无法衡量微软所创造的价值,不管是“Windows”还是“Windows”里面的“Word”。相似地,产量随着版本升级而上升,这又如何衡量呢?要给出一个数字,那是十分困难的。我们很难衡量服务业的产量,因此常常低估了服务业的生产力增长。

第三个误区就是服务贸易不重要,或者认为服务贸易会削弱美国的竞争力。事实证明,服务贸易十分重要。美国有服务业竞争力,是服务业最大的出口国。

(三)加利福尼亚的软件生产

先是钢材业,然后是汽车业,之后是电子设备、电脑。多年以来,这些行业被美国公司独揽。但是,最近其他的国家浮出水面,开始领军这些行业。美国是否会丧失行业老大的地位?抑或创建一个新的领导计划?

我们来看第二个案例,了解一下在加利福尼亚的一个软件生产商。很多美国科学家在这些公司里工作,发明了电脑、半导体和电脑芯片。在20世纪70年代,美国在芯片制造的竞争优势跨过太平洋,成为芯片制造业的老大。美国芯片业发生了什么?电脑行业分析家霍华德·安德森说:“芯片比较容易制造,可要建造一个芯片制造设施,可能需要1亿美元,甚至更多。芯片制造所需的劳动力减少,品质却可以保持高水准。芯片已经成为一种商品。”

作为标准化和大规模生产的商品工业,芯片制造的前沿已经转移到有大规模生产优势的国家。像日本,还有其他一些亚洲国家,这些国家的生产效率十分高。

在美国,特别在三藩市(即旧金山),电脑公司在斯坦福大学不远处开商店,形成了具有传奇色彩的硅谷。新一代的电脑天才和创业家曾经在这里开拓新电脑产业。一些公司,像英特尔,研发新型电脑芯片,适应特殊需求,专门为客户打造。另一些公司,开发即装即用软件,可以运行电脑、写信写书、结账计算、设计城市规划等。

“模拟城市”(SIM City)是由“Maxis”在20世纪90年代开发的一款模拟城市规划的游戏。“Maxis”由威尔·怀特和杰夫·布朗恩共同创办。杰夫·布朗恩说:“我创办‘Maxis’是想打造一些成年人的游戏。当时我碰到了合伙人威尔·怀特,他已经开发出了‘SIM City’的雏形。我就说,这就是我想要的。我需要这样可以发人深省的游戏,不需要眼手协调,只需要建造和学习。”

“我们认为学习和游戏是一回事。‘Maxis’有一套自己的游戏哲学,这一切得益于这一代电脑程序员和高科技艺术家。‘Maxis’开发的游戏需要游戏者成为决策者,成为城市规划者。游戏者要保护环境,开发农业,还要关注医疗,就像真实生活一样,要做出决策。‘Maxis’和其他新型软件行业对传统电脑用户产生了巨大的影响。有很多城市规划者也玩

‘SIM City’,因为目前他们能利用的工具是很稳定的,但是真实情况却不是这样的,常常会发生变化。吸引他们的是,‘SIM City’是一款会变化的模型,就像真的城市一样,会随着时间而发生变化。这是一项他们从来没有过的工具。软件行业影响到了海外。我们是一家国际企业,游戏遍布全球。我们在欧洲设立了出版商,把我们的产品授权给日本、韩国、南非、巴西、整个欧洲以及澳大利亚和新西兰等。全世界都有我们的产品。”

“‘SIM City’和‘Maxis’的其他软件加入了令人炫目的行列:游戏、教育软件、商业应用软件,这几乎所有都是美国制造,而硬件设施几乎都是来自美国之外。”

过去电脑世界的巨人,已经屈服于竞争激烈的软件行业。硬件和软件生产商聚成了联合阵营,在电脑产业里稳居前列。

美国在电脑行业里垄断了个人电脑软件、小型电脑和主框架软件,这种状况可能还会延续很久。在激烈的竞争下,电脑硬件和软件的价格不断降低,带动了电脑革命,在美国国内创造了新的竞争优势,美国不是第一个也不是最后一个得益于海外竞争优势的发达国家。和其他国家一样,美国将流水线的体力劳动转化为软件设计的脑力劳动,不仅给国内分得更大的一份蛋糕,更为世界做大了蛋糕。

(四)经济学家的认识

从美国的电脑行业的经济案例中,我们可以得到什么启示呢?让我们听听经济学家是怎么说的。

一个国家如果失去了竞争优势,需要做些什么来挽回优势吗?国家需要做的最重要的事情就是创造环境,在新产业内重新吸收先前使用了的资源,让新产业发展成为具有优势的产业。电脑软件的案例就很好地说明了这一点。这些行业需要大量的技术工人,随着电脑生产特别是标准化生产部分转移至国外,美国逐渐变成世界领先的软件出口国。

不过,我们需要注意的是,竞争优势不是一个不变的概念,经济演化会带来富裕,但如果尝试放慢这个过程,那就是自找苦吃。

在这个例子里面,电脑软件行业作为一个十分分散的行业,其投资决策几乎是由私有领域做出的,政府给予最小限度的引导,随着经济的发展,必然会摆脱劳动密集型产业,而低级技术仍然存在,那些处在低端的国家则会沿着这条发展道路继续攀升。

那么,经济发展是不是没有尽头?优势转移是不是永无止境呢?回答是肯定的,但前提是政治因素不妨碍经济的发展。最近的几年,提升生活质量的驱动力体现在劳动生产力上,而劳动生产力的提升来自教育和训练,也来自全球劳动分工和科技进步,科技进步减少了人们对资源的需求。全球劳动分工可以让产品或服务定位在机会成本最低的地方。

这里有很多这样的案例,其中一个是韩国。在20世纪50年代末的韩国,其情况不容乐观。与之相比,斯里兰卡看起来要好很多。但是韩国在很短的时间内就叩响了石油输出国的大门,踏入了“富人俱乐部”里。

这样看起来似乎十分美好,这个蛋糕好像永远吃不完。假设开放经济,采取外向型发展战略,所有的一切就都是好的,我们不应该有这样的印象,虽然美国有开放的市场,同时也有贫穷,欧洲也是,在所有国家都是这样。

为什么会有贫穷呢?美国不是参与收入分配的地方,随着每个国家的输出成分的改变,相关的劳动需求也会随之改变,就会有部分工人在面临需求变化和各种挑战时失业,即便有时工人不被解雇,他们的工资也会缩水。

尽管有“SIM City”和美国出口服务的成功，还是有很多人关心美国的经济前景。接下来我们会关注第三个迷思，那就是美国不再是“NO. 1”。首先我们来看看“NO. 1”的定义是什么，了解一下衡量国家经济的三个指标，我们以 20 世纪 90 年代的一些数据为例。

第一个指标是经济体的大小，也就是 GDP，指总体的经济情况。这项指标一度是美国排第一，日本第二，日本的 GDP 约为美国的一半，之后是德国、法国、意大利。

美国的经济总量占世界总产值的 40%，这是由于第二次世界大战的打击，日本、德国、法国和意大利全都受损严重，至 20 世纪 80 年代，欧洲、日本的经济开始复苏，增长迅速，使得这个比例下降到 22%~23%。

第二个指标是看出口份额。在 20 世纪 90 年代，美国的出口份额排名第一，它是世界上最大的出口国。德国排第二，日本排第三，之后是法国和英国。根据总出口来看是很有用的。但总经济的规模并不能说明每个人的幸福和富裕程度。

第三个指标是人均收入，它有两个衡量方法。第一个是用市场汇率，通过当前汇率将每种货币换算成美元得出排名。用这种排名方法的话，第一名是瑞士，第二名是日本，之后是丹麦，美国排名第四，之后是挪威。这种方法实际上是拿苹果跟橙子比。美元在日本和美元在美国根本不是一回事，日本的物价很高，所以要将这个因素考虑进去，要用平均购买力来衡量，拿苹果跟苹果比，着眼于美元在美国的购买力以及在瑞士、日本的购买力，等等。这样一来，排名就发生了变化。美国位居第一，其次是瑞士、中国香港、日本和新加坡。在这个排名里，瑞士、中国香港和新加坡都是小型经济体，这说明人民生活富裕和出口量没有必然联系。其中的中国香港是世界上最开放的经济体，中国香港没有贸易壁垒，所以开放性、竞争力和生产力十分重要，而总体规模反而不太重要。

国家的繁荣和生活水准主要是基于自身的生产力，换句话说，就是国家繁荣掌握在自己手里。贸易虽然很重要，但是贸易并不能真正带来富裕，而真正富裕要靠生产力。

美国秉持勤劳、开放、竞争的态度，换句话说，就是实行开放贸易，愿意学习，投资教育，愿意改变，认识到没有捷径可以走，以及所向披靡的乐观，这些都是美国成功的基石。以前是美国成功的秘诀，现在是亚洲成功的关键。东亚经济首先从日本开始，接着是韩国和中国台湾地区，最近就是中国大陆。最近 30 多年里，东亚国家发展迅速，经济突飞猛进、日新月异，东亚经济获得了巨大的成功，被称为“东亚奇迹”。

（五）正确认识全球化

融入全球经济，除了带来好处外，还带来了一样东西，叫作全球化。在第三个案例中，我们可以看到反全球化浪潮。

1999 年 11 月的西雅图，世贸会议在这里举行，研究讨论世界贸易进一步自由化的问题。而在会议大厦的外面，示威者在抗议，声明他们反对世界贸易组织和世界货币基金组织，这些组织通过全球贸易、资本流推进世界经济日渐互融，这就是全球化。

事实上，全球化由来已久。全球化在 19 世纪末就已经出现，欧洲有大量劳动力移向美国，美国从其他国家借钱修路，开拓西部。世界货币系统是金本位制，世界经济较为一体化，障碍较少。在 20 世纪，第一次世界大战之后，世界经济断裂，关税壁垒开始出现。到了 20 世纪后半叶，各个国家开始减少这些壁垒，美国就是很好的例子。美国市场相当专门化，将其产品卖到巨大的国际市场，这样一来，国家的经济规模就增长了。世界经济也是如此，国家可以专门化生产，提高效率，降低成本，提升人们的生活质量，这是全球化背后的推动力量。全球化前景良好，对穷人也是如此。人们想要平等，不想受到歧视，就没有人能够抵挡得住一体化和全球化。全球化本身没有错，异议出在我们是否有正确的框架。

谁制定规则？谁统治我们的全球经济准则？是否自由贸易只是符合一小撮人的利益呢？这是误解，世界贸易组织需要所有成员的意见一致才会采取一定的规则，这也是发展中国家的一个机会，对于发生什么事有一定的话语权。像比尔·盖茨这样的巨富，身家上千亿，很多美国人就会说，对呀，规则是公平的，盖茨就是成功了，就是创新了。世界贸易组织就是用一个对谁都公平的系统使每个国家都有机会。

全球化最大的得益者是消费者，我们都是消费者。几乎 80%的美国的工作都分布在服务业，很多人都没有面对激烈的国际竞争，他们和世界上其他的工作者一样，都是隐性得益者，受益于国际贸易，便宜的产品和优越的科技唾手可得。发展中国家或许会说全球化是不公平的，因为全球化只为那些有先进产业、先进服务业的发达工业国服务，对于那些农业国则不利，而农业恰好就是它们的优势所在。从目前来说，全球化并不能帮助所有的人。那么，为什么要开放全球市场，而不是摒弃全球化呢？实践中我们发现，只要是融入全球化的进程，经济体本身就已经开始从中得益。利用国际贸易获取外国科技已经成为这些国家的经济增长点。全球化创造财富的能力可以从过去的 60 多年看到，韩国、德国和中国等都是这样。

第二次世界大战结束后，大多数国家的生活水准很相似，到了 20 世纪 80 年代，融入全球经济的国家的生活水准比经济锁国的国家高出 3～5 倍。这个巨大的差异促使中国最终也融入了全球经济。

自从 20 世纪 80 年代末以来，许多新兴市场加入全球化的行列中，纷纷开放单边市场，开放投资和贸易。世界范围内的草根阶层正在展开一场运动。穷国和发展中国家里的底层人民也看到了这场由跨国巨头领导的全球化浪潮对他们、他们的家庭、社会民主、环境所带来的变化。具有讽刺意味的是，西雅图的示威者大多来自发达国家，却不代表新兴市场国，而新兴市场国中国也申请加入了世界贸易组织。

过去 30 多年，中国和印度的贫穷程度快速降低，人民逐渐富裕，这是开放经济实施出口导向型战略的结果。

全球化是最有效地提高人们生活水平的方法，我们不应该减慢这个进程，而应该帮助那些落后的国家，保证财富更均匀地分配到各国。我们最后的迷思可以解开了，有人说贸易就像战争，财富就是力量，而二者的联系，就是贸易带来财富，战争带来权力。战争有战败国和战胜国，而贸易，双方都应该得益。权力只能建立在他人之上，而财富则可以共享。

第二章　经济全球化背景下市场营销战略内涵

随着企业面临的挑战越来越大,市场营销战略及其观念的转变就成为企业能否在激烈的市场竞争中取得优势的关键因素。

第一节 市场营销的内涵

市场营销是一门随着现代市场经济和商业实践发展而逐步完善的学科。随着时代的发展,市场营销的定义也有所差别。

一、市场营销的经典定义

市场营销学是一门不断发展的新兴学科。在学科发展的不同阶段,营销学家们从不同角度对市场营销进行了界定。如"市场营销是一个过程,在这个过程中一个组织对市场进行生产性的和营利性的活动";"市场营销是创造和满足顾客的艺术";"市场营销就是在适当的时间、适当的地点,以适当的价格、适当的信息沟通和促销手段,向适当的消费者提供适当的产品和服务";等等。而最具有代表性、最能说明学科发展阶段性的是美国市场营销学会(American Marketing Association,AMA)分别于1960年、1985年和2004年所下的三个经典定义。

定义2-1(AMA,1960):"市场营销是将货物和劳务从生产者流转到消费者过程中的一切企业活动。"这一定义将市场营销界定为商品流通过程中的企业活动。在此定义下,"营销"等同于"销售",它只是企业在产品生产出来以后,为产品的销售而做出的种种努力。

定义2-2(AMA,1985):"市场营销是指通过对货物、劳务和计谋的构想、定价、分销、促销等方面的计划和实施,以实现个人和组织的预期目标的交换过程。"根据这一定义,市场营销活动已超越了流通过程,是一个包含了分析、计划、执行和控制等活动的管理过程。

定义2-3(AMA,2004):"营销是一项有组织的活动,它包括创造价值、将价值沟通输送给顾客,以及维系管理公司与顾客间的关系,从而使得公司及其相关者获得受益的一系列过程。"

二、市场营销的权威定义

除美国市场营销学会(AMA)的三个经典定义以外,欧洲关系营销学派的代表人物——格隆罗斯(Christian Gronroos)、营销管理学派的代表人物——美国西北大学教授菲利普·科特勒分别于20世纪90年代和21世纪初对市场营销所下的定义也被世界各国市场营销界广泛引用,成为学术流派的两个权威定义。

定义2-4(格隆罗斯,1990):"营销是在一种利益之下,通过相互交换和承诺,建立、维持、巩固与消费者及其他参与者的关系,实现各方的目的。"

定义2-5(菲利普·科特勒,2006):从管理的角度,"营销管理作为艺术和管理的结合,它需要选择目标市场,通过创造、传递和传播优质的顾客价值,获得、保持和发展顾客";从社会角度,"营销是个人和集体通过创造,提供出售,并同别人自由交换产品和价值,以获得其所需、所欲之物的社会过程。"

因此,现代营销是以实现企业和利益相关者等各方的利益为目的,对顾客价值进行识别、创造、传递、传播和监督,并将客户关系的维护和管理融入各项工作之中的社会和管理过程。

三、市场营销概念的演进

以上五个定义体现了市场营销概念的演进和营销内涵的扩展。

市场营销概念的演进有：

(1)营销主体的变化；

(2)营销客体的变化；

(3)营销对象的变化；

(4)营销内容的扩展；

(5)营销目标的变化；

(6)营销工具的变化；

(7)强调营销的核心概念——交换/关系和价值。

除了以上定义外，我们还可以从以下几个方面来加深对市场营销概念的理解。

首先，营销以顾客为中心。营销活动注重顾客的需求，顾客是所有战略营销活动的中心。

企业在定义产品的时候，必须立足于其产品能如何满足顾客的需求，而不仅是企业实际生产了什么或产品本身。例如，星巴克并不只有咖啡，还是一个能给人们带来欢乐的地方。在星巴克，顾客的满足和享受能从他们购买的任何一款产品中得到。

营销的本质就是获得令人满意的交易，使顾客和营销者都能获得收益。顾客希望从营销交易中获得比他付出的成本更高的回报和收益。营销者也希望通过交换，得到相应的价值，通常是产品的价格。通过双方的交易，顾客产生了对企业未来行为的期望。为了达到这些期望，营销者必须履行他们对顾客的承诺。随着时间的推移，这就形成了双方之间的相互信赖的关系。

其次，营销组合包括产品、价格、渠道和促销等要素。

营销不仅仅是简单地为一个产品做广告或推销，它贯穿于开发和管理一个产品以满足顾客需求的全过程。营销的关键在于使产品以一个可以被顾客接受的价格出现在一个合适的地方并传播信息，帮助顾客决策这个产品是否能满足他们的需要。这些计划、组织、执行和控制的活动是用来在目标市场上迎合顾客需要的。市场营销学家们把这些要素(产品、价格、分销和促销)称为营销组合。营销组合决定了企业在营销中使用何种类型的要素以及使用多少。营销组合是围绕顾客而建立的。

营销要素常被视为是可控制的，因为它们可以被修改。然而，营销者改变这些要素也是有限度的。政治法律环境、经济条件、竞争机制都可能阻止企业经常或显著地改变这些营销要素。

再次，营销要建立令人满意的交易关系。

营销最终要实现产品、服务或创意的交换或转移，即实现交易行为。任何产品都能被包括在一个营销交易中。

营销活动应该努力创造和维持满意的交易关系。为了保持交易关系，买方必须对获得的产品、服务或创意满意，卖方也必须对所取得的经济或其他回报感到满意。如果顾客对交易关系不满意，则他们通常会转投向其他可以替代的组织或产品。

对营销者来说，与顾客保持积极的关系是一项至关重要的目标。关系营销理论认为，营销者应当追求长期互惠的合作，买卖双方通过创造令人满意的交易，把精力集中在价值的提高上。关系营销通常会加深顾客对企业的依赖，在顾客信心增长的同时，还会提高企业对顾客需求的理解。成功的营销者能对顾客的需求做出及时反应，并随着时间的推移，尽量增加顾客需求的价值。最终，这种相互关系会成为一种坚固的合作和相互依靠的关系。

最后，营销发生在一个动态的环境中。

营销环境包括宏观的政治、经济、法律法规、科学技术、社会文化和自然资源等，也包括微观的企业内部结构、供应商、竞争者、社会公众等。营销环境影响和制约着组织的营销活动。它们既可以制造营销威胁，也可以为新产品和接触新顾客创造机遇。

营销环境通过三种途径来影响市场营销活动。

(1)通过顾客的生活方式、生活水平，以及顾客对产品的偏好和需求而产生影响。营销者试图以开发和调整营销组合来满足顾客的需求。由于营销环境对顾客有显著的影响，因而对营销组合也有间接作用。

(2)营销环境能帮助营销者决定是否或如何执行某种营销活动。

(3)营销环境可以通过影响顾客对公司营销组合的反应，来影响营销者的决定和行动。营销环境可能发生快速且富有戏剧性的波动。此外，各种营销环境是相互联系的，一种环境的变化可能导致其他环境因素的改变。

营销环境的变化给营销活动带来了许多不确定的因素。这种不确定性既可以减弱或毁灭营销努力，也可以创造难得的市场营销机遇。时刻关注营销环境的变化，可以使营销者适应这些变化，并在这些变化中寻找到机遇。

第二节 市场营销观念的演变

市场营销观念的演变经历了由以产品生产或销售为中心的产品导向营销观念，向以满足市场需求为中心的顾客导向营销观念的转变，最终又发展到以市场的众多利益相关者为主导的市场导向营销观念。市场营销观念的演变如图 2-1 所示。

图 2-1 市场营销观念的演变

一、产品导向营销观念

这是一种以产品的生产或销售为中心，“以产定销”、以产品为导向的营销观念。产品导向营销观主要包括生产观念(production concept)、产品观念(product concept)和推销观念(selling concept)，如表 2-1 所示。

表 2-1　产品导向营销观

营销观念	主要观点	营销重点	营销任务	运用条件
生产观念	消费者喜欢能买到的商品,企业能生产什么就销售什么	产品生产	提高效率,降低成本	产品供不应求
产品观念	消费者喜欢质量好、功能多的商品,企业必须致力于产品的改进和提高	产品生产和改进	提高质量,增加功能	产品供求平衡
推销观念	消费者具有惰性,没有外力的推动不会足量购买;企业必须同时注重生产和销售	产品生产和销售	重视生产,加强推销	产品供过于求

二、顾客导向营销观念

随着营销理论与实践的发展,顾客导向营销观的内涵也在不断发生变化:从以适应需求为目标的单纯市场营销观念,到以提高顾客价值为目标的顾客满意营销观念,再到以为顾客创造价值为目标的创新营销观念,企业的营销活动越来越贴近顾客。

(一)单纯市场营销观念

单纯市场营销观念是单纯以顾客的市场需求为中心,以研究如何满足市场需求为重点的营销观念。单纯市场营销观念的确立,标志着企业在营销观念上发生了根本的、转折性的变革,由传统的封闭式的生产管理型企业,转变为现代开放式的经营开拓型企业,为成功营销奠定了基础。

市场营销观念认为,实现企业营销目标的关键在于正确地掌握目标市场的需求,并从整体上去满足目标市场的需求。因此,企业必须生产、经营市场所需要的产品,通过满足市场需求去获取企业的长期利润。

市场营销观念的基本内容,主要表现在注重顾客需求、坚持整体营销、谋求长远利益等方面。

市场营销观念要求企业不仅要注重当前的利益,更要注重长远利益。

(二)大市场营销观念

所谓大市场营销观念,是指企业为了成功进入特定市场,并在那里从事业务经营,在策略上协同地运用经济的、心理的、政治的和公关关系等手段,以博得各有关方面的支持与合作的活动过程。

大市场营销观念认为,贸易保护主义回潮、政府干预加强,企业营销所面临的问题,已不仅仅是如何满足现有目标市场的需求。企业在市场营销中,首先是运用政治权力(political power)和公共关系(public relations),设法取得具有影响力的政府官员、立法部门、企业高层决策者等方面的合作与支持;启发和引导特定市场的需求,在该市场的消费者中树立良好的企业信誉和产品形象,以打开市场、进入市场。然后,运用传统的4P(产品、价格、渠道、促销)组合去满足该市场的需求,进一步巩固市场地位。

(三)价值营销观念

2000年,英国著名营销学教授彼得·多伊尔(Peter Doyle)在其所著的《价值营销》(*Value-Based Marketing*)一书中提出并阐述了"基于价值的营销"的概念。多伊尔从股东价值最大化的视角,将营销定义为"通过开发与富有价值的客户之间的关系以及创造竞争优势来寻求股东回报最大化的管理过程"。由此可见,多伊尔的价值营销范式是以股东价值最大化为营销战略的目的和营销绩效的评价标准的。

2004年,美国市场营销学会(AMA)将营销定义为:"一项有组织的活动,它包括创造价值,将价值沟通输送给顾客,以及维系管理公司与顾客间的关系,从而使得公司及其相关者受益的一系列过程。"这一定义就充分体现了价值营销的理念,是对营销认识的又一次提升。

2006年,菲利普·科特勒在其所著的《营销管理》(第12版)中也指出,无论是从管理角度还是从社会的角度出发,营销都是一个通过交换来创造、传递和传播价值的过程。

2007年,万后芬等在其所著的《市场营销教程》(第2版)中指出,价值营销观念实质上是将企业的营销过程看作价值的探索、创造和传递过程,并强调运用全面营销的思维方式,从顾客、企业和协作者三方面去考虑营销问题。

1.价值探索过程

营销的起点是一个价值探索过程,在此过程中,通过对顾客的认知空间(顾客的现实和潜在需求的了解)、本企业的能力空间(企业的核心能力)和协作者资源空间的了解和把握,探索如何发现新的价值机会。

2.价值创造过程

首先,通过了解顾客的所想、所需、所忧,从顾客的角度重新认识顾客的利益,并考虑如何去满足新的顾客的利益。然后,根据新的顾客价值需求和自身的核心能力进行业务重组,重新定义公司的业务领域、确定产品线、确定品牌定位,使核心能力得到最好的发挥。最后,选择新的价值创造过程中所需的业务伙伴,以整合利用协作网络中业务伙伴的资源,共同开发、创造新的价值。

3.价值传递过程

通过客户关系管理、企业内部资源的整合协调管理和协作网络中业务伙伴的关系管理,以更有效地传递价值。

对于价值营销的实施,伦敦商学院(London Business School)教授尼尔马利亚·库尔马(Nirmalya Kumar)提出了新的营销工具——3V,即有价值的顾客(valued customer)、价值主张(value proposition)和价值网络(value network)的组合。有价值的顾客是指企业的营销客体,即解决"服务谁"的问题。价值主张是指企业提供的产品或服务的内容,回答"提供什么"的问题。价值网络则是指企业价值营销的路径和服务方式,即解决"如何传达"的问题。

三、市场导向营销观念

以顾客为导向的营销观念是以顾客为中心，以满足消费者需求、提高顾客价值作为企业营销工作的重点。与以产品为导向的营销观念相比，顾客导向的营销观念是一个全新的观念，是营销观念上的一次飞跃。然而，随着经济的发展和市场竞争的日趋激烈，企业在营销活动中仅仅考虑顾客是不够的，还必须从市场的角度考虑，树立市场导向的营销观。

在市场导向营销观的演变过程中，社会营销观、绿色营销观和关系导向的营销观最具代表性。

（一）社会营销观

社会营销观念产生于20世纪70年代。进入20世纪60年代以后，西方国家的一些企业利欲熏心，不顾社会整体利益，生产和销售大量外表精美但内在质量低劣甚至危害消费者健康的产品。这些企业为了牟取暴利，甚至采用一些蒙骗消费者的营销手段，以次充好、以劣充优、掺杂使假，并以虚假广告进行宣传，诱使消费者上当受骗，严重侵害了消费者的社会利益。

在这种背景下，以美国为代表的西方国家消费者利益运动高涨。为了保护自身的利益，消费者纷纷成立消费者协会等组织，以游行请愿等方式抗议黑心企业对消费者利益的侵害，呼吁政府出面干预企业的不正当行为。1962年，美国总统肯尼迪发布了《消费者权利法案》(*The Consumer Bill of Rights*)，宣称消费者有以下权力：获得安全的产品；可以自由选择产品或服务；当正当权益受到侵害时，能以某种方式向政府申诉，并得到赔偿；获得有关产品的可靠信息；获得有助于消费者做更好决策的信息；接受或拒绝来自企业的礼貌服务。与此同时，市场营销学家们也纷纷行动起来，反思现有市场营销理论的缺陷，并相继提出了一系列新的营销观念。

美国密歇根大学的威廉·莱泽教授指出，在工业高度发展的世界上，企业活动的目的不仅是使利润最大化，而且要考虑取得更好的社会效益，即企业通过营销活动，充分有效地利用人力资源和自然资源，在满足消费者需要、取得合理利润的同时，还要保护环境、减少公害，维持一个健康和谐的社会环境，以不断提高人类的生活质量。

因此，20世纪70年代以后，西方学者提出了“人性观念(human concept)”“明智的消费观念(intelligent consumption concept)”等一系列新的观念，来完善单纯的市场营销观念。其中，最引人注目的是“社会营销观念”。

1971年，杰拉尔德·蔡尔曼(Gerald. Zaltman)和菲利普·科特勒提出了“社会营销(social marketing)”的概念，促使人们将营销学运用于环境保护、公众场合禁烟、使用汽车安全带以及遵守限速规定等具有诸多重大推广意义的社会目标方面。

此后，社会营销观念在社会各界得到了广泛推广和应用。开展社会营销活动的主体也较为复杂。社会营销的主体既有公共团体、政府机构等非营利性组织，也有企业等营利性实体。从社会营销的发展趋势来看，企业等营利性组织参与社会营销的现象越来越普遍。这不仅说明随着经营环境的变化，企业的营销观念越来越宏观，越来越能考虑营销活动的社会整体利益，而且也说明随着生产力的发展和人类社会的进步，企业为了达到自身长期发展的目的，越来越依赖通过开展社会营销活动来获取公众的信赖和支持。

社会营销观念认为，企业的营销活动不仅要满足消费者的需求和欲望，而且要符合消费者和全社会的长远利益,要从“以消费者需求为中心”转变为“以社会利益为中心”。在市场营销活动中,企业一方面要满足市场需求,另一方面还要发挥自身的优势,同时注重社会效益。企业要确保消费者的健康和安全,确保社会资源的合理、有效利用,防止环境污染。企业要将市场需求、企业优势与社会利益三者结合起来确定企业的经营重点,如图 2-2 所示。

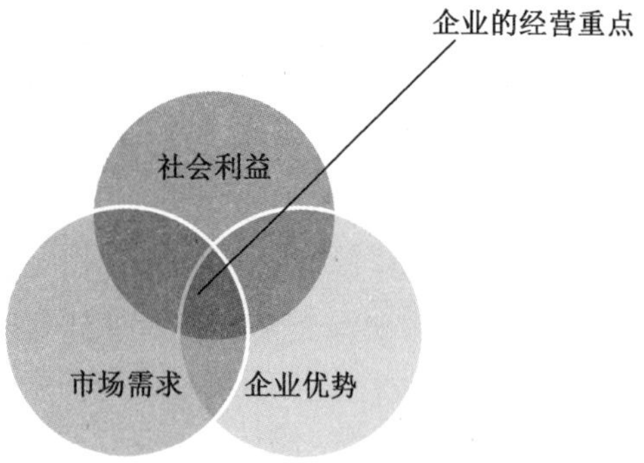

图 2-2 社会营销观念示意图

在社会营销观念指导下,企业要将经营重点确定为市场需求、企业优势和社会利益的结合点。一方面,企业要做好市场调查研究,不仅要调查了解市场的现实需求和潜在需求,还要了解市场需求的满足情况,以避免重复引进、重复生产带来的社会资源浪费;不仅要调查市场需求,而且要了解企业的营销效果。另一方面,企业要注重企业和竞争对手的优劣势分析,充分发挥自身的优势来做好营销工作。此外,企业还要注重营销的社会利益分析,从社会全局利益出发,发展有利于社会利益和人民健康的业务,放弃那些高能耗、高污染、损害公众健康的业务。社会营销观念是对单纯市场营销观念的进一步发展和完善,强调企业营销不仅要以消费者为中心,更重要的是以社会为中心,注重社会的整体利益;不仅要注重企业的微观效益,更要注重全社会的宏观效益。社会营销观念的提出,是企业营销观念的又一大进步。企业应自觉以社会营销观念为指导,将市场需求、企业优势和社会利益的有机结合点作为企业决策的依据,全方位提高企业的营销效益,在实现企业增长的同时,履行企业的社会责任。

(二)绿色营销观

20 世纪 90 年代以后,生态环境的不断恶化和自然资源的日益短缺已经严重影响了人类的生存和发展。鉴于此,世界各国纷纷开始重视生态环境的保护,企业界也以保护地球生态环境、维护人类社会的可持续发展为宗旨提出了绿色营销(green marketing)观念。

目前,人们对能源的无节制利用已经造成了世界范围内的能源严重短缺。此外,全球能源消费也极不均衡。发达国家的人口只占世界人口的 15%~18%,却消耗着全球已开采能源的三分之一,且有效使用率也仅占 50%左右。随着世界经济的发展和人口的持续增长,能源紧张状况将愈加严重。全球范围内的环境污染也越来越严重,如水资源的破坏和污染、大气中有毒物质的增加、工业和生活垃圾污染等。环境污染已对人类的生存和发展造成了严重威胁,成为当今人类社会面临的三大主要问题之一。作为对地球生态环境直接带来污染的企业，必须从可持续发展的高度实施“绿色营销”。

绿色营销是以满足消费者和经营者的共同利益为目的的社会绿色需求管理，以保护生态环境为宗旨的绿色市场营销模式。绿色营销观念认为，企业在营销活动中，要顺应时代可持续发展战略的要求，注重地球生态环境保护，促进经济与生态环境协调发展，以实现企业利益、消费者利益、社会利益及生态环境利益的协调统一。

首先，企业在营销活动中，要以可持续发展为目标，注重经济与生态的协同发展，注重可再生资源的开发利用，减少资源浪费，防止环境污染。其次，绿色营销强调在消费者利益、企业利益、社会利益三者有机结合的基础上，更加突出强调了生态环境利益，将生态环境利益的保证作为前三者持久得以保证的关键所在。此外，绿色营销还强调营销中的“绿色”因素：注重绿色消费需求的调查与引导；注重在生产、消费及废弃物回收过程中降低公害，开发和经营符合绿色标志的绿色产品；在定价、渠道选择、促销、服务、企业形象树立等营销全过程中，考虑以保护生态环境为主要内容的绿色因素。具体来说，以绿色营销为指导的企业在营销过程中应当注重以下几个方面。

1. 树立绿色营销观念

绿色营销观念是在绿色营销环境条件下企业生产经营的指导思想。传统营销观念认为，企业在市场经济条件下生产经营，应当时刻关注与研究的中心问题是消费者需求、企业自身条件和竞争者状况三个方面，并且认为满足消费需求、改善企业条件、创造比竞争者更有利的优势，便能取得市场营销的成效。

2. 设计绿色产品

企业实施绿色营销必须以绿色产品为载体，为社会和消费者提供满足绿色需求的绿色产品。所谓绿色产品，是指对社会、对环境改善有利的产品，或称无公害产品。这种绿色产品与传统同类产品相比，至少具有下列特征。

产品的核心功能既要能满足消费者的传统需要，符合相应的技术和质量标准，更要满足对社会、自然环境和人类健康有利的绿色需求，符合有关环保和安全卫生的标准。

产品的实体部分应减少资源的消耗，尽可能利用再生资源。产品实体中不应添加对环境和人体健康有害的原料、辅料。在产品制造过程中应消除或减少环境污染。

产品的包装应减少对资源的消耗，包装的废弃物和产品报废后的残物应尽可能成为新的资源。

产品生产和销售的着眼点，不在于引导消费者大量消费而大量生产，而是指导消费者正确消费而适量生产，建立全新的生产美学观念。

3. 制定绿色产品的价格

价格是市场营销的关键要素之一。实施绿色营销也必须研究绿色产品价格的制定。通常情况下，绿色产品在市场的投入期，生产成本会高于同类传统产品，因为绿色产品成本中应计入产品环保的成本。主要包括以下几方面：在产品开发中，因增加或改善环保功能而支付的研制经费；在产品制造中，因研制对环境和人体无污染、无伤害而增加的工艺成本；使用新的绿色原料、辅料而可能增加的资源成本；由于实施绿色营销而可能增加的管理成本、销售费用等。

但是，随着科学技术的发展和各种环保措施的完善，绿色产品的制造成本会逐步下降，甚至会趋于稳定。企业在绿色产品的定价上，一方面应考虑上述因素，另一方面也应当注意到，随着人们环保意识的增强，消费者经济收入的增加，消费者对商品可接受的价格观念会逐步与其消费观念相协调。所以，企业营销绿色产品不仅能使企业盈利，更能在同行竞争中取得优势。

4. 绿色营销的渠道策略

企业实施绿色营销必须建立稳定的绿色营销渠道，在策略上可从以下几方面努力。

启发和引导中间商的绿色意识，建立与中间商之间合适的利益关系，不断发现和选择热心的营销伙伴，逐步建立稳定的营销网络。

注重营销渠道有关环节的工作。为了真正实施绿色营销，从绿色交通工具的选择、绿色仓库的建立，到绿色装卸、运输、贮存的实施，认真做好绿色营销渠道的基础工作。

尽可能建立短渠道、宽渠道，减少渠道资源消耗，降低渠道费用。

5. 做好绿色营销的促销活动

绿色促销是通过绿色促销媒体，传递绿色信息，指导绿色消费，启发引导消费者的绿色需求，最终促成购买行为。绿色促销主要有绿色广告、绿色推广和绿色公关三种手段。

企业在推行绿色观念的过程中，要将绿色观念融入企业的生产经营管理活动中。目前，国际比较通行的做法是“5R”原则：研究（research），即把环保纳入企业的管理决策中来，重视对于环保的研究及相关的环境对策；减消（reduce），通过采用新技术、新工艺、新材料，减少或消除有害废异物的排放；再开发（rediscover），积极进行科研活动，使普通产品成为绿色产品，积极创造绿色品牌；循环（recycle），对废旧产品进行回收处理，循环利用；保护（reserve），积极参与环境整治活动，培养员工环保意识，树立企业绿色形象。

（三）关系导向的营销观

20 世纪 80 年代以后，以欧洲为代表的关系营销学派开始兴起，并催生了以关系为导向的新营销观念。关系营销（relationship marketing）旨在建立、巩固和发展与企业利益相关人的各种关系，被称为 20 世纪末及 21 世纪的营销观念。最早提出这一观点的是北欧的营销学者。他们把企业的营销活动放在整个社会经济的大系统中来考察，认为企业作为社会经济系统中的一个子系统，其经营活动是与周围各种因素（包括顾客、供应商、分销商、竞争者、媒体、金融机构、政府机构等）相互作用的过程。与这些个人或组织建立起良好的关系是企业营销活动的核心，也是企业营销成功的关键。企业与各方通过交换及共同履行承诺，实现各自的目标。企业与顾客之间的长期关系是关系营销的核心，保持和发展这种关系是关系营销的重要内容。要实现关系营销的目标，企业必须在提供优质的产品、良好的服务和公平的价格的同时，与各方加强经济、技术及社会等各方面的联系和交往。

1. 关系导向营销观的演进

20 世纪 80 年代，随着关系营销的提出，开始萌发以关系为导向的营销哲学。从“关系对象”以及关系营销与营销管理的关系出发，关系导向营销观的演进可归纳为以下三个阶段。

（1）单一客户关系论

自 20 世纪 80 年代提出关系营销以后，一般学者将关系营销界定为买卖之间的依赖关系的营销。将关系营销的研究局限于关注和处理买方与卖方之间的相互关系，即在传统的顾客导向营销观的基础上，重点探讨客户关系管理等问题。

(2)单纯多元关系论

该理论仅仅从关系出发,将关系营销视为社会环境中建立在人际关系这块基石上的相互作用的过程。主要有以下三种观点。

第一,三元关系论。认为企业营销中要致力于处理顾客、供应商、分销商这三个关键成员的关系。如最早提出关系营销的北美学者巴巴拉·本德·杰克逊(Barbara B. Jackson,1985)指出:关系营销是与关键成员(顾客、供应商、分销商)建立长期满意的关系,以保持长期的业务和绩效的活动过程。有的学者在此基础上提出了"关系金三角"。

第二,六市场论。在三元关系论基础上对"关系对象"的范围进行扩张,提出了关系营销的六市场论。该理论认为,在"关系营销"概念里,一个企业必须处理好与下面六个子市场的关系:顾客市场、供应商市场、内部市场、竞争者市场、分销商市场、相关利益者市场。正确处理企业与这些组织及个人的关系是企业营销的核心,是企业经营成败的关键。

第三,多元关系论。随着关系营销研究的进一步深化,学者们从不同的角度对"关系对象"进行了补充与归纳,提出了多种模式。如阿克尔森和伊斯顿、哈坎逊和斯奈荷塔等(1995)认为与企业利益相关者包括顾客、员工、供应商、分销商、零售商、广告代理人、大科学家等,企业在营销中必须研究与这些利益相关者之间的直接或间接的关系,建立起营销网络。有的学者提出关系营销主要包括以下各关系方:企业与原材料、燃料供应商之间的关系;企业与经销渠道部门的中间商之间的关系;企业与顾客之间的关系;企业与同行企业之间的关系;企业与内部各职能部门之间的关系;企业与员工之间的关系;企业与股东、股民之间的关系。以上这些关系构成了企业关系营销的关系方或关系营销的范围,只有全方位地与这些关系方之间进行关系营销,才符合关系营销的真正含义。

(3)交易与关系结合论

该理论认为营销应是从交易到关系的一个连续、系统的过程。如芬兰学者格隆罗斯(1990)综合营销的交易特征和关系特征后指出:营销是为了实现利润目标,通过相互交换和履行承诺,识别、建立、维持、巩固与消费者及其他参与者的关系,以实现各方目的的过程。菲利普·科特勒(1992)则在此基础上提出了整合营销观念,认为:企业在营销活动中应将最终顾客、供应商、分销商、内部员工、金融机构、政府部门、同盟者、竞争者、新闻单位及其他社会公众均作为自己的营销对象,全方位开展营销活动。整体营销观念认为,作为企业微观营销环境的各个方面,对企业营销活动有着直接的影响,企业不应被动地适应它,而应通过调查了解其需求和利益所在,并制定相应的策略,以达到互利互惠,从而建立稳定、良好的关系,来取得营销的成功。因此,针对企业微观环境因素中的各个方面,通过实施整体营销和坚持"多赢"原则,来实现相互的支持和合作,是现代企业营销的新思路,也创造出了一些新的方法,如通过资产重组,建立综合商社,实施代理制,以及通过对内对外的公共关系活动来建立、改善企业与各方面的关系。有的学者从理论上进一步进行了界定:关系营销应是个人和群体通过创造及同其他个人和群体交换产品和价值的同时,创造双方更亲密的相互依赖关系,以满足社会需求和欲求的一种社会的和管理的过程。

随着关系营销观的广泛传播,有学者提出应以关系营销的4C取代营销管理的4P。然而,"营销管理"是不可能被"单纯营销关系"取代的。4C也不可能取代4P,因为它们是买方和卖方两个不同主体的行为,4C反映的是买方的期望,4P反映的是卖方的行为。而营销就是要通过企业的努力,使企业提供的4P符合买方所期望的4C,以实现"满足需求—顾客满意"的目标。因此,以交易为核心"营销管理"与以关系为核心的"单纯的关系营销"的结合，在相互交换和履行承诺的过程中，识别、建立、维持、巩固与消费者及其他参与者的关系以实现各方目的，才是以关系为导向的营销观的本质特征。

2. 关系导向营销观念与传统营销观念的差异

关系导向营销观是现代营销观念发展的一次历史性突破。它与传统营销观念相比，无论是范围、目的、重点还是营销主体等方面都存在很大的差异。

首先，营销范围的扩大。传统营销仅仅从交易的角度，把营销的视野局限在由现实或潜在购买者组成的目标市场（企业准备为其服务的顾客群）上，主要研究购买者市场（消费者市场、生产者市场、中间商市场、政府市场）的特征、行为及其营销对策。而以关系为导向的营销不仅要从交易的角度研究购买者市场，而且要从关系的角度研究与企业营销密切相关的各类利益相关者，将他们作为企业的营销对象。

其次，营销的利益导向的差异。传统营销以企业利润最大化作为企业营销的目标。虽然也强调与顾客利益的统一，强调通过满足顾客需求、实现顾客满意来获得企业的最大利润，然而，在实际操作中所考虑的却往往是企业的利益。而以关系为导向的营销，以“多赢”为宗旨，注重满足各方的利益，实现各方的目的，建立长期的关系。因此，在营销过程中，必须以研究各方的利益和目的作为制定营销战略与策略的依据。

再次，营销核心内容的差异。传统营销以“交换”为核心内容，围绕着“交换”的实现（即达成交易）来开展营销活动，无论是目标市场的选择和研究，还是营销组合（4P）的实施，都是为了促进最终达成交易。而以关系为导向的营销，以“交换/关系”作为核心内容，通过与利益相关者的相互交换和履行承诺来建立长期的、良好的关系。交换活动与关系的建立是一个连续的、系统的、相互融合的过程。

最后，营销主体的差异。传统营销将营销看作营销部门的职能，营销的主体仅仅是从事营销工作的营销部门，研究营销就是研究营销部门如何搞好营销工作。而以关系为导向的营销，认为营销既是一种经营职能，又是一种经营哲学。

从经营职能的角度，要研究营销者从事营销管理的全过程（包括通过交换达成交易的过程和建立、巩固关系的过程）；从经营哲学的角度，要使以关系为导向的营销观成为企业各个层面、各个部门的指导思想，成为企业处理一切工作的根本宗旨。

第三节　市场营销战略

战略是指为实现某种目标而制订的大规模、全方位的长期行动计划。在企业战略管理体系中，市场营销战略通常被界定为一种职能战略。市场和竞争的全球化、第三产业的崛起以及新技术的飞速发展都迫切要求企业制定和执行有效的营销战略。企业所处的宏观和微观环境都会影响和制约企业营销战略的制定和实施效果。为了制定行之有效的营销战略，营销者需要认真分析其内部资源、环境、顾客、竞争对手等，然后结合公司战略和业务战略，进行市场机会分析，从而制定适合企业的营销战略。除了传统的STP（市场细分、目标市场、市场定位）和市场营销组合策略外，现在的营销者越来越倾向于从实现价值交换的角度认识营销战略。

一、市场营销战略的类型

一般认为，市场营销战略包括市场细分、目标市场选择、市场定位以及市场营销组合等。

(一)市场细分战略

市场细分的概念是美国市场学家温德尔·史密斯(Wendell R. Smith)于20世纪50年代中期提出来的。

市场细分是指营销者通过市场调研,依据消费者的需要和欲望、购买行为和购买习惯等方面的差异,把某一产品的市场整体划分为若干消费者群的市场分类过程。每一个消费者群就是一个细分市场,每一个细分市场都是由具有类似需求倾向的消费者构成的群体。

市场细分的基本原理与依据主要是:市场是商品交换关系的总和,本身可以细分;消费者异质需求的存在;企业在不同方面具备自身优势。

细分市场不是根据产品品种、产品系列来进行的,而是从消费者(指最终消费者和工业生产者)的角度进行划分的,是根据消费者的需求、动机、购买行为的多元性和差异性来划分的。具体来说,常见的细分消费者市场包括如下方面。

第一,地理细分,即按照国家、地区、城市、农村、气候、地形等因素进行细分;第二,人口细分,即按照消费者的年龄、性别、职业、收入、教育、家庭人口、家庭类型、家庭生命周期、国籍、民族、宗教、社会阶层等因素进行细分;第三,心理细分,即按照消费者的社会阶层、生活方式和个性等因素细分;第四,行为细分,即按照消费者的购买时机、追求利益、使用者地位、产品使用率、忠诚程度、购买准备阶段、态度等因素进行细分。

市场细分对企业的市场营销活动起着极其重要的作用,主要体现在:

(1)有利于选择目标市场和制定市场营销策略;

(2)有利于发掘市场机会,开拓新市场;

(3)有利于集中人力、物力投入目标市场;

(4)有利于企业提高经济效益。

从程序上看,市场细分包括调查阶段、分析阶段、细分阶段三个阶段。具体来说,市场细分步骤包括:

第一,选定产品市场范围;

第二,列举潜在顾客的需求;

第三,分析潜在顾客的不同需求;

第四,制定相应的营销策略。

(二)目标市场选择战略

根据各个细分市场的独特性和公司自身的目标,共有三种目标市场战略可供选择。

第一,无差异市场营销。无差异市场营销战略是指公司只推出一种产品,或只用一套市场营销办法来吸引顾客。

由于只有一种产品,企业容易做到自动化、标准化批量生产,容易降低生产成本,产品质量也容易控制;此外,由于仅采用一种营销战略,销售成本也最低。但这种战略也有其不足。首先,不能满足消费者的多种需求。因为市场上的消费者的需求是千差万别的,企业只有一种产品难于满足所有消费者的需求和欲望。其次,容易引起过度竞争。一旦企业的这种产品销路好,能获得丰厚的利润,就必然引来许多竞争者。再次,不能长期使用。因为一种产品能长期为消费者所接受是罕见的,特别是在如今产品更新换代不断加速的时代,老产品很容易被淘汰。

因此,当公司断定各个细分市场之间很少存在差异时,可以考虑采用这种市场营销战略。

第二,密集性市场营销。密集性市场营销战略是指公司将一切市场营销努力集中于一个或少数几个有利的细分市场。

由于企业认为自己的资源有限,企业应集中所有力量在一两个目标市场上,争取在此市场上获取较高的市场占有率,不断取得竞争优势,逐渐扩充自己的实力。密集性市场营销战略的优点是投资少、见效快。但由于企业只有这一两个市场,市场一旦发生变化,就会导致企业经营失利,使企业难以翻身,因而具有较大的经营风险。

这一战略适用于资源薄弱的小型企业,或是处于产品生命周期衰退期的企业。

第三,差异性市场营销。差异性市场营销是指公司根据各个细分市场的特点,相应扩大某些产品的花色、式样和品种,或制订不同的营销计划和办法,以充分适应不同消费者的不同需求,吸引各种不同的购买者,从而扩大各种产品的销售量。

企业在确定采用何种目标市场战略时应考虑如下因素。

1. 企业的资源

企业的资源包括企业的人力、物力、财力、信息、技术等方面。如果企业资源多、实力雄厚,则可运用无差异或差异性市场战略;如果企业资源少、实力不足,则最好采用密集性市场战略。

2. 产品的同质性

生产同质性高的产品,如大米、食盐等,由于其差异较小,企业可用无差异市场战略。而对于生产如服装、化妆品、汽车等同质性低的产品,企业适宜采用差异性市场战略去满足不同消费者的需求。

3. 产品所处的生命周期阶段

产品处于生命周期的不同阶段,由于市场环境发生变化,企业应采用不同的市场战略。在产品的投入期和成长期前期,由于没有或很少有竞争对手,企业一般应采用无差异市场战略;在成长期后期、成熟期,由于竞争对手多,企业应采取差异性市场战略,开拓新的市场;在衰退期,企业则可采用密集性市场战略,集中企业有限的资源。

4. 市场的同质性

如果各个细分市场的消费者对某种产品的需求和偏好基本一致,对市场营销刺激的反应也相似,则说明此市场是同质或相似的,这一产品的目标市场战略最好采用无差异市场战略。如果各个细分市场的消费者对同种产品需求的差异性大,则这种产品的市场同质性低,应采用差异性市场战略。

5. 竞争状况

首先应考虑竞争对手的数量。如果竞争对手的数目多,应采用差异性市场战略,发挥自己的优势,提高竞争力;如果竞争对手少,则采用无差异市场战略,占领整体市场,增加产品的销售量。其次应考虑竞争对手采取的策略。如果竞争对手已积极进行市场细分,并已选用差异市场战略时,企业应采用更有效的市场细分,并采用差异市场战略或密集性市场战略,寻找新的市场机会。如果竞争对手采用无差异市场战略,企业可采用差异性市场战略或密集性市场战略与之抗衡。

（三）市场定位战略

市场定位是在20世纪70年代由美国营销学家艾·里斯（AL Ries）和杰克·特劳特（Jack Trout）提出的，其含义是指企业根据竞争者现有产品在市场上所处的位置，针对顾客对该类产品某些特征或属性的重视程度，为本企业产品塑造与众不同的、给人印象鲜明的形象，并将这种形象生动地传递给顾客，从而使该产品在市场上确定适当的位置。

市场定位并不是你对一件产品本身做些什么，而是你在潜在消费者的心目中做些什么。市场定位的实质是将本企业与其他企业严格区分开来，使顾客明显感觉和认识到这种差别，从而在顾客心目中占有特殊的位置。

市场定位可分为对现有产品的再定位和对潜在产品的预定位。对现有产品的再定位可能导致产品名称、价格和包装的改变，但是这些外表变化的目的是保证产品在潜在消费者的心目中留下值得购买的印象。对潜在产品的预定位，要求营销者必须从零开始，使产品特色确实符合所选择的目标市场。公司在进行市场定位时，一方面要了解竞争对手的产品具有何种特色，另一方面要研究消费者对该产品的各种属性的重视程度，然后根据这两方面进行分析，再选定本公司产品的特色和独特形象。

市场定位的内容包括产品定位、企业定位、竞争定位和消费者定位。

市场定位的关键是企业要设法在自己的产品上找出比竞争者更具有竞争优势的特性。

市场定位的策略包括以下内容。

1. 避强定位战略

这是指企业力图避免与实力最强的或较强的其他企业直接发生竞争，而将自己的产品定位于另一市场区域内，使自己的产品在某些特征或属性方面与最强或较强的对手有比较显著的区别。

2. 迎头定位战略

这是指企业根据自身的实力，为占据较佳的市场位置，不惜与市场上占支配地位的、实力最强或较强的竞争对手发生正面竞争，而使自己的产品进入与对手相同的市场位置。

3. 创新定位战略

这是指寻找新的尚未被占领但有潜在市场需求的位置，填补市场上的空缺，生产市场上没有的、具备某种特色的产品。

4. 重新定位战略

这是指企业在选定了市场定位目标后，如定位不准确或虽然开始时定位得当，但市场情况发生变化时，如遇到竞争者定位与本企业接近，侵占了本企业部分市场，或由于某种原因消费者或用户的偏好发生变化，转移到竞争者方面时，就应考虑重新定位。重新定位是以退为进的策略，目的是实施更有效的定位。

（四）市场营销组合战略

市场营销组合战略是指根据目标市场需求特征以及市场定位和预期目标的要求，统筹选择、设计和整合企业内外一切营销变量，使其有机结合起来，以形成最佳组合方案。

市场营销组合是制定企业营销战略的基础，做好市场营销组合工作可以保证企业从整体上满足消费者的需求。市场营销组合是企业对付竞争者强有力的手段,是合理分配企业营销预算费用的依据。

一般认为,市场营销组合战略包括产品战略、价格战略、促销战略和分销战略四方面,如表 2-2 所示。

表 2-2　市场营销组合战略

市场营销组合战略	内容	影响因素
产品战略	产品发展、产品计划、产品设计、交货期	特性、质量、外观、附件、品牌、商标、包装、担保、服务
价格战略	确定定价目标、制定产品价格原则与技巧	付款方式、信用条件、基本价格、折扣、批发价、零售价
促销战略	研究如何促进顾客购买商品以实现扩大销售	广告、人员推销、宣传、营业推广、公共关系
分销战略	研究使商品顺利到达消费者手中的途径和方式等方面	分销渠道、区域分布、中间商类型、运输方式、存储条件

市场营销组合战略的基本思想在于:从制定产品战略入手,同时制定价格、促销及分销渠道战略,组合成战略总体,以便达到以合适的商品、合适的价格、合适的促销方式,把产品送到合适地点的目的。企业经营的成败,在很大程度上取决于这些组合战略的选择方式及其综合运用效果。

为更好地发挥市场营销组合的上述作用,在具体运用时应遵循下列原则。

1. 目标性

营销组合首先要有目标性,即制定市场营销组合时,要有明确的目标市场,同时要求市场营销组合中的各个因素都围绕着这个目标市场进行最优组合。

2. 协调性

指协调市场营销组合中的各个因素,使其更有机地联系起来,同步配套地组合起来,以最佳的匹配状态,为实现整体营销目标服务。可根据要素的相互关联作用组合得当和谐一致。

3. 经济性

即组合的杠杆作用原则。主要考虑组合的要素对销售的促进作用,这是优化组合的特点。

4. 反馈性

从营销环境的变化到企业营销组合的变化,要依靠及时反馈市场信息。信息反馈及时,反馈效应好,就可随营销环境变化,及时重新对原市场营销组合进行反思、调整,进而确定新的适应市场和消费者需求的组合模式。在制定生产营销组合策略时,产品的生命周期是一个十分重要的因素。产品从面世到被市场淘汰的整个过程决定着企业在不同阶段采用不同的营销组合战略。

此外,采用不同的市场开发战略,也需要有不同的营销组合方式与之相配合,所突出的重点也不同,如表 2-3 所示。

表 2-3　市场开发战略与营销组合战略

市场	产品	
	现有产品	新产品
现有市场	市场渗透(价格、促销)	产品开发(产品、促销)
新市场	市场开发(渠道、促销)	多元化经营(产品、渠道、促销)

二、营销战略的制定和实施

营销战略的制定需要遵守以下基本准则。

1. 独特性

战略的生命线是其独特性。一个企业独有的、难以被对手模仿的特点可以帮助企业获取和保持竞争优势,这也是战略的可靠基础。从这个意义上讲,战略的精彩在于特色突出、性格显著、出类拔萃、卓尔不群。

2. 合法性

当一个企业在拓展其独特性的边界之时,也要考虑所谓的社会合法性问题,需要被对手、公众、政府、社区和整个社会所容忍和接纳。这种合法性不仅意味着在某种法律和道德底线之上进行经营,还意味着企业的行为和做派要显得合理合情。

3. 原本性

战略在商业竞争中的最终目的是赢得市场,是为消费者创造卓越的价值。战略灵感的源泉应该来自顾客的需要,而不是对手的作为。

4. 创新性

创新性实际上和独特性与原本性紧密相连。随着竞争对手的模仿和替代,以及顾客需求的转变和发展,所有的战略都将会失去其独特性和原本性。

图 2-3 概括了针对单独的产品/市场进入而进行营销战略的制定和实施过程中的活动和决策。

(一)分析为先

在设计一个营销战略之前,应该对顾客、竞争者和公司自身做大量的分析。成功的战略决策通常都建立在对市场和环境客观、细致、真实的理解之上。大多数的营销战略从来都不会完全按照纸面上写的那样实施,而是需要进行调整和采取新的行动来对顾客需求、竞争者行为和经济状况的快速变化做出回应。对市场和广阔环境进行彻底的研究,将使营销人员在做这些调整时更加理性,而不是仅凭猜测来进行。

指定一个好的营销计划所必需的基本分析,应该关注将会影响其可行性和最终成功的四个要素:①公司的内部资源、能力和战略;②环境,如社会、经济、技术趋势;③相对于竞争对手的优势与劣势和竞争环境的趋势;④现有的和潜在客户的需求和特征。

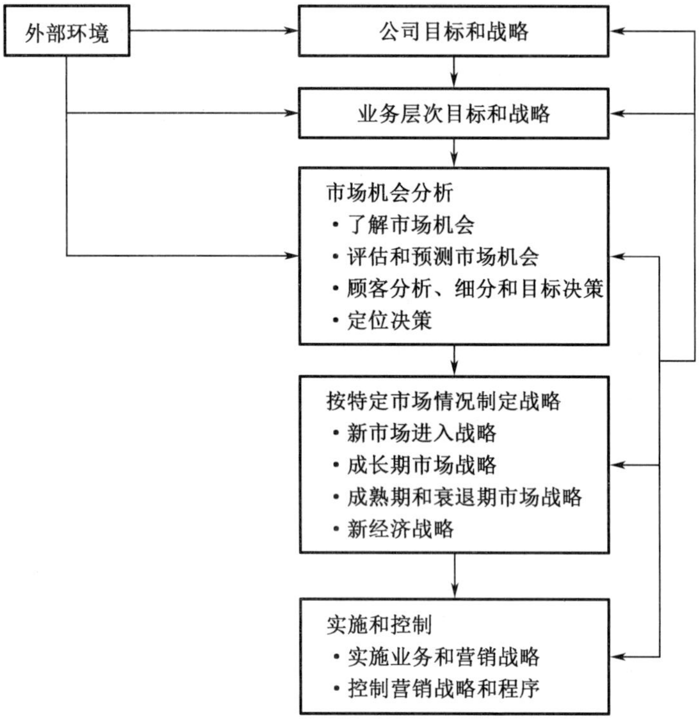

图 2-3　营销战略的制定过程

(二)将营销战略与公司的其他战略和资源进行整合

营销人员工作的主要部分是监控和分析顾客的需求、竞争对手和外部环境的变化趋势所带来的机会和威胁。由于所有层次的战略都必须考虑这些因素,所以营销人员通常会在给公司和业务战略提供建议和影响战略发展上扮演重要的角色。

相反,其他职能部门的普通经理和高级经理则需要对营销有一个深刻的理解,以助于制定有效的组织战略。

营销人员还主要负责单一产品/市场单元或产品线的营销战略方案的制订和实施。但是,这些营销战略方案并不是凭空出现的。相反,用于一个特定产品/市场单元的营销目标和战略必须来自企业可以得到的资源和能力,并与企业的公司战略和业务战略在方向和资源配置上保持一致。换句话说,三个层次的战略中的各要素应该互相适应,或具有内在的一致性。

(三)市场机会分析

1. 了解市场机会

对任何机会的性质和吸引力的理解都需要对外部环境进行检验,包括市场上提供的产品和公司所处的行业。反过来,这种检验还包括关注广泛的宏观问题,如推动或限制市场需求的环境趋势、行业整体的结构特征、目标顾客及其需求和特定公司的特征,以及会给公司带来什么。还必须检验负责实施所指定的任何战略的管理团队,以决定他们是否能够完成这项工作。

2. 衡量市场机会

除了理解一个市场机会的整体吸引力以外，营销人员还需要仔细衡量这些市场机会，制定出一个有理有据、能在短期和中期实现的销售预期。这对新产品来说是一件特别困难的事情，尤其是那些新进入市场的产品类型。

并不是所有有着相似需求的顾客都会寻求同样的产品或服务来满足需求，一方面，他们的购买决策受到个人偏好、自身性格、社会环境等的影响。另一方面，购买相同产品的顾客也许受到不同需求的激励，希望从产品中得到不同的利益，依靠不同的来源获得产品信息，并且从不同的分销渠道购买产品。因此，管理者最关键的任务之一就是将顾客划分为不同的细分市场。

定义了细分市场并探究了在每个细分市场里的顾客需求和公司优劣势以后，管理者必须决定哪个细分市场对公司而言表现出吸引力和可行的机会，也就是公司的营销战略方案应集中于哪个细分市场。

最后，管理者必须决定如何在目标市场中定位产品或服务、设计产品和营销方案来强化对目标细分市场中的顾客具有吸引力的特征和利益，同时也将公司的产品与竞争者区别开来。

（四）营销战略的实施和控制

决定战略成功的最后一个关键因素是公司有效实施的能力。而这依赖于战略与资源、组织结构、合作和控制系统以及公司员工的技能和经验要保持一致。管理者必须设计一种战略以符合公司现有的资源、能力和流程，或者尝试为选定的战略建立新的结构和系统。

为了提高营销战略的实施效果，企业应该定期将营销分析和营销方案决策的结果按照详细、正式的营销计划总结出来。

营销计划是一份可以执行的行动蓝图，它其实就是一份书面文件，详细记述了关于顾客、竞争者和外部环境的现实状况，并提供了在计划的一段时期内，关于现有或预期产品或服务的目标、营销行动和资源配置的指导方针。营销计划可以有效增强企业的营销战略执行效果。

不同公司的营销计划在时间、内容和组织上会有很大不同。大体而言，营销计划每年要被更新，尽管一些昂贵的工业产品（如客机）的计划周期也许会长一些，而在一些快速变化的行业（如电信业）中则可能会较短。一般的营销计划内容如表 2-4 所示。

表 2-4 营销计划的内容

序号	步骤	内容
1	执行纲要	提出计划涉及的问题、目标、战略和行动，以及对它们的预期结果的简单陈述
2	目前的状况和趋势	概述关于市场、竞争者、宏观环境及趋势的相关背景信息，包括整个市场和主要细分市场的规模和增长率
3	绩效回顾（仅对现有的产品或服务）	检验产品及其营销方案要素过去的绩效（如分销、促销等）

表 2-4(续)

序号	步骤	内容
4	关键问题	识别本计划在下一年必须处理的产品的主要机遇和威胁,以及面对这些问题时必须考虑的产品和业务单元的相对优势和劣势
5	目标	列出在销售量、市场份额和利润上要达到的目标
6	营销战略	概述为了实现计划中的目标要使用的战略
7	行动计划	这是年计划中最关键的部分,有助于战略的有效实施和各职能部门间的行动配合,包括: ①追求的目标市场; ②关于 4P 中的每一个要素要采取什么具体的行动; ③谁负责每一项行动; ④什么时候开始行动; ⑤为每一次行动提供多少预算
8	预算盈亏状况	提出计划中预期的财务盈利
9	控制	讨论如何监控计划进程;当绩效没有达到预期或环境发生变化时,也许还会提出调整
10	调整计划	描述在计划实施期间,当特定的威胁或机遇发生时所要采取的行动

计划包括三个主要的部分。

首先,营销人员详述他们对目前状况的估计。营销人员总结他们对现有和潜在顾客、公司相对优势和劣势、竞争状况、影响产品及现有产品过去绩效的环境趋势分析的结果。这一部分通常还包括预期、对销售潜力的估计,以及其他对提出新产品或服务非常重要的计划的假设基础。在这些分析的基础上,营销人员还需关注一些关键问题,如在制订计划时应该处理的主要机会和威胁。

其次,详细介绍下一步的战略。这一部分通常从细述在计划期间产品或服务要达到的目标(如销售量、市场份额、利润、顾客满意度等)开始,然后列出整个营销战略、战略实施中与 4P(产品、价格、促销、渠道和分销)相关的活动,以及每次行动的时间和重点任务。

最后,计划还需详述战略需要的资金和资源,以及监控计划的实施和进程所需采取的控制措施。有些计划也具体说明了一些偶然发生的情况:如果市场、竞争或外部环境发生了一些变化,计划应该如何调整。

第三章 经济全球化背景下市场分析

随着经济的日益发展，市场竞争愈加激烈。企业想要在市场上占据领导地位，必须清楚认识到经济全球化背景下的市场现状。本章从市场环境、市场能力、市场调研和购买行为四方面展开分析，以促进企业经济的进一步发展。

第一节　市场环境分析

企业作为一个系统,在其内部以及在其之外的环境要素之间都发生着物质和信息的交换,企业活动必然要受其外部环境和内部条件的影响与制约。因此,企业如果要在市场竞争中构建战略优势,就必须要正确地确定其目标和正确制订达成其目标的营销战略方案,而做好此事的前提是必须对企业的营销环境与条件进行认真的分析,做到对环境提供的机遇与威胁、企业自身优势与劣势的了解与掌握。

一、分析内容与原则

(一)分析内容

所谓市场营销环境与条件分析(市场环境分析),是指企业为了构建营销优势,以利于自身的生存与发展,而对企业所处的外部环境和内部条件中的那些关键性影响因素,形成一个清晰认识的过程。进行市场环境分析,必须要正确地回答以下问题。企业当前所处的市场地位在什么层次上?企业面临的宏观环境和行业环境的现状如何?正在和将要发生哪些变化?这些变化会为企业的现在和将来带来哪些影响及怎样的影响?对环境的现状与变化,企业具有哪些优势和劣势?企业所有者(股东)及其联盟和企业管理者的期望是什么?以上这些情况对企业当前的地位有哪些影响?将来又会发生怎样的变化?

正确回答上述问题即构成企业营销环境与条件分析的内容,它包含以下五个方面的分析。

1. 宏观分析

每个企业都处在复杂的政治、经济、科技和社会环境中,宏观环境分析主要是分析这些环境因素对企业的影响。

2. 行业环境分析

对企业所处的行业或即将进入的行业的结构、竞争状况和发展趋势进行详细分析。

3. 企业能力分析

即对企业自身能力的分析,以了解自身的优势和劣势所在。

4. 所有者期望分析

了解企业所有者的期望会影响企业对哪些情况可以接受的程度。

5. 企业文化分析

面对相同的环境与资源,不同文化背景的企业会得出不同的结论。

这五大方面构成三个层次,即宏观环境分析、行业环境分析和企业内部条件分析。

(二)基本原则

市场营销环境与条件分析为制定科学合理的营销战略提供了基础,经过分析所得出的结果将直接导致营销战略的取向。但我们要知道,企业内外环境与条件的客观存在是要通过我们对其感知才能被认识的。同样的客观存在,其分析者观念、方法和自身背景等方面的差异都会导致最后对其分析结论的不一样，甚至可能得出完全相反的结论。因此，为了保证分析的相对准确性，使其真正成为市场营销战略制定与选择的基础，必须坚持以下基本原则。

1. 相对性原则

企业外部环境的机会与威胁、企业自身的优势与劣势都是相对的。客观存在的外部环境必须要结合企业自身的情况才能正确识别，某些客观环境因素对一些企业可能是威胁，而对另一些企业则可能是机会。同一环境对本企业可能既有威胁的一面，又有机会的一面，这又取决于企业如何利用自身条件来发挥优势。另外，企业自身的优势又是相对竞争者而言的，而不是和自身的比较。这一切都要求我们在分析中要进行认真的相互比较，坚持相对性原则，才能使分析相对正确。

2. 综合性原则

根据上述的相对性原则，我们在分析中就必须针对企业外部环境、自身条件和竞争者的情况，结合所有者的期望及企业文化特点进行综合性的分析，而不是孤立地分析某一个要素，否则就会由于片面性地认知造成分析结论的失真。

3. 连续性原则

市场营销环境与条件分析不是一次性的活动，而是一个连续的过程。外部环境与企业自身情况都在不断变化，这就要求我们也要随时进行连续地分析。

4. 前瞻性原则

要根据过去和现在的信息，结合事物发展的基本规律，来研究外部环境因素及企业自身情况因素等的变化趋势，预测其在未来若干年内的可能变化。

二、宏观环境分析

宏观环境因素由政治环境、经济环境、社会文化环境和科技环境等四大类构成。我们把通过对这四大类因素的分析来了解和把握企业宏观环境的现状、变化趋势及对企业营销的影响的分析方法称为“PEST 分析法”。

（一）政治环境分析

政治环境是指对企业的经营活动具有一定制约作用的各种政治与法律因素的总和，其主要内容有以下几点。

1. 企业所在地（或国家）的政治制度和政局形势

一个国家或地区的政治制度和政局稳定程度是企业生存与发展和如何生存与发展的最基本的环境因素。

2. 政府推行的政策及其连续性和稳定性

这些政策包括产业政策、税收政策、政府订货及补贴政策等。任何国家的政府都要通过这类基本政策来调整产业结构，引导投资方向和保护消费者、保护环境等，以此来表明政府在一段时间内鼓励做什么和不鼓励做什么。企业营销战略目标与方向只有顺应这种大势势，才能适者生存。

3. 政府行为的影响

政府在社会经济中，还扮演着两个角色：其一，作为供应者，政府拥有不可比拟的自然资源（矿产、森林、土地等）和国家储备等，其决定和偏好极大地影响着企业营销的走向；其二，作为购买者，政府也很容易培育、维持、增强或消除许多市场机会，如政府订货会对军事、航空航天等工业有重大影响，同时也间接地影响到其他行业的消费走向。

4. 法律的影响

这里所说的法律是政府用来管理企业的一种手段，包括国家和地方制定的各种法律、法规、法令等，它规定了企业可以做什么和不可以做什么，可理解为国家为企业活动制定的宏观游戏规则。

5. 各种政治利益集团的影响

政治利益集团包括各种社会团体、大财团等。一方面，这些集团会通过代表来影响政府的政策乃至法律的走向。另一方面，这些集团还可能通过法律诉讼、传播媒介等直接对企业施加影响。因此，企业必须对他们的态度及思维走向有一定的了解和掌握。

此外，国际形势及其变化、重大政治事件或社会事件都可能给企业带来机会和威胁。

作为一个企业，应事先对上述各因素做全面地分析与了解，以尽可能把握机遇，降低风险。

（二）经济环境分析

经济环境因素是指影响企业生存与发展的社会经济状况和经济政策。包括所在国家或地区的经济体制、经济结构、经济政策、经济发展状况、国民消费水平等方面。宏观经济运行状况可通过一系列的指标来反映，如经济增长率、就业水平、物价水平、通货膨胀率、汇率、国际收支情况、利息率等。

另外，经济环境因素中还包括居民收入、支出因素（这可进一步细分为名义收入、实际收入、可支配收入、消费支出、生活费用等）、经济体制、金融制度等。

企业的经济环境分析就是要对以上各个要素进行分析，运用各种指标，准确地分析宏观经济环境对企业的影响，从而制定出正确的企业经营战略。

（三）社会文化环境分析

社会文化环境包括一个国家或地区的社会性质，人们共有的价值观、文化传统、生活方式，以及人口状况、教育程度、风俗习惯、宗教信仰等各个方面。这些因素是人类在长期的生活和成长过程中逐渐形成的，人们总是自觉或不自觉地接受这些准则的行动指南。

（四）科技环境分析

1. 科技环境及其给企业经营带来的影响

企业的科技环境指的是企业所处的环境中的科技要素及与该要素直接相关的各种社会现象的集合。科学技术是最引人注目的一个因素。新技术革命的兴起影响到社会经济的各个方面，人类社会的每一次重大进步都离不开重大的科技革命。一种新技术的出现和成熟可能会催生一个新兴行业的产生。

科学技术迅猛发展给企业带来的影响表现在：

(1)科学技术的迅猛发展,使商品从适销到成熟的时间不断缩短,大部分产品的市场生命周期有明显缩短的趋势;

(2)技术贸易的比重加大;

(3)劳动密集型产业面临的压力加大;

(4)发展中国家劳动力费用低的优势在国际经济联系中被削弱;

(5)流通方式向更加现代化发展;

(6)生产的增长也越来越多地依赖科技的进步;

(7)对企业的领导结构及人员素质提出更高的要求,甚至是全新的要求。

2. 企业的科技环境因素

企业的科技环境,大体包括社会科技水平、社会科技力量、国家科技体制、国家科技政策和科技立法等基本要素。

社会科技水平是构成科技环境的首要因素,它包括科技研究的领域、科技研究成果门类分布及先进程度和科技成果的推广与应用三个方面。

在企业面临的诸多环境因素中,科学技术本身是强大的动力。科技因素对企业的影响是双重的,一方面,它可能给某些企业带来机遇;另一方面,它会导致社会结构发生变化,从而给某些企业甚至整个行业带来威胁。例如技术可以造出汽车、青霉素、电子计算机的同时也造出了核弹、神经性毒气、计算机病毒来危害人类;每种新技术都是一种破坏性的创造,新技术的出现在某种程度上会影响原有的技术。

科技的发展,新技术、新工艺、新材料的推广使用,对企业产品的成本、定价等也有重要影响,这种影响就其本质而言,是不可避免和难以控制的。企业要想取得经营上的成功,就必须预测科学技术发展可能引起的后果和问题,可能带来的机遇或威胁;必须十分注意本行业产品的技术状况及科技发展趋势;必须透彻地了解与所研究的技术项目有关的历史、当前发展和未来趋势,进而准确地分析与预测。

二、行业环境分析

相对于宏观环境来说,行业环境因素对企业的影响更为直接与具体。因此,企业也应更加重视行业环境的分析。

行业是由具有众多相同或相近属性的产品的企业所构成的一个群体,这个群体由于其产品在很大程度上的可相互替代性而处于一种彼此紧密联系的状态,并因产品及可替代性的差异而与其他群体相区别。当企业创造了某种新的产品并能够满足一部分消费者的需要的时候,市场就产生了。我们将对某类产品有需求的消费者的集合称为市场,而将提供这类产品来满足这种需求的企业的集合称为行业。行业中,企业为争夺一个相同的买方群体会产生竞争与合作。

理解和分析行业环境,要注意几个关键点:一是行业竞争状况分析(包括行业的五种竞争力量分析、行业竞合互动关系分析);二是行业的演变分析(包括行业演变阶段与模式分析、影响行业兴衰的主要因素分析);三是行业吸引力评价。

(一)行业的5种竞争力量分析

根据迈克尔·波特及众多学者的深入实践,得出的结论是行业的竞争性质和强度由

5 种竞争力量所决定(即同行业企业的竞争力、潜在厂商的威胁力、供应商的讨价还价能力、消费者的讨价还价能力、替代品产商的威胁),如图 3-1 所示。作为企业营销管理者,应充分分析这 5 种力量对行业竞争状况的影响及其因素构成,以便了解本企业所处的市场竞争地位,进而制定相应的营销战略与策略。

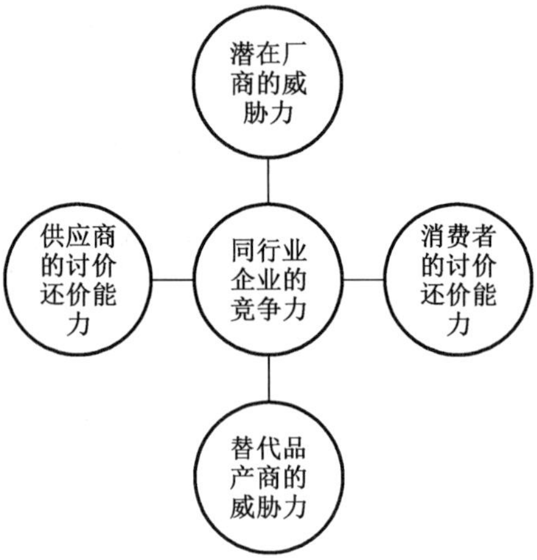

图 3-1　影响行业竞争的 5 种力量

任何行业中,企业都要面对这 5 种力量的影响,作为企业来说,无论是现处于或即将进入某行业,都必须识别并分析清楚这 5 种力量及其强弱,并结合自身的优劣势,制定相应的战略,以便在现有的或即将进入的行业中取得市场竞争优势。

(二)行业竞合互动关系分析

行业内企业并不都是竞争对手,通常情况下是既有竞争又有合作。这种竞争与合作关系必然涉及买方(顾客)、卖方(供应商)、替代品厂商、潜在进入者、互补品厂商等多种市场力量。企业与这些市场力量之间形成一种竞合互动关系。

从合作关系角度看,企业与同行业企业、顾客、供应商、替代品厂商、互补品厂商、潜在进入者之间均存在合作的可能。能否合作关键在于各主体之间是否存在优势互补和共同利益。同时我们也可看到,其实合作的真实目的是取得更大范围上的竞争优势。

从竞争关系角度看,由于受社会总资源和总购买力稀缺的制约,必然会导致对关键资源、营销渠道与最终顾客的激烈争夺,特别在一个进入成熟阶段的行业(市场饱和或接近饱和)中,这种竞争表现得更为激烈。

总之,在任何一个行业中,企业与其他主体之间均存在竞争与合作。但要知道竞争是永恒的,合作的目的是更好地竞争。上述几大主体中任何两方或多方的合作均是提高其相对于其他各方的竞争力量的途径。而对企业来说,竞争与合作都是为实现其目标的手段,企业可尽力寻找通过合作达到共赢的模式以取得在更大范围上的竞争优势,从而更好地实现企业目标。

(三)行业演变阶段与模式分析

1. 行业演变阶段

任何一个行业,如果忽略各行业具体的产品、技术等差异,那么从其出现到完全退出社会经济活动,一般主要经历四个阶段,即初创阶段、成长阶段、成熟阶段和衰退阶段。这一阶段的演化是由社会对该行业产品的需求状况所决定的,长者甚至需要百年、千年(如纺织服装行业,经历了几千年,现仍未退出社会经济),短者也需几十年。

企业为了营销战略上的需要,必须识别一个行业目前处在哪个阶段。行业在各生命阶段的主要特征如表 3-1 所示。

表 3-1　行业各生命阶段的主要特征

阶段指标	初创阶段	成长阶段	成熟阶段	衰退阶段
市场增长率	高:较 GDP 增长更快	很高:高于 GDP	不高:等于或低于 GDP	下降:增长为零或负增长
市场占有率分布	无统一规律,较分散	逐渐趋向集中	稳定	高度集中或高度分散
市场占有率稳定性	不稳定	趋向稳定	稳定	很稳定
产品线范围	窄:很少品种	宽:多样化	宽:标准化	窄:大幅减少
竞争者数量	少:无竞争规则	增多:竞争开始激烈	多:竞争激烈,逐步趋于稳定	减少:竞争者开始退出
进入壁垒	低:容易进入	提高:进入难度增加	高:很难进入	没进入
技术变革	快:已知技术少	变化中:技术发展快	稳定:技术成熟	转向
用户购买行为	不积极	积极	挑剔	转向

事实上,行业演变阶段是复杂的,简单地用上述四个阶段很难真正描述,同时,有些行业由于技术的进步进入成熟或衰退阶段后又步入一个新的旺盛时期。因此,在有些情况下,要准确确定行业所处的阶段是困难的。这种阶段划分只是提供给我们一种思维模式,具体应用时必须将其与各行业的具体情况结合起来分析,否则很容易陷入片面性而导致战略上的失误。

2. 行业演变模式

行业演变是由行业内各要素的变化和行业外各相关因素的影响而渐渐进行的,但这种变化和影响不是孤立的,行业作为一个有机的系统,其任何一个要素的变化都会对其他要素产生一系列作用进而影响整个系统的演变。也正是这些不断的变化导致整个行业的演变。渴望成功的企业就必须对这种演变做出相应的战略反应。但行业演变的过程与模式由于不同行业的特点与结构而呈现多样化,不可能用同一种模式来解释不同行业演变的具体过程与途径,必须具体行业具体分析。根据企业营销及其战略的需要,这里重点分析一下在行业演变方式上的一个重要问题——行业的集中与分散。

当前在行业演变模式上,似乎有一种说法能被大家所认可,那就是行业的演变从这个行业出现后,都会经历从少数企业创业到众多企业加入形成群雄争霸(分散),再经过市场竞争进入几大巨头垄断(集中)的过程。

事实上,这种说法带有片面性,对部分行业如彩电、冰箱等家电行业,轿车行业等来说,它们确实遵循这一从分散走向集中的模式。但也有很多行业如农产品行业、纺织服装行业等是很难集中的。

行业的分散与集中及其走向是企业营销必须关注的重要问题,它会直接影响企业的营销定位与决策。

当然,随着社会需求水平的提高,科技的高速进步和社会经济发展的不平衡性,越来越多的行业走向从分散到集中这一演变模式。因为随着消费者对产品的功能、质量、服务等需求水平的越来越高,新技术的不断出现和企业研发力量与水平和资源拥有的不一致性,必然导致行业内只有少部分企业能跟上发展,自然地迫使弱小企业退出行业或被兼并、合并而形成较高的进入壁垒,从而形成行业集中。

(四)行业吸引力评价

行业吸引力是企业决定进入某行业或在该行业采取什么营销战略的关键因素之一。应该说,前述的行业竞争与合作状态、行业演变所处的阶段与演变模式、行业的兴衰程度、政府干预程度等都直接影响着行业的吸引力。行业吸引力作为一项指标,我们对其评价一般从市场规模、市场增长率和行业盈利率这三个因素来进行分析。

评价的方式可以按照这三大因素,并结合对行业的整体分析,采用集体讨论、评价打分(满分为 5 分),再加权计算的方法得出一个量化的指标,供战略决策参考,如表 3-2 所示。

表 3-2　行业吸引力评价表

因素	权数	行业 1		行业 2	
		评分	加权分	评分	加权分
市场规模	0.15	5	0.75	5	0.75
市场增长率	0.30	3	0.90	4	1.20
行业盈利率	0.30	2	0.60	5	1.50
竞争程度	0.15	2	0.30	4	0.60
技术障碍	0.10	3	0.30	3	0.30
合计	1.0	15	2.85	21	4.35

需要说明的是,行业是否有吸引力是相对的,这种相对性表现在如下两个方面。

1. 不同行业的相对性

在评价行业的吸引力时,对不同因素的评分,是通过对不同行业的比较来进行相对打分的。例如,你可能在电视业和移动电话业中选择盈利水平,如果给电视业打 2 分的话,移动电话是否可打到 4 分?

2. 本企业的相对性

企业根据自己的角度来进行评价,同一个因素,对业外人没有吸引力却可能对业内人有吸引力;对弱小竞争厂商没有吸引力却可能对强大的竞争厂商有吸引力。行业外的公司对某一个行业进行审查之后,可能认为这是一项不值得他们进入的业务,对他们来说,由于企业自身具有特定的资源和能力,可能在其他行业更具有盈利的机会。但是,一个在本行业已经处于有利地位的公司在对同一个商业环境进行审查之后却可能认为该行业是具有吸引力的。一切都取决于企业将外部环境与自身内部资源、能力组合后所取得的最佳收益。

第二节　市场能力分析

企业市场能力分析,是在宏观环境和行业环境的背景下,分析本企业内部,重点找出相对于竞争者的优势和劣势,目的是在营销方面制定出能够发挥企业优势、避免企业劣势的战略,做好前期工作。

一、资源与能力分析

(一)资源的分类与构成

企业经济活动必须要有资源,同时资源也反映企业的实力。所谓企业资源,是指企业所拥有或控制的有效因素的总和。

企业资源按是否容易辨别和评估来划分,可分为有形资源和无形资源;按其表现形态来划分,可分为物质资源和知识资源;按其发挥作用的不同,又可分为一般资源和核心资源。

1. 有形资源和无形资源

有形资源是指容易被识别,容易估计其价值的资源。有形资源包括财务资源、实物资源、组织资源和人力资源等。

无形资源是指那些基于企业历史而积累下来的,不容易辨别和量化的资源。包括技术资源、创新资源、信誉资源和企业文化资源等。

与有形资源相比,无形资源更具优势。目前在全球经济中,相对于有形资源,企业的成功更多地取决于知识产权、品牌、商誉、创新能力等无形资源。调查研究表明,美国企业无形资源与有形资源的比例从 1929 年的 30:70,到 1990 的 63:37。无形资源正在扮演越来越重要的战略资源的角色。

2. 物质资源和知识资源

物质资源是以独立的物质形态而存在的企业资源,多表现为有形性;而知识资源则是以非物质形态存在的,以组织和个体为载体,嵌于个人头脑和组织内部联结方式中,渗透在企业内部全部资金流、物流、信息流中,包含在企业所提供的产品中的具有时间连续性和潜移默化累积性的各种显性知识和隐性知识中。

3. 一般资源和核心资源

一般资源应用于各个企业之中,是企业进行经营生产活动所必需的一切资源要素。

核心资源是企业长期累积所得的,为企业所私有,是能创造独特价值的有形和无形资源的统一体。

(二)能力的分类与构成

所谓能力,是指整合企业资源,使价值不断增加的技能。一般而言,资源本身并不能产生能力,能力来源于对企业资源的有效整合。一个球队没有球员、教练、经费等资源就不能成为一支球队,但如果不对这些资源进行有效开发、利用和整合,就不能形成有效的默契配合和战略战术,也就不可能形成战斗力。因此,企业能力是一个企业生存与发展的基本要素,而这种能力只能通过对企业资源的整合而获得。

一个企业为了生存与发展,其能力是多方面的。

其一,按企业能力的职能不同,企业能力可分为财务能力、营销能力、生产能力、组织能力、文化能力等多种。

(1)企业财务能力是企业对其资金流的控制管理能力和融资能力。财务能力的高低体现在对内部资金的再生、高效低成本的资金运作及融资效益等方面的管理水平上。

(2)企业营销能力是企业在产品竞争、销售策划与实施、产品研制与开发和市场决策等方面所体现的一种能力。

(3)企业的生产能力包括将投入品转变为产品的所有活动。在绝大部分行业,企业生产经营的大部分成本发生在生产过程中,因此,生产能力高低是企业能否取得成功的重要因素。

(4)企业的组织管理能力决定企业的管理效能。企业的一切活动说到底都是组织的活动,现代大生产方式决定了组织管理的极其重要性。高效有力的组织管理是提高组织效能、制定和实施成功战略的坚实保证。

(5)企业的文化能力是基于企业文化而产生的一种具有思想导向和潜移默化的文化力量。不同的企业文化决定了企业不同的战略取向与风格,对企业的成功有重要作用。

其二,按企业能力所处的管理层次的不同,企业能力可分为选择性能力、组织性能力、技术性能力和学习性能力等。

(1)选择性能力存在于企业的决策制高点,企业投资和市场决策就是在这一层次上进行的,包括企业的响应能力和企业的战略决策能力。

(2)组织性能力主要存在于和高层管理相连接的中层管理技术结构层,是企业持续增长的内在动力。

(3)技术性能力主要存在于生产作业层,基层的作业活动都在这一层次完成,它包括以下要素:

①寻找可靠的可选技术,并决定最合适的引进技术的能力;

②对引进技术实现从投入到产出的转换的能力;

③通过改进以适应当地生产条件的能力;

④实现局部创新的能力;

⑤开发适当的科研设备的能力;

⑥制订基础研究计划并进一步提高改进技术的能力。

(4)学习性能力应当和组织的各个层次密切相关,并可以通过某种方式转化为企业的内部规则。按照吸收能力的观点,在已知的环境中,学习是最重要的。

其三,按企业能力的作用的不同,企业能力可分为一般能力和核心能力。

(1)企业一般能力是一个企业从事生产经营活动所必须具备的基础能力。包括市场界面能力(销售、广告、客户服务等)、基础设施能力、技术能力以及企业文化与价值观等。

(2)企业核心能力是企业发展独特技术,形成独特生产力,创造独特营销手段和构建独特企业文化的一种能力。

企业一般力量是企业求得生存的必备条件,而企业若要做优势企业,则还需在一般能力的基础上发掘和培养自己的核心能力,可以说,核心能力是构建企业持久市场竞争优势的重要条件。

(三)资源与能力的分析

企业资源与能力分析是企业确定企业使命、目标和业务的前提。但是,不同类型的资源与能力对构建企业市场竞争优势的作用是不同的,并不是所有的资源与能力都能带来竞争优势,只有那些稀缺的、不可复制的、具有潜移默化累积性的和能为消费者创造价值的资源和能力,才显示其战略价值。因此,分析和审计企业自身的资源和能力,并寻求能构筑企业市场竞争优势的独特资源与能力已成为企业营销管理的基础性工作。企业资源与能力分析的基本过程如图 3-2 所示。

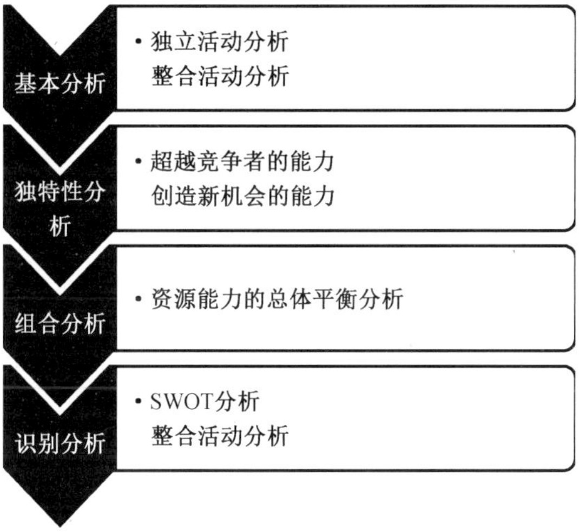

图 3-2 企业资源与能力分析的基本过程

1. 基本分析

企业资源与能力的基本分析是为了了解和识别存在于组织内部或外部,能够为企业所获取,并支持企业战略实现的全部资源和能力。这些资源和能力,有的具有独特性,有的具有非独特性的。

通过分析,确定企业目前拥有的和可能获得的资源与能力。做这项分析时,关键要列出资源能力分析清单。一般来说,资源能力清单包括以下内容。

(1)管理者和管理组织资源能力

包括管理部门的构成特征及由此形成的管理优势,管理人员的知识结构、年龄结构、专业资格、流动情况、管理风格、管理模式、综合素质,管理人员拥有量与需要量的平衡情况、与产业平均水平比较情况,企业内有关信息和沟通系统的有效程度以及高级管理人员制定战略的能力等。

(2)企业员工资源能力

包括企业员工的实际拥有量与需要量的平衡情况,现有员工的经验、能力、素质、责任心、奉献精神,员工平均技术等级、专业资格、出勤率和流动率,与产业平均水平的比较情况、工资水平、激励政策的功效等。

(3)市场和营销资源能力

包括企业的营销力量状况、营销决策和营销管理水平、企业产品或服务所在市场及市场地位、企业对用户需求和竞争对手的了解程度等。

(4)生产资源能力

包括生产效率和规模、低成本制造水平、存货水平、瓶颈所在、企业与供应商的关系等。

(5)设备和设施资源能力

包括设备和设施的现代化程度、加工制造的灵活性、对战略目标的满足程度等。

(6)组织资源能力

企业的组织结构类型以及各种计划体系、控制体系对战略的适应性及保证程度和是否需要进行组织再造等。

(7)企业形象资源能力

包括企业商誉、品牌知名度、美誉度、品牌重购率、与供应商和分销商之间的关系等。

在进行上述资源与能力分析时,不仅需要分析企业目前已经拥有的资源与能力,还要对经过努力可能获得的资源与能力进行分析。

在具体分析过程中,可以采取独立活动分析和整合活动分析两个方法。

所谓独立活动分析是指对可以单独被分离出来的要素加以评估的方法。如可以将企业原材料采购过程分解为一个个的具体活动,从而考察各个独立活动的可靠性和成本水平;再如,产品分销活动可以分解为运输、配送、中间库存等具体活动,再对这些具体活动做个别评估。

但有些要素是难以单独分离的,不能简单地把一个整体活动解剖为几个具体活动,再通过对这些具体活动的评价来评估整体活动。如组织结构的灵活性和适应性,就不能把它分解为高层、中层和基层三个层面的活动,然后通过对各个层面的结构来推断整个企业的组织结构,这显然是不合理的。因而,必须把企业组织作为一个整体来考察其内部的协调程度和适应能力,这就是整合活动分析。

当然,独立活动分析和整合活动分析并不是绝对的,作为一个系统,任何企业的资源和能力状况都必须从整合的角度来评估得到。

2. 独特性分析

在企业的全部资源能力中,并不是每一部分都是独特、不可模仿和能创造价值的,这里面存在着一部分较为关键的独特资源与能力,正是这部分资源和能力构成了企业竞争优势的基础。它们或支持着企业以比竞争对手更快、更好的方式做事,或支持着企业以更新的方式做事,前者提供了企业超越竞争者的能力,后者提供了企业创新机会的能力。独特性分析就是为了寻求和发现企业的这种独特资源与能力。分析中,可通过比较分析来识别资源与能力的独特性,然后通过刚性与弹性分析来检验其独特性。

企业资源和能力的刚性和弹性是一个事物的两个方面,两者并不矛盾。企业应追求这两者的有机结合,以达到“刚柔相济”的境界,否则就会在激烈竞争和快速变化的环境中失去其竞争能力。

3. 组合分析

所谓组合分析，即对企业资源能力做总体平衡分析。具体来说，可以从基于活动的组合分析和基于过程的组合分析两个方面进行。

(1)基于活动的组合分析

就是分析如何通过资源的合理调配构筑特定活动的竞争力。如果某企业有优秀的研究开发人才，但由于缺乏设备和实验条件的支撑，这些稀缺性人力资源就不能转化为企业在研究开发活动中的竞争力。因此，应用基于活动的组合分析来进行资源能力的总体平衡分析，就是评估这些资源和能力能否通过有效配置，转化为具体活动上的独特能力。

(2)基于过程的组合分析

就是分析如何通过这些活动之间的有机联结构筑整个组织过程的竞争力。假如某企业在研究开发活动上具有独特竞争力，但由于研究开发部门和生产部门、市场营销部门之间的严重脱节，即使企业开发出了高技术含量的产品，但仍不能转化为市场竞争力。在我国，这方面的例子比比皆是。

组合分析之所以必要，是因为资源和能力是构筑市场竞争力的基础，但它们并不必然能产生竞争优势。换句话说，企业经营绩效好坏并不是由资源与能力本身直接决定的，而是通过资源能力的有效组合创造出独特的资源和能力，并通过各种资源和能力之间的有机联结而产生的。

4. 识别分析

通过上述分析，可以明确企业内部资源与能力方面存在的优势与不足，但这还不能真正找到完全意义上的能构建企业市场竞争优势的独特资源与能力，最后还需结合内外环境系统考察来识别。具体识别分析可通过 SWOT 分析、关键成功要素分析等方法来进行。

(1)SWOT 分析是在企业内外环境分析的基础上，了解外部环境的机会与威胁，针对这些机会与威胁，明确企业自身的优势与劣势并进行组合分析的一种方法。

(2)关键成功要素分析是在 SWOT 分析所得出的机会、威胁、优势、劣势的基础上，将这 4 类要素综合起来分析影响企业未来发展的关键成功要素。也就是说，企业的优势和不足，必须要与企业所采取的战略，以及相应的战略愿景和目标结合起来看。所谓关键成功要素是指企业为获取竞争优势而必须超越竞争对手的战略性因素，这些因素包含在企业的特定活动中或者这些活动之间的联结方式上，它们应是企业核心能力培育的落脚点。

(四)知识资源分析

在企业资源中，有一类资源发挥着独特且越来越重要的作用，那就知识资源。在未来的知识经济社会里，企业市场竞争力的源泉逐步从物质形态的资源转向知识形态的资源。只有那些能实现知识快速创造和应用的企业，才能真正构建市场优势。因此，企业通过建立和完善知识管理体系，创造和获取独特的知识资源，培育独特的知识应用能力，就成为构建企业市场竞争优势的基础。

1. 知识资源的特点

与物质资源相比，知识资源具有以下特点。

(1)它不以独立的物质形态而存在，而是以组织和个体为载体，渗透在企业内部全部物流、信息流和资金流中，包含在企业所提供的产品或服务之中。

(2)它遵循收益递增规律,即知识不会因为扩散到其他组织中,而减少知识本身的效用。

知识资源积累具有时间连续性和潜移默化性。当物质资源因为被消耗而贬值时,知识资源却因为被使用而得以增值,知识总量得到增加。同时,知识由于是嵌入在个体头脑中和组织内部联结方式中的,它更具有不可复制性和积累过程的潜移默化性,也因此而更具有战略性价值。

2. 知识资源的存在形态

知识资源的特点决定了其存在形态有两种类型:编码化知识和非编码化知识。

(1)编码化知识

编码化知识即被附加了某种存在形式的知识,包括以文字、图像、公式等载体作为存在形式所保存的知识,和以语言为存在形式所表达的知识。这些知识通过交易或交流的途径可以为特定或非特定对象所共享,如知识产权、公共化知识、数据库、文本化知识和所有可以用文字描述的知识等。由于这些知识能够以某种具体形式描述出来,也可称为显性知识或可表达知识。

(2)非编码化知识

非编码化知识指存在于人的脑海里和组织规制中的知识,它不能以文字或语言等具体的形式表达出来为大家所共享,而是存储在企业员工的脑海或组织规制里,如存在于员工的经验、技能、创造性才能、分析和推理能力中,或者存在于组织不同活动之间的联结方式、组织行为的默契中。例如企业内部的团队技能、不同职能部门之间的合作经验等,这些知识也可称为潜移默化性知识或隐性知识。

3. 知识资源的形成过程

知识资源的作用越来越重要,任何企业都有其知识资源,企业必须为实现知识资源的识别、共享与应用提供途径。通过这种识别、共享和应用,提高企业的应变和创新能力。而要识别进而共享与应用知识资源,必须了解知识资源的形成过程。实践证明,知识资源的形成过程呈一种循环形成状态,如图 3-3 所示。

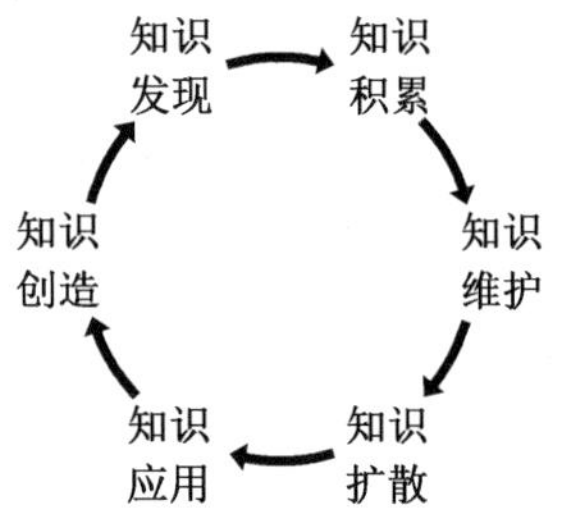

图 3-3 知识资源形成过程

图 3-3 所示的六类知识活动相互联结,构成了知识循环。实际上,环中的各环节之间是紧密结合的,相互之间并不存在绝对的分界线。如知识应用和知识创造在实际组织活动中有时就是同时发生的,应用知识的过程很可能就是创造新知识的过程。

4. 知识资源管理支持系统

知识资源形成过程中各环节的有效联结,需要企业形成相应的管理支持系统。通过这些支持系统的有效支撑与运作,为知识的发现、积累、维护、扩散、应用和创造的整个过程有效联结和循环推进提供途径与氛围,以使不同存在形态和不同类型的知识资源发挥各自最大的作用,并合理配置和使用知识资源,降低知识资源的库存成本和运作成本,实现知识资源的开发和应用效率和效益的最大化。

企业知识资源支持系统主要包括知识仓库、知识共享网络、技术支持系统和组织支持系统四大部分。

(1)知识仓库

知识仓库包括储存非编码化知识的组织系统和个体大脑,以及储存编码化知识的数据库、文本化信息库等。

(2)知识共享网络

知识共享网络包括有形网络和无形网络两类。有形网络由计算机联结得以建立,通过多个终端互联为大家提供相互交流的手段。无形网络不以计算机为中介,而以语言和文字为媒介,反映在人与人之间的各种联结关系中。由此,可以发现知识共享网络和知识仓库是结合在一起的,知识共享网络既为知识学习提供通道,同时也为知识储存提供工具。其中,无形网络主要储存非编码化知识,而有形网络主要储存编码化知识。

(3)技术支持系统

技术支持系统包括以计算机为基础的信息网络和终端、数据挖掘系统、数据库系统等,这些系统为知识管理提供有形的硬件支撑。

(4)组织支持系统

组织支持系统则包括促进知识共享和组织学习的激励系统、组织文化(如良好的人际关系)和组织结构等。上述各支持系统之间是相互关联的。技术支持系统为知识资源管理提供硬件方面的条件支撑;组织支持系统为知识资源管理提供软性环境支撑;技术支持系统构筑了有形知识共享网络;有形知识网络主要为编码化知识储存提供知识仓库;组织支持系统为无形知识共享网络构建提供环境和氛围;无形知识网络主要为非编码化知识储存提供知识仓库。

二、核心能力分析

从20世纪80年代中后期以来,在技术和市场的不确定性日益增加的环境下,企业界越来越意识到,只有“练好内功”才能更好地应对外部的变化。从战略层面看,企业要获得持续的市场竞争优势,内因是根本。因此,以知识、资源为基础的核心能力理论应运而生。且受到企业理论界与实践界的广泛关注。

(一)核心能力的含义

企业核心能力理论从提出至今只有不到40年时间,人们对核心能力的含义的理解还比较模糊。为了更清晰和正确地理解这一关键概念,不妨将核心能力拆分为“核心”和“能力”两部分来分析。

从“核心”角度看,一个事物有核心,就有包围这个核心的外层要素,这些外层要素构成了核心的保护层。正如一个果实,要观察到它的核心,就应把这个果实切开来,并剔除外层果肉。但是,不管是否把这个果实切开,果核是客观存在的,只不过从外面看不到而已,我们不能因为看不到果核,就说这个果实没有果核。这里包含一个简单的道理:核心是一个事物的内在要素,它统率着整个事物的长大和成熟,离开了这个核心,外层要素就没有了依附,而且这些要素也就失去了使他们整合为一个整体的“联结方式”。所以,企业的核心必须是能够统率整个组织的全部要素和内部结构的那些关键性的东西。从“能力”层面看,其内涵可以是“一种内在状态和性质”,可以是“利用现有资源的潜力”,也可以是“潜力被激发的水平”。因此,把“核心”和“能力”组合在一起来理解企业核心能力,就是企业核心要素被应用于企业活动,使这些要素的潜力得到激发而反映出来的内在状态和水平,其中核心要素应具有价值优越性、异质性、难以模仿性等特征，这些核心要素即为前面所分析的独特资源和能力（包括知识资源）。

综上所述，企业核心能力可被界定为围绕企业市场竞争优势的建立所形成的一系列独特资源、技能及其组合，并作用于企业活动所反映的内在状态和水平。

（二）核心能力的基本特征

核心能力是企业的特殊能力，具有以下 6 个特点。

1. 价值优越性

核心能力是企业独特的竞争能力，应当有利于企业效率的提高，能够使企业在创造价值和降低成本方面比竞争对手更优秀，给消费者带来独特的价值和效益。那些能够使企业为用户提供根本性好处的能力，才能称得上核心能力。

2. 异质性

一个企业拥有的核心能力应该是企业独一无二的，即其他企业所不具备的，至少是在一定时期内不具备的，它是企业成功的关键因素。核心能力的异质性决定了企业之间的效率差异性。

3. 延展性

核心能力应该具备一定的延展性，应该为企业打开多种产品市场提供支持，对企业一系列产品或服务的竞争力都有促进作用。

4. 难以模仿性

核心能力在企业长期的生产经营中积累形成，深深打上企业特殊组成和特殊经历的烙印，其他企业难以模仿。

5. 不可交易性

核心能力与特定的企业相伴而生，虽然可以为人们所感受到，但无法像其他生产要素一样，可以通过市场交易进行买卖。

6. 难以替代性

由于核心能力具有难以模仿的特点，因而依靠这种能力生产出来的产品在市场上也不会轻易为其他产品所替代。

三、价值链与优劣势（SWOT）分析

（一）价值链分析

价值链分析是通过对组织内部及其与外部联结过程中具体活动的分析，来揭示组织优势和不足的一种分析手段。目前，价值链分析成为企业寻求核心能力的有效手段。通过价值链分析，企业还可以了解自身在资源与能力上的瓶颈，以便合理培育和配置资源与能力，寻求构建企业市场竞争优势的对策。

有效地分析和管理价值链成为培育企业核心能力、构建战略优势的可操作性策略之一。企业一方面可以对每项价值活动进行逐项分析，以发现企业存在的优势和劣势；另一方面，也可以分析这个价值链中各项活动的内部联系，这种联系以整体活动最优化和协同

这两种方式给企业带来优势。这是因为价值链所表示的不是一堆相互独立的活动,而是一个由相互依存的活动而组成的系统。而这种企业活动的系统性效率才是竞争者真正难以模仿的。

同时,通过价值链分析还可以发现,企业优势来自构成价值链的单项活动本身和各项活动之间的联系,而且从更广泛的角度讲,企业的价值链蕴藏于范围更广泛的价值系统之中。从企业与供应商和购买商的关系角度来说,供应商具有用于下游企业价值链中投入外购的价值链,而企业的产品最终又会成为买方价值链的一部分。因而企业的优势既可来源于价值活动所涉及的市场范围的调整,也可来源于企业间协调或合用价值链所带来的最优化效益。

价值链分析的基本步骤如下:

(1)界定贯穿于企业价值链的全部基本活动与辅助活动;

(2)鉴别出企业内部不同活动之间,以及与外部供应商和用户之间的联结方式;

(3)识别出这些活动技能和联结方式中能创造出顾客价值的关键要素;

(4)对企业活动和联结方式进行比较分析,识别出这些活动和联结方式中的强项和弱点,并制定相应的对策来优化内部活动和联结方式,以实现系统内部的最优化;

(5)对企业价值链与供应商和流通渠道商的价值链之间的联系进行分析,寻找通过合作共建的方式以实现更大范围上的价值链系统的整体优化,从而构建相对竞争者的竞争优势。

(二)SWOT 矩阵分析

SWOT 矩阵分析是在企业内外环境与条件分析的基础上,了解外部环境的机会与威胁,针对这些机会与威胁明确企业自身的优势与劣势并进行组合分析的一种方法。在这里,S 代表企业的"优势"或"长处"(strengths);W 代表企业的劣势或"弱点"(weaknesses);O 代表外部环境中存在的"机会"(opportunities);T 代表外部环境所构成的"威胁"(threats)。进行 SWOT 分析,一般要经过下列步骤。

首先,进行企业内部条件分析,列出企业目前所具有的优势(S)和劣势(W)。

然后,进行企业外部环境分析,列出企业外部环境中存在的发展机会(O)和威胁(T)。

接着,绘制 SWOT 矩阵。这是一个以外部环境中的机会和威胁为一维,企业内部条件中的优势和劣势为另一维的二维矩阵,如表 3-3 所示。在这个矩阵中,有 4 个象限或 4 种 SWOT 组合。它们分别是优势-机会(SO)组合;优势-威胁(ST)组合;劣势-机会(WO)组合;劣势-威胁(WT)组合。

表 3-3　SWOT 矩阵分析

	内部条件	
外部环境	优势 S S1 S2 S3 ……	劣势 W W1 W2 W3 ……

表 3-3(续)

机会 O O1 O2 O3 ……	优势-机会(SO)组合方案 (1)O1S1S2 (2)O2S1S3 (3)O3S1S3	劣势-机会(WO)组合方案 (1)O1W1 (2)O1W2 (3)O1W3 ……
威胁 T T1 T2 T3 ……	优势-威胁(ST)组合方案 (1)T1T2S2 (2)T2T1S2 (3)T3S3W3 ……	优势-威胁(WT)组合方案 (1)T1W1 (2)T2W3 (3)T3W3 ……

最后,进行组合分析。对于每一种外部环境企业内部条件的组合,企业可能采取的一些策略原则如下。

1. 劣势-威胁(WT)组合

企业应尽量避免处于这种状态。然而企业一旦处于这样的位置,在制定战略时就要减少威胁和劣势对企业的影响。事实上,这样的企业为了生存下去必须要奋斗,否则可能要选择破产。而要生存下去可以选择合并或缩减生产规模,以期克服劣势或使威胁随时间的推移而消失。

2. 劣势-机会(WO)组合

企业已经鉴别出外部环境所提供的发展机会,但同时企业本身又存在着限制利用这些机会的组织劣势。在这种情况下,企业应遵循的策略原则是:通过自身发展或合作的方式来弥补企业的弱点,以最大限度地利用外部环境中的机会。如果不采取任何行动,实际是将机会让给了竞争对手。

3. 优势-威胁(ST)组合

在这种情况下,企业应巧妙地利用自身的长处来对付外部环境中的威胁,其目的是发挥优势而减小威胁。但这并非意味着一个强大的企业必须以其自身的实力来正面地回击外部环境中的威胁,合适的策略应当是慎重而有限度地利用企业优势。

4. 优势-机会(SO)组合

这是一种最理想的组合,任何企业都希望凭借企业的长处和资源来最大限度地利用外部环境所提供的各种发展机会。

需要指出的是,在任何一种组合内可能会发现有多种因素,它们之间形成多种错综复杂的组合,而这些组合又成为战略选择的基础。以优势-机会(SO)组合为例,企业可能鉴别出有 10 个优势和 10 个机会或更多,这样它们之间形成了多种匹配关系,如表 3-4 所示。在表 3-4 中,“+”表示优势和机会的一个组合,而“0”则表示匹配关系很弱或这种关系不存在。值得注意的是,每一种优势可能和几个机会相匹配,如 S104O609 组合;每一个机会的利用可能需要企业具备多种长处,如 07S1S2S5S8 组合。因此在表 3-4 中,“+”的数量多并不代表可选择方案总体。

表 3-4　匹配关系示例

机会 O	优势 S									
	1	2	3	4	5	6	7	8	9	10
1	+	0	+	0	0	+	+	0	0	0
2	+	0	0	+	0	0	0	+	+	+
3	0	0	0	+	0	0	0	0	0	+
4	+	+	+	0	+	+	0	+	+	+
5	+	0	+	0	0	0	+	0	0	0
6	+	0	0	0	+	0	0	0	+	+
7	+	+	0	+	+	0	+	+	+	+
8	0	0	0	0	0	—	0	0	+	0
9	+	0	0	+	0	0	0	—	0	0
10	+	+	0	+	+	0	0	0	0	0

第三节　市场调研分析

市场调研分析包括市场信息系统的建立、市场调研和市场预测等方面。

一、市场信息系统

通过前面的讨论，我们已经强调了分析营销环境与企业内部条件的重要性，它能使企业营销活动不犯错误。然而，企业管理者怎样察觉不断变化的顾客欲望、新的竞争者介入及其新的营销模式等呢？答案是明显的：必须开发和管理市场信息。

（一）市场信息系统及其特点

所谓市场信息系统，是指由人、设备和程序组成，为企业营销决策者收集、挑选、分析、评估和分配所需要的、适时的和准确的信息的一种企业信息管理系统。

在企业市场营销决策过程中，营销管理者需要宏观与微观营销环境各方面的信息，市场信息系统的任务是评估经理人员的信息需求，并适时提供所需信息以作为决策的依据。

企业市场信息系统的结构如图 3-4 所示。

企业市场信息系统除具有一般信息系统的特征外，还具有以下特点：系统性、社会性、信息的目的性与及时性。

企业市场信息是企业进行营销决策和制订营销计划的基础，也是监督、调控企业营销活动的依据。一个四通八达的市场信息网络，可把各地区、各行业的营销组织连接成多结构、多层次的统一的大市场。因此,市场信息系统关系到企业营销的顺利开展乃至有效的社会营销系统的形成。

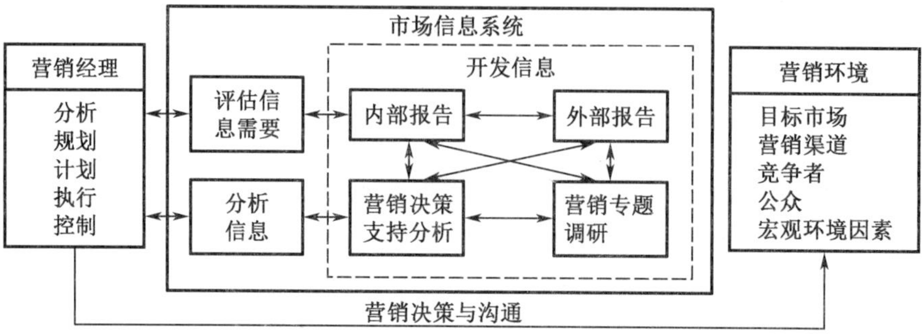

图 3-4 企业市场信息系统

(二)市场信息系统的构成

企业市场信息系统由企业内部报告系统、外部报告系统、营销专题调研系统和营销决策支持系统组成。

1. 内部报告系统

内部报告系统提供企业内部信息,是一个提供和报告订单、销售额、价格、存货水平、应收账款、应付账款等信息的系统,包含订单、收款循环报告和销售报告,以内部会计系统为主,同时辅之以销售报告系统。营销管理人员通过分析这些信息,可以发现一些新的问题或新的机会,及时比较实绩与预测目标的差异,进而采取切实可行的改进措施。

2. 外部报告系统

外部报告系统是使市场营销管理人员用以了解有关外部营销环境发展趋势的信息的各种来源与程序的信息系统。

收集外部信息的方式主要有四种:一是无目的的观察,即无既定目标,在和外界接触时留心收集有关信息;二是有目的的观察,即虽并非主动探寻,但有一定目的性,对既定范围的信息做任意性接触;三是非正式的探索,为取得特定信息进行有限的和无组织的探索;四是有计划的收集,按预定的计划、程序或方法,采取审慎严密的行动,来获取某特定信息。

3. 营销专题调研系统

营销专题调研是系统地设计、收集、分析和报告数据资料以及提出与企业所面临的特定的营销状况有关的调查研究结果。

事实上,企业营销者经常需要对特定的问题和机会委托特定的系统进行研究。他们可能需要做一个专题的市场调查、一个产品偏好的试验、一个地区的销售预测或一个广告效果研究等。营销专题调研系统的建立无疑为这些重要的营销活动提供了科学的保证。

有效的营销调研包括 5 个步骤,如图 3-5 所示。

4. 营销决策支持系统

营销决策支持系统是一个决策信息分析系统,它通过软件与硬件支持,协调数据收集系统、工具和技术,解释企业内部和外部环境的有关信息,并把它转化为营销活动的基础,为营销决策者提供决策服务。

图 3-5　营销调研程序

二、市场调查及其方法

(一)市场调查及其程序

1. 市场调查的含义

所谓市场调查就是用科学的方法、客观的态度,有目的、有计划、系统地收集、记录、整理和分析有关市场信息,了解市场变化的现状以及发展趋势,提出解决问题的建议,为决策者在动态的环境中制定营销战略提供科学的依据。

市场调查作为一种了解市场、分析市场、认识市场以及预测市场的行之有效的科学方法,首先是一项目的明确的活动,它主要是为了企业或组织的决策者提供决策所需要的信息,进而帮助企业做出与市场相适应的营销决策。其次,市场调查是一项系统性的工作,不仅调查的内容涉及市场营销的各个阶段,同时在调查方法、调查主体等的选择上都务必做到系统、科学、合理。

2. 市场调查的程序

市场调查是一项系统性的工作,涉及市场活动的各个方面。为确保市场调查的质量,使整个调查工作有效实施,必须加强组织工作,合理安排调查程序。尽管不同的市场调查的调查目的、内容可能不一样,但基本的过程是一致的。市场调查的基本过程包括:①确定调查问题与调查目标;②设计调查方案;③组织调查;④调查资料的整理和分析;⑤撰写调查报告。

(二)市场调查的方法

1. 调查抽样方法

抽样实质上是确定调查对象,调查对象的代表性直接影响调查资料的准确性。因此,根据调查的目的及人力、财力、时间情况,要适当地确定调查样本的多少和调查对象。

2. 文案调查方法

文案调查方法又称间接调查方法,是指根据调查目的查阅、收集企业内外部现有的各种信息、情报资料的一种资料收集方法。通过文案调查方法收集到的资料称为二手资料,二手资料不仅多而且比较容易获得。由于二手资料具有许多优点,因此通过文案调查收集资料有许多优势,首先是成本比较低廉,其次是收集资料所用的时间相对较短。但由于二手数据一般是历史性的,是由其他人为了其他目的而收集记录下来的有关数据,因此文案调查法也存在一些局限性。

首先,文案调查法较多地依赖历史资料,难以适应和反映现实中正在发生的新情况、新问题;其次,收集的资料与调查的目的往往不能很好地吻合,数据对解决问题不能完全适用;最后,文案调查所收集资料的准确程度难以把握。

文案调查法虽有很多优点,在实践中几乎所有的市场调查都始于文案调查,但这并不等于文案调查法在所有的市场调查中都能取得理想的效果。文案调查法有:

(1)市场供求趋势分析;

(2)市场现象之间的相关和回归分析;

(3)市场占有率分析;

(4)市场覆盖率分析。

3. 实地调查方法

实地调查方法是指调查人员为了解决面临的问题而专门收集一手资料的市场调查方法,主要有定性调查方法和定量调查方法。定性研究能提供关于问题的看法和理解,而定量研究通常采用一些统计分析以将数据量化。在研究一个新的问题时,定性调查往往是定量调查的前提和依据,当然,为取得良好的调查效果,将定性调查和定量调查结合起来是非常必要的。

(1)定性调查方法

根据调查对象是否了解项目的真正目的,定性调查方法分为直接法和间接法两大类。直接法对调查目的不加掩饰,调查的目的对调查对象是公开的,或者从所问的问题中可以明显看出,主要有焦点小组访谈法、德尔菲法、深层访谈法。与之对应的间接法则掩饰项目的真正目的,投射法是间接方法中最常用的一种方法。

(2)定量调查方法

①访谈调查力法

随着营销功能的不断壮大,市场调查的范围、调查的方法也日新月异,但是获取消费者信息最佳的方法就是直接问他们,用定量的方式记录并做定量的分析。在美国,大约 1.26 亿人在他们的生活中曾经接受访谈,每年约有 7 000 万人被访谈,平均来说,每位成年人一年大致要接受超过 15 分钟的访谈,可见访谈调查方法是一种使用率非常高的市场调查方法。而常用的访谈调查方法又可以分为面访、电话访谈、邮寄等。

②观察法

观察法是调查人员直接或者借助仪器通过观看、跟踪、记录调查对象言行而收集资料的市场调查方法。由调查人员到现场对调查对象的情况,有目的、有针对性地观察记录,据以研究被调查者的行为和心理。这种调查多是在被调查者不知不觉中进行的,除人员观察外,也可利用机械记录处理,如广告效果资料,国外多利用机械记录器来收集。观察法所得资料比较客观,实用性也较强,其局限性在于只能看到事态的现象,往往不能说明原因,更不能说明购买动机和意向。

③实验法

实验法常用于因果性调查,就是在控制其他自变量的同时,研究某一个或几个自变量的变化对因变量的影响。我们知道企业销售额的变化是受多个因素影响的,如价格、广告、包装等,为了研究导致销售额变化的原因,企业就可以通过实验法。假设价格是一个影响因素,就可以控制其他相关因素不变,改变产品价格,然后观察销售额的变化,从而发现两者关系,论证价格是否是影响销售的一个因素。在这个研究过程中,价格被称为自变量,销售额被称为因变量。当然,企业所处的真实环境与我们人工模拟的环境有所不同,因为在研究某一个自变量与因变量的关系时,我们控制其他相关因素不变,但是在市场环境中,这一点是很难做到的。

三、市场预测及其方法

(一)市场预测的概念与内容

市场预测是在市场调查的基础上,运用各种预测理论与方法,对未来一定时期市场需求与供应以及相互之间的变化趋势进行测算,从而为企业的营销决策提供科学依据。随着市场经济的发展,社会环境变化莫测,而现代企业的每一次行动计划,往往都投入大量的人力、物力和财力。在这种情况下,仍然依靠某位领导的个人经验判断已远远不能适应现代企业发展的要求。科学的预测可以防患未然,以预防的手段减少和避免市场风险,已成为现代企业掌握顾客需求、提高企业竞争力的有效手段。

市场预测的内容包括从国家宏观市场预测到企业微观市场预测,从企业生产经营预测到销售预测,从供应预测到需求预测,可以说市场预测的内容是纷繁复杂的,归纳起来,主要有以下几方面的内容。

1. 市场需求预测

市场需求预测是指在一定时期、一定市场环境下,有货币支付能力的消费者对某种商品的需求总和的预测。市场需求预测是企业一切经营活动的出发点和中心,包括质与量两个方面,即预测消费者需求什么、需求多少。当然,市场需求是千变万化的,其影响因素众多。因此,要做好市场需求预测,就要对消费者的偏好、收入水平等进行深入调查。

2. 市场供给预测

市场供给预测是对进入市场的商品资源总量及其构成和各种具体商品市场可供量的变化趋势的预测。要做好市场供给预测,首先要深入地调查各类商品历史生产量;其次,要了解各类商品的现有生产能力、生产设备、生存技术等状况,并预测其潜在能力和发展趋势。在商品供给的预测中,还应重视关联性商品的相互变化和新产品销售和需求的预测。例如,汽车销量的增加必将引起汽油需求的增加。

3. 科学技术预测

科学技术预测是对科学技术的未来发展及其对社会、生产、生活以及对企业生产经营活动的影响,尤其是与企业产品或与材料、工艺、设备等有关的科学技术的发展水平、发展方向、发展速度和发展趋势等的研究与预测。科学技术作为第一生产力,其发展变化与企业息息相关。由于科学技术进步,新工艺、新产品、新材料出现,使无数产品在一夜之间由市场的宠儿变成了无人问津的“古董”。企业要想取得成功,就必须预测科学技术的发展可能引起的问题和变化,以及可能带来的机遇和威胁,为企业制定科学技术决策及科研发展规划服务。

除了市场供求预测、科学技术发展预测,市场预测的内容还有国民经济发展趋势预测、产品生命周期预测、购买力预测等。

(二)市场预测的方法

市场预测方法分为定性预测方法和定量预测方法。定性预测方法就是依靠预测人员个人知识、经验等对市场的供求及其变化趋势进行分析判断。定性预测方法使用简单,易于掌握,而且成本低、费时少,因此使用范围较广。定量预测方法则是借用一定的统计分析方法和其他技术方法对预测对象进行定量分析的方法。定量预测方法严密、科学,因而结论可靠性强,但如果预测所依据的基本信息失真,将会导致结论的彻底错误;同时该方法复杂、费时多,且对分析人员有较高的要求。目前,常用的定性预测方法主要有类推预测方法、集合意见方法、专家预测方法等;常用的定量预测方法主要有时间序列分析方法、因果分析方法等。

第四节　购买行为分析

消费者的购买行为是企业对营销进行有效管理,有针对性地制定营销战略与策略的主要依据之一。消费者的购买行为分析包括个体消费者购买行为分析和团体消费者购买行为分析两大部分。

一、个体消费者购买行为分析

个体消费者是指所有为了生活消费而购买产品的个人和家庭。世界各地的消费者每天都要做出购买决策,但不同年龄、不同文化的消费者其购买行为千差万别。因此,企业为了其生存与发展,必须认真研究消费者的购买行为,其目的就是要找出消费者究竟是如何决策的,影响其购买决策的因素,理清这些问题的本质对企业营销无疑是非常重要的。

(一)个体消费者市场

个体消费者市场是个人或家庭为了生活消费而购买产品的个人和家庭的集合。个体消费者市场是一切市场的基础,是所有产品流通过程的终点,因此个体消费者市场又叫作最终产品市场。个体消费者市场的主要特点有:

(1)消费者人数众多、市场供应范围广泛;

(2)交易数量小、交易次数多;

(3)消费特点各异、消费需求易变;

(4)需求弹性大、购买力流动快;

(5)购买决策情绪化、购买本质非营利性。

(二)个体消费者购买角色

产品由谁购买,这个问题对于企业营销人员来说无疑是最关键的。对于一些产品来说,营销人员比较容易判断谁是决策者。例如,王先生路过报摊随手买了一份晨报。而对于一个家庭购买冰箱的过程显然要复杂得多,或许丈夫首先提出应该为家里置备一台冰箱,但款式、型号则有可能由太太根据其生活的需要来决定,最后可能由丈夫去交易。因此,在一次购买过程中,不同的人扮演的角色是不同的。个体消费者在购买决策过程中可能扮演的角色有:发起者、影响者、决策者、购买者和使用者。

所有这些角色都会对是否购买、购买什么、怎么购买、由谁购买、在哪里购买、什么时候购买等有关产生购买行为的问题产生影响。企业营销者必须要针对这些购买角色做出深入研究，以保证营销战略的正确性。

(三)个体消费者购买行为类型

个体消费者购买行为随其购买产品的不同而有所不同。对于贵重的、偶尔购买的产品，购买者总是比较谨慎，产品越是复杂其介入程度也越大。因此，根据购买者在购买过程中的介入程度以及品牌的差异程度，个体消费者购买行为类型可以分为复杂的购买行为、减少失调感的购买行为、习惯性购买行为和寻求多样化购买行为。

1. 复杂的购买行为

当个体消费者购买的是贵重的产品，并且其购买行为属于偶尔的或是冒风险的，并且品牌之间存在着明显的差异，其购买行为往往就属于复杂的购买行为。

由于产品价格高、品牌差异大，个体消费者往往缺乏对产品的了解，消费者会在购买前认真调研，一般不会在情况不明的状态下擅自、贸然购买。

2. 减少失调感的购买行为

减少失调感的购买行为发生在购买产品属于偶尔购买的、贵重的或是冒风险的，但产品品牌之间看不出有什么差异的情况下，例如购买地毯就是一种减少失调感的购买行为，因为地毯是属于价格较高、偶尔购买并且表现自我的产品，个体消费者可能发现在同一价位，不同品牌的地毯没有什么区别。但在购买之后，顾客可能发现该品牌的产品存在某些缺陷，或是听到其他品牌的产品具有更多优点而产生失调感。购买者为了减少购买后的失调感，总是力求了解更多的信息，以证明其购买决定是正确合理的。

3. 习惯性购买行为

习惯性购买行为发生在产品价格低廉、经常购买、品牌差异小的购买行为中，例如购买食盐、酱油等。在习惯性购买中，个体消费者只是去商店找一个品牌，即使其经常购买某个品牌也只是习惯而已，并不是因为其品牌忠诚，也不评价购后行为。

在习惯性购买行为中，个体消费者购买行为并未经过信任—态度—行为的正常顺序。顾客并不仔细地收集与该品牌相关的信息，也不评价该品牌产品，亦不仔细考虑购买决定。顾客只是被动地接收电视广告和报纸杂志所传递的信息。重复的广告最终使顾客产生品牌熟悉度而不是品牌说服力。此时，人们不对某种品牌形成强烈的看法，人们选择某个品牌，只是因为熟悉它。

习惯性购买行为属于低度介入购买行为，购买者不一定钟情于哪个特定的品牌，因此营销人员可以利用价格优惠、电视广告和销售促进等刺激产品的销售。

4. 寻求多样化购买行为

寻求多样化购买行为的重要特征是品牌之间差异显著并且属于低度介入。

尽管有些产品品牌差异明显，但个体消费者并不愿花长时间来选择和评估。例如，购买饼干时，个体消费者可能出于某种信任，选了一种饼干而不进行评估，但在消费的时候开始进行评估。在其第二次购买时，很有可能因为由于想调换一下口味而买其他品牌的产品。品牌的变化往往是因为同类产品众多，而不是因为不满意。

(四)个体消费者购买决策过程

在复杂的购买过程中,消费者的购买决策过程一般经历以下 5 个阶段,如图 3-6 所示。但对于低度介入的购买行为,如顾客购买一袋食盐,则大可不必依次经历以下 5 个阶段,可由确认需要直接进入购买决策。

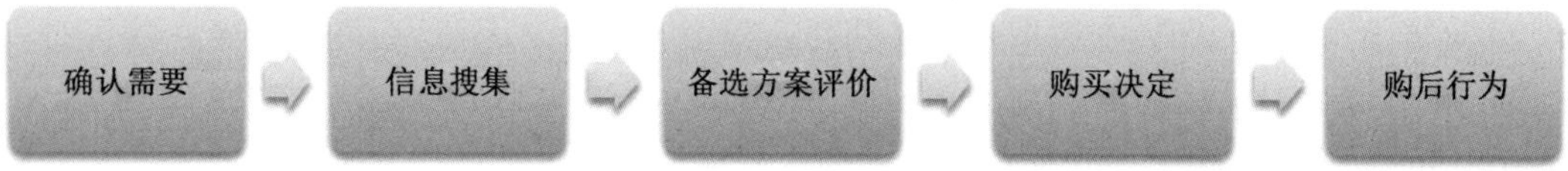

图 3-6　消费者购买决策过程

(五)个体消费者购买行为的影响因素

1. 文化因素的影响

文化是人类欲望与行为最基本的决定因素,对消费者的行为具有最广泛和最深远的影响。在社会中成长的任何一个人都会通过其家庭和其他机构的社会化过程形成一系列基本的价值、知觉、偏好和行为的整体观念,即形成个体的文化价值观。例如在中国,我们生活在一个有着五千年文明古国称号的国家里,这使我们在主体上形成了中华民族尊老崇古、诚信知本以及求是务实等价值观。

当然,不同群体和社会的文化是不一样的,个体形成的文化价值观也是不一样的,文化对消费者购买行为的影响也不一样。因此,了解文化因素对消费者购买行为的影响对营销活动至关重要。

影响消费者购买行为的文化因素有:

(1)文化的区域、民族和宗教特征;

(2)文化的遗传特征;

(3)文化的间接影响特征;

(4)文化的动态特征。

2. 人口环境与社会地位的影响

人口环境反映的是一个地区或国家人口规模、分布和结构等方面的特征。人口规模指的是人口的数量,人口分布指的是人口的地理分布,人口结构反映人口在年龄、收入、教育和职业方面的情况。

人口规模与分布是影响消费者购买行为的重要因素。例如中国 2021 年的 GDP 已跃居世界第二,无疑是世界经济强国,而人均 GDP 则位居 60 名,就主要是由于我国是一个人口大国,人口因素严重地影响了消费者的购买力及其购买行为。再如,我国北京、上海等大城市,人口的不均衡分布也是造成超高房价的原因之一,严重地影响了消费者的购买行为,人们只能望楼兴叹。人口结构也是影响消费者购买行为的一个因素,如老龄化人口对保健品市场情有独钟,形成特殊的消费市场。同时,在一个社会中,人口结构的差异还会形成不同的社会阶层,例如由于人们在经济条件、教育程度、职业类型以及社交范围等方面的差异而形成的不同社会群体,并因其社会地位的不同而形成明显的等级差别。

3. 家庭及参照群体的影响

家庭是社会的基本单位，也是最典型的消费单位。家庭对购买行为的影响主要取决于家庭的规模、家庭的性质（家庭生命周期）以及家庭的购买决策方式等几个方面。

家庭规模大小直接影响消费者的购买行为，家庭规模不同，其购买行为也有差异。例如单身女孩注重个性消费；夫妻则注重生活品质消费。

而家庭的性质对购买行为的影响就更大了。所谓家庭的性质也即家庭的生命周期，即从结婚成家、生儿育女、儿女成人自立门户、夫妻退休等一系列过程。显然，处于家庭生命周期的不同阶段，消费者的购买行为是不一样的。例如，还没有孩子的年轻夫妇与结婚并拥有年幼孩子的家庭相比，前者对服饰、度假等的支出显然要多，而后者支出中婴儿食品、玩具等会占据主要的位置。

家庭的决策方式同样会影响消费者的购买行为，比如是分散决策还是集中决策，是丈夫决策还是妻子决策等。对于营销人员来说，关键是要弄清家庭决策的方式如何，家庭成员中谁占据主导作用以及影响家庭决策方式的因素是什么。

参照群体是指能够极大地影响个人行为的个人或群体。例如，年轻一族总是追随明星时尚，比如韩流就是年轻一族对韩国明星的模仿与追随。显然各种参照群体对消费者的购买行为将产生引导作用，例如在韩流盛行的市场中，肥脚裤成为了畅销产品。

4. 个体心理特征的影响

除了以上所述的因素外，影响消费者购买行为的因素还有个体心理特征。心理是人的大脑对于外界刺激的反应方式与反应过程。消费者的购买行为模式在很大程度上就是建立在其对外界刺激的心理反应基础之上的。心理活动是人类特有的高级活动，也是世界上最复杂的活动之一，因此，受个体心理特征影响的消费者购买行为也就变得十分复杂了。影响购买行为的心理特征主要包括动机、知觉、学习、信任和态度等。

二、团体消费者购买行为分析

（一）团体消费者市场

团体消费者市场是由各种组织机构形成的对企业产品需求的总和，主要包括产业市场、中间商市场和公共产品市场。

1. 产业市场

产业市场又称资本品市场或生产资料市场，它是市场的一个组成部分。在产业市场中，团体或个人购买产品和劳务的目的是用来生产其他产品，以供出售、出租或供给他人。

2. 中间市场

中间商市场是指通过购买产品并将其出售或出租给他人以获取利润的个人或组织的集合。中间商市场是商品从生产者向消费者实现转移的重要平台。例如，目前的中国各地出现的义乌小商品市场是典型的批发市场，而大型超市就是典型的零售商市场。对于市场上的营销人员来说，中间商市场对其产品的销售至关重要。

3. 公共产品市场

公共产品市场就是为执行公共职能而进行购买产品的相关团体的市场，主要是指政府的各级机构。政府的主要职责就是为社会提供公共产品。例如,政府为了保障国民的安全就需要国防;为了让国民拥有畅通的交通系统就需要修筑高速公路。但政府本身并不生产这些相关产品,因此就形成了政府与产业市场的供求关系。并且,政府为了维持一个国家正常秩序开展日常政务,显然这也是一个非常大的市场,确切地讲,公共产品市场占到了市场份额的20%~30%。

团体消费者市场的特征有:

(1)购买次数少、购买量大;

(2)派生性需求;

(3)多人决策;

(4)直接购买;

(5)专业性购买。

(二)团体消费者购买决策的参与者

团体消费者购买是由多人所组成的决策团体进行的,而这个购买决策团体的规模视购买情况的复杂程度而不同。对于常规购买,购买决策小组可能就只有一两个人,而对于复杂的购买,购买决策小组可能多达20人,甚至上百人,并且来自组织的不同层次和部门。一个关于集团购买的研究显示,典型的集团设备购买包括来自各管理层的十几个人,代表多个不同部门。所以,团体购买决策参与者有使用者、影响者、采购者、决策者、信息控制者。对于团体消费者市场上的营销人员来说,团体消费者购买决策的参与者的规模及人员构成无疑增加了推销的难度,因为营销人员必须了解谁参加决策,每个参加者的相对影响作用以及评价的标准,等等。

(三)团体消费者购买行为类型

在团体消费者市场中,团体消费者的购买行为类型主要有三种:直接重购、调整后重购和新购。

(1)直接重购是指组织的采购部门根据以往的采购经验,从供应商名单中选择供货企业,并直接重新订购过去采购过的同类商品,属于惯例化决策。

调整后重购是指购买者为了更好地完成采购任务,适当改变采购标准,如价格、性能或供应商。调整后重购要比直接重购复杂得多,参与购买决策的人数也较多。这种购买情况给未列入供应商名单中的供应商提供了市场机会,同时也给原供应商造成了威胁。

(3)新购是指组织第一次购买某种产品,当然也是最复杂的购买行为。由于关于产品和供应商的信息是有限的,因此新购的风险非常大。

在以上三种团体购买类型中,直接重购最不需要决策,而新购则需要精心决策。在新购情况下,团体购买者通常要对产品的规格、价格幅度、供应商、订货量、付款条件、供货方式以及售后服务等做出决策。而在众多决策因素中,其重要程度又将视情况而定,对于同样的决策因素,不同的决策参加者做出的决策也是不相同的,这使得新购更加复杂。

(四)团体消费者购买行为的过程

与个体消费者的购买相比,团体消费者的购买将经历一个更加复杂科学的、系统的购买过程,也要经历信息收集、信息分析、选择以及购买后的评估过程,但人为因素和组织因素的交互作用，使团体购买过程更为复杂。

1. 确认需要

当组织成员认识到购买某种产品能够解决某一问题或是满足某一需要时，购买过程就开始了。

2. 确定所需产品的性能与数量

确认了需要以后，团体消费者就必须确定各种产品的全面特性和数量，这个过程对于一些比较复杂的产品更为重要。团体消费者将根据自身的需要综合分析产品的功能、可靠性、耐用程度、价格以及其他必备的属性，并将其按重要性加以排序。

3. 决定产品的规格

在这一阶段，团体消费者将对欲购产品进行价值分析，明确提出所采购产品的各项性能指标，并尽可能地用数量指标确保指标的操作性，然后写出文字精练的技术说明书，作为采购人员取舍的标准。

4. 寻找供应商

指团体消费者根据所设定的标准寻找最佳供应商。如果现有供应商能够完成工作，采购部门一般会将其作为首选。这一方法有一些优点，如对现有供应商比较熟悉，采购部门对它们的执行能力和经验比较了解。

现存的关系意味着双方能够较好地相互理解，两个组织中人员有良好的工作关系，并清楚对方受到的制约。

5. 分析供应商提出的消费建议

在这一阶段，团体购买者将邀请合格的供应商提交建议书。根据采购的要求对建议书进行检查和比较，选出合格的供应商。

6. 评价和选择供应商

团体消费者根据合格的供应商所提交的建议书，全面检查比较他们的产品质量、价格、交货时间、技术服务等方面的情况，选择最有吸引力的供应商。

7. 签订采购订单

指团体消费者根据所购产品的技术说明书、需要量、交货时间、退货条件、担保书等内容与供应商签订最后的订单。

8. 检查合同履行情况

这是购买决策的最后一个环节，团体消费者在购货并实际使用后，采购部门将使用部门以及相关部门对产品的使用意见收集起来，进行全面评价，并以此作为下次购买决策的依据。

（五）团体消费者购买行为的影响因素

团体消费者的购买行为同样受到很多因素的影响。很多集团营销人员认为，团体消费者（采购中心）喜欢低价格、好产品和好服务的供应商。事实上，团体消费者实质上也是由人组成的，个人因素同样起作用，他们不是冷漠的，也不是光会精打细算的，更不是无私的，因此他们的反应也包括理智和感情。如果供应商提供的产品实质上完全一样时，团体消费者就不必依靠多大理性作为选择的根据了，既然每一个供应商都可以满足组织的需要，团体消费者就可能在决策中多考虑一些个人因素。相反,如果供应商提供的产品差别很大,团体消费者就会多考虑经济因素。

总的来说,各种影响组织消费者购买行为的因素包括环境因素、组织因素、人际因素和个人因素。

第四章　经济全球化背景下营销机构研究

营销机构是企业营销的主要实施者和参与者,但不同的营销机构在营销实践中扮演着不同的角色。企业家是企业的领导者,也是企业战略和营销战略的制定者,他们的性格、决策方式影响着企业营销实践的方向;企业的营销组织是营销实践的执行者,企业的营销流程保证了营销活动的效率;营销顾问机构利用自身的专业技能和特长,为企业提供营销方面的建议和方法,帮助企业更好地完成其营销活动。

第一节 企业家因素

企业家是企业的掌控者和指挥者,他们的性格和偏好会在一定程度上融入企业日常经营中。企业家是营销活动的主体之一,我们有必要对企业家因素进行更加细致的研究。

一、企业家的类型

企业家有很多类型,每种类型的企业家都有自己的优势和劣势。因此,对企业家进行分类,并且深入地研究每种类型的企业家,会对企业的营销活动有积极意义。

目前,对企业家的分类方法有很多种,每种分类都从一定的角度考虑了企业家的一些不同的特质。

总结相关研究,大体上可以将企业家分为以下七类。

第一类,能给公司注入活力的企业家。有些企业家获得成功是因为他们能够给其组织注入一种活力、干劲和目的。

第二类,向导型企业家。与给公司注入活力的企业家相反的是向导型企业家。他们乐于把许多管理事务委派给其他人,而自己全神贯注于制定总体战略,并指导战略实施。

第三类,创新型企业家或技术型企业家。创新型企业家或技术型企业家可以描绘技术进步的前景,并鼓励其员工朝着这个目标努力工作。

第四类,组织者型企业家。从表面上看,组织者型企业家获得成功是通过创造一个完美的适合于实现其目标的一流组织。然而,世界上最好的组织仍然需要企业家。

第五类,控制型企业家。控制型企业家是全面型企业家,他们坚持对企业从设计到生产到市场营销的每一个方面进行监督。

第六类,仆人型企业家。仆人型企业家与控制型企业家正相反,他们认为自己受组织的支配。

第七类,家长式企业家。许多企业建立在家庭模式上,所以很多企业家通过对他们的雇员承担“代理父亲(或母亲)”的责任而取得成功。他们的领导风格建立在尊重的基础上。

因领导风格的差异企业家还分为专制型企业家、民主型企业家和放任型企业家等。

还有些研究人员从企业家代表的不同目标、动机和成果,将企业家分为投机型、追求生活方式型、解决问题型、梦想型和游戏规则改变型等。

二、企业家素质

所谓企业家素质,是指企业家从事领导工作应该具备的内在基本条件,是企业家在先天禀赋的基础上,通过后天的学习培养和实践锻炼逐渐形成的,在领导工作中经常起作用的那些最基本的素质和所应达到的水平。

美国普林斯顿大学教授巴默认为,成功的企业家必须具备以下十个条件:长于合作、智于决策、巧于组织、精于授权、细于执行、勇于负责、敢于求新、善于冒险、尊重他人、品德高尚。我国多数学者认为企业家必须具有德、才、学、识、体等基本素质,这些素质是按照时代发展的要求不断更新的。

1. 政治素质

政治素质是企业家阶级属性的体现，是企业家其他素质的基础。因为政治素质不仅决定着企业家自身的发展方向，也决定着企业家所进行的管理活动的性质。企业家的政治素质表现在正确的政治方向、坚定的政治立场、鲜明的政治态度等方面。

2. 道德素质

企业家的道德素质，指的是企业家在管理活动中应当遵循的一些基本行为规范。企业家应该是人类一切优秀品德的体现者和实践者，必须具备崇高的思想境界、优秀的道德品质和高尚的革命情操。企业家具有良好的道德素质，有利于塑造良好的领导形象，增强企业家的影响力和号召力。它是赢得员工真心拥戴的重要条件，是成功地进行管理活动的重要保证。企业家应该具备的道德素质，主要表现在大公无私的高尚情操、实事求是的优秀精神、谦逊容人的豁达胸怀和严于律己的自省精神。

3. 知识素质

知识素质是获得管理活动成功的重要因素。它指企业家从事管理工作必须具备的知识储量，和企业家必须具备的知识结构。较高的文化知识素质不仅可以优化和提高企业家的人格和能力，而且可以为管理工作奠定坚实的基础。当前，企业家应该具有广博的科学文化知识，并且精通专业业务知识和管理知识。

4. 能力素质

领导能力是企业家知识、智慧、才华的外在表现，是企业家胜任本职工作的实际本领，是取得管理效能和提高绩效的直接因素。现代企业家应该具有远见卓识的预见能力、多谋善断的决策能力、统筹全局的驾驭能力、机动灵活的指挥能力、知人善任的组织能力、融通豁达的协调能力和激励人心的表达能力。

5. 身心素质

身心素质是指企业家身体素质和心理素质的总称。良好的心理素质是企业家健康成长和做好管理工作的一个基本条件。良好的心理素质表现在强壮的体魄、健康的个性和优秀的情商三个方面。

第二节　营销组织体系与流程

市场营销是个人和群体通过创造并同他人交换产品和价值以满足需求和欲望的一种社会过程，是市场经济体制下企业的一项重要经营活动，其管理必须依托于一定的机构或部门进行。

一、营销组织体系设计

市场营销组织是为了实现企业的目标，制订和实施市场营销计划的职能部门，是企业组织体系中的重要组成部分。

（一）市场营销组织形式

市场营销组织经过了从简单的销售部门到销售部门兼有营销功能，独立的营销部门到现代营销部门,再到现代营销企业以至于流程再造企业等阶段的演变,逐渐趋于成熟,形成了五种基本的营销组织形式,即职能型营销组织、产品(品牌)管理型营销组织、地区型营销组织、市场管理型营销组织、矩阵型营销组织。

1. 职能型营销组织

这种营销组织由各种营销职能专家组成,营销副总经理负责协调他们的活动,任何职能部门的一切业务活动围绕企业主要职能展开。职能型营销组织结构的优点是有利于减少管理层次,避免机构和人员重叠,可以使企业把管理侧重点放在内部功能上,每个职能区域都能取得规模效益;有利于提高职能部门工作的专业化水平;有利于公司增强在同行业中的竞争力;有利于加强公司的统一成本核算和利润考核。但这种组织结构的局限性是需要重复安排地区专家,容易导致资源重复浪费;不利于企业开展多种经营;不利于企业经营活动的地区扩张,各职能部门间缺乏横向联系和协调,容易造成决策失误。如图 4-1 所示。

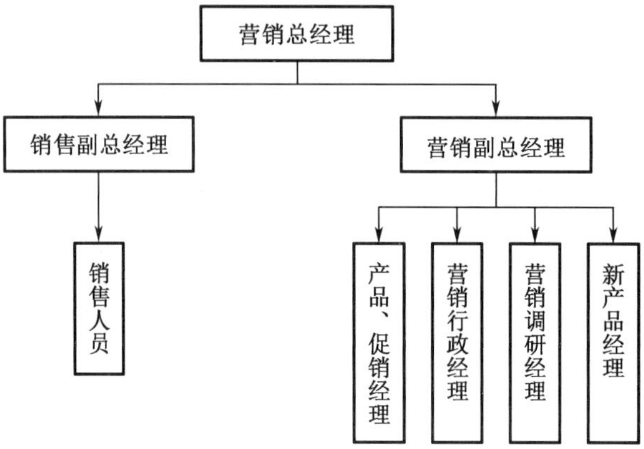

图 4-1　职能型营销组织体系

2. 产品(品牌)管理型营销组织

这种营销组织结构的优点是具有较大的灵活性,当企业涉足新的产品领域时,只要在组织结构上增加一个新的产品系列部门就行了;有助于企业对各个产品系列给予足够的重视,由于每种产品都由相对应的产品经理负责,所以即使是名气再小的品牌也不会被忽略,而且体现了分权化的经营思路,有利于调动产品部经理的积极性,产品经理对于市场上出现的情况反应比专家委员会更快,可以为某一产品设计具有成本效益的营销组合。但是该种模式也有缺点,若缺乏整体观念,各产品部之间会发生协调问题,会为保持各自产品的利益而发生摩擦;这种组织形式意味着企业随产品种类的不同而在任何一个特定的地区建立多个机构,导致机构设置重叠、管理人员的浪费、产品知识分散化;产品经理需要协调和各个部门的关系,否则不利于他们有效地履行职责,如图 4-2 所示。

3. 地区型营销组织

地区型营销组织结构的优点是把地区分部作为利润中心,有利于地区内部各子公司间的协调;有利于提高管理效率;公司可以针对地区性经营环境的变化,改进产品的生产和销售方式。但是缺点也是明显的:各区域之间缺少横向联系,不利于生产要素在区域间的流动,还有可能从本部门利益出发,影响企业整体目标的实现;同时,地区分部结构易造成企业内部在人员和机构上的重叠，增加企业管理成本，如图 4-3 所示。

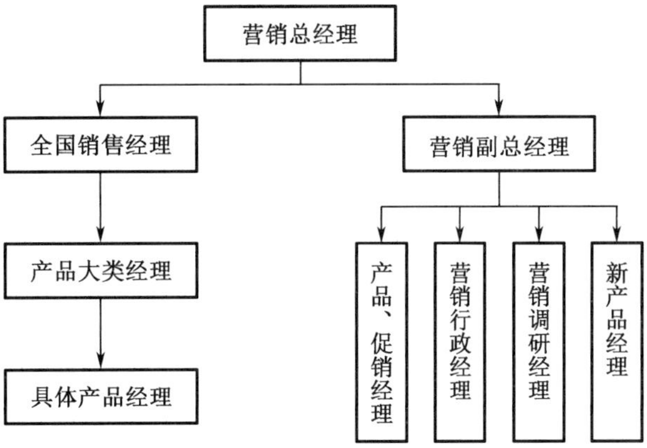

图 4-2　产品(品牌)管理型营销组织体系

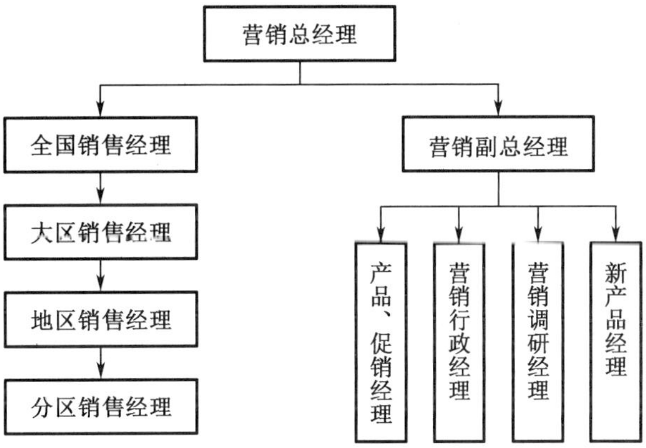

图 4-3　地区型营销组织体系

4. 市场管理型营销组织

在市场管理型营销组织结构中，企业可以围绕消费者开展一体化的营销活动，而不是把重点放在彼此隔离的产品或地区上，但是由于市场灵活多变，一旦销售策略失误，就会损失惨重。这种营销组织结构适合于针对特定市场的产品的销售，如图 4-4 所示。

5. 矩阵型营销组织

在矩阵型营销组织结构中，具有产品型和市场型两者之优点，缺点是缺少按产品或市场制订的完整计划，这种营销组织结构适合面向不同市场、生产多种产品的企业的营销，如图 4-5 所示。

(二) 市场营销组织

企业在从事营销活动时，始终处于复杂动态的环境中，只有充分考虑和估计营销系统中企业内部状况、竞争对手、合作伙伴、宏观环境等营销行为者及其信息，通过营销组织体系有效反馈做出正确反应，才能满足消费者需求，并最终实现企业的发展战略。从市场实际出发，成功的营销组织体系设计应考虑因素：

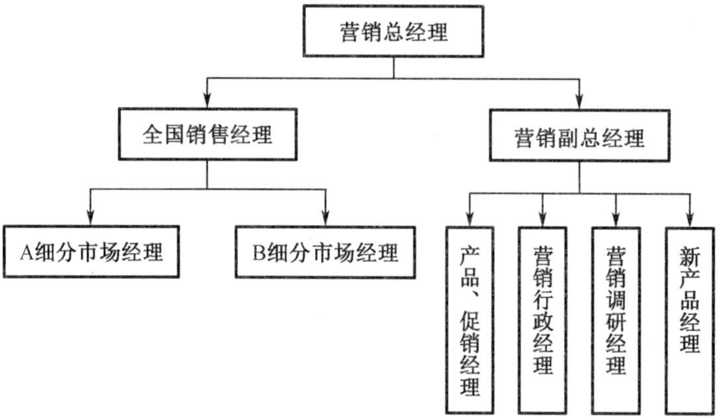

图 4-4　市场管理型营销组织体系

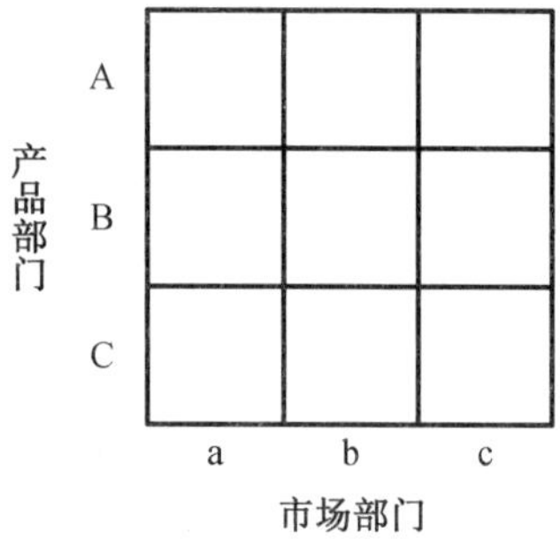

图 4-5　矩阵型营销组织体系

(1)营销组织体系能保证信息流动的畅通；

(2)营销组织体系内不同部门之间协调简易、运行灵活；

(3)营销组织体系能有效满足顾客需求；

(4)营销组织体系能满足企业不同发展阶段的战略需要。

二、营销流程

市场营销的理论是建立在顾客需求的基础之上的，它强调企业的产品要满足顾客的需求，因此，企业在生产之前，应了解顾客的需求。科特勒对市场营销下的定义是：市场营销是企业的一种组织和管理职能，它识别目前尚未满足的需要和欲望，估计和确定需求量的大小，选择企业能够更好地为之服务的目标市场，制订服务于这些目标市场的产品开发、服务和计划方案。在这种观念的牵动下，企业的营销流程转变为一种价值创造过程。科特勒市场营销作业流程如图 4-6 所示。

从图 4-6 中我们不难发现，营销工作贯穿于整个企业的经营活动中，它是企业经营的开端，并在企业销售实现之后依然存在。在这里，企业经营分为三个过程：①选择顾客价值,对于企业的营销实务来讲,即是分析市场机会,研究和选择市场目标;②价值创造阶段,也是企业制定营销策略的阶段;③企业的营销战略和策略实施阶段。

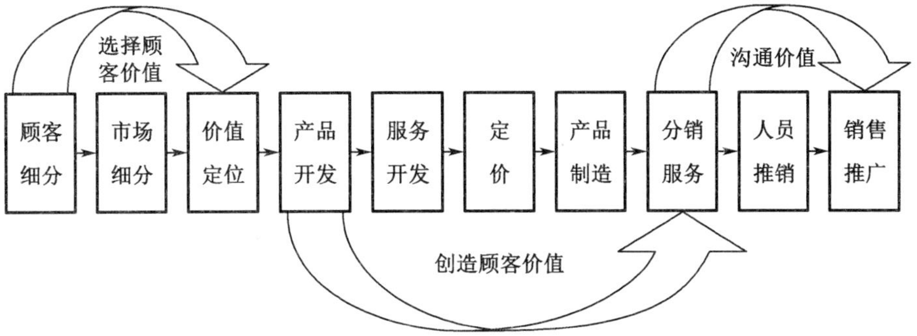

图 4-6　科特勒市场营销作业流程

另外,路易斯安那大学管理与营销系主任戴维·劳登提出另外一种营销流程,也就是所谓的有效营销流程。他将营销分为社会营销导向、了解、计划、执行和与顾客联系五个步骤,如图 4-7 所示。

图 4-7　戴维·劳登提出的有效营销流程

图 4-7 所示的五个步骤层层递进,一环紧扣一环,构成了一个完整的营销流程,为企业的营销活动提供了一个很好的框架。①

第三节　营销顾问机构

营销顾问,意思是曾在市场一线做过业务,管理过渠道和团队,在基层磨炼多年后的大区总监或区域负责人员,通常负责营销策略规划、销售跟踪、策略执行、品牌建设与管理等,帮助所服务的公司在销售业绩和品牌知名度上,均得到提高的一类营销策划管理人员。本节以广告公关公司和市场调研公司为例介绍营销顾问机构。

一、广告公司

(一)广告公司的工作

作为营销顾问机构的一种,广告公司的主要工作包括以下几个方面。

1. 广告调查研究

在企业和品牌推广或制定新品战略前,帮助企业进行市场调研,提供相应的市场数据,为企业做决策参考或者提出建议。

① 戴维·劳登. 营销管理:教材与案例[M]. 北京:经济管理出版社,2006.

2. 制定广告策略

大企业和品牌无论在品牌形象建立或者一个小的推广活动，都有自己的广告策略。一般每年都有一定的广告预算作为调配。

3. 广告创意

广告创意的制作分为“大创意”和“小创意”的概念。所谓“大创意”就是配合前期的品牌形象定位，做一系列有连续性和针对性的广告创意。而小创意只是针对某个特定活动或者宣传周期提出的一个广告创意，它也必须遵从“大创意”的一贯性原则。

4. 广告制作

广告制作包括印刷、广告牌搭建、现场搭建、展会展览器材等，在广告领域属于价值链中下游的供应商。

5. 媒介计划、发布

由于本地化要求很高，所以媒体发布和媒体计划公司在我国本土发展很快，在中国，一方面出现了像大贺、TOM 传媒、白马广告等一系列大型的媒体发布公司，主要针对国内的各种广告媒介包括电视、杂志、报纸广告代理和户外广告大牌等广告发布代理，但是在跨国公司范围内，媒体计划的工作还是主要有 4A 广告公司负责，本土媒体公司客户大多局限在国内知名企业和品牌。

6. 广告效果评估

跨国公司包括一些发展成熟的本土知名大型企业，在广告发布的同时，非常关注广告的效果和反馈，从而催生出了广告效果评估这一广告领域。

7. 举办促销公关活动

现在，公关公司方兴未艾，更出现了公关高于一切的提法。工作内容包括政府攻关、媒体关系维护、危机处理等工作，同时，也负责一些当地的线下活动策划和组织。

（二）广告公司的分类

不同的广告公司，其组织形式和服务类型存在较大差异。按照不同的方式，广告公司可以分为很多不同的类型。

1. 按广告公司的隶属关系划分

按广告公司的隶属关系广告公司可划分为专营广告公司、兼营广告公司和行业广告公司。专营广告公司即以专门从事各类广告生产经营的代理公司，又称为专业广告公司；兼营广告公司是指大众传播媒体创办的广告公司；行业广告公司是广告主或某一行政机构为统揽自己或本系统内的广告业务而创办的广告公司。这三类广告公司无论是在生产经营的成本上还是在市场竞争的手段上都存在着巨大差别。

2. 按公司性质分类

按照广告公司的性质来划分的话，可以分为外资、合资和民营广告公司。

3. 按服务内容分类

(1)全程广告代理(提供全方位广告服务，主要是 4A 公司)。

(2)制作为主的公司(做 4A 公司下游的设计制作电视片拍摄等工作)。

(3)影视制作公司(以制作广告片为主)。

(4)设计为主的公司(设计力量很强,CIS设计策划、平面广告设计、书籍设计)。小型制作所(灯箱、海报、喷绘、小型印刷品)。

(5)个人设计工作室(形式以设计为主,能赚钱就做,平面设计、广告策划、网站建设)。

(6)以媒介购买为主的公司(手上有媒介资源,以卖媒介为主,如户外广告牌、停车场广告、BUS站广告牌、卖场电视、楼宇电视等)。

二、市场调研公司

常见的市场调研公司有四类:外资专业公司,政府机构、科研院所以及其下属公司,私营或民营的专业市场调研公司,咨询公司或广告公司的市场调研部门。

(一)外资专业公司

这类公司在规模及办公环境方面都优于其他类型的调研公司。其客户主要是一些跨国的大企业,其主要特征如下。

调研项目质量的控制水平较高,项目操作的规范性较强,公司各部门分工明确。例如,同一个项目的资料收集和后期分析是由不同部门负责的。其质量控制标准与国际一致。项目可管理性强;客户较为稳定,其主要客户多是海外总部直接委托;研究人员素质较高,公司在调研方面的培训能力很强;知名度较高;价格高,他们的价格往往超出一些客户的心理承受能力。就像盖洛普所说的:“在调研质量上是客户选择我们,在调研报价上是我们选择客户。”

(二)政府机构、科研院所以及其下属公司

如统计调查队、信息咨询中心、媒体的相关部门等,其特征为:能发挥国家相关部门的资源优势;收费相对较低;信息资源稳定,能够获得多行业的背景资料,数据误差相对较大。

(三)私营或民营的专业市场调研公司

这类公司可谓业内的后起之秀,大多是管理者以股份制的方式创办。其数量多于前两类市场调研公司,在传媒界也表现得非常活跃。他们很明智地把自己定位于“国际水平,国内价位”,因此颇具竞争优势。其特征主要集中在以下方面:具有较强的市场营销能力,常在传媒上发布调研结果,有很高的知名度。对客户的反应迅速,有很强的服务意识,采用项目经理负责制。

(四)咨询公司或广告公司的市场调研部门

大多数咨询公司和广告公司都有市场调研业务,但它们与专门的调研公司有所不同。根据自身特点,其所提供的调研服务更有系统性、整体性,而且在定性研究方面具有优势。它们提供的研究报告贯穿着经营思想,有的还提出较多的富有创造性的建议和设想。

第五章　经济全球化背景下品牌塑造与管理

许多企业高层管理人员已经正确地意识到,公司最具有价值的资产之一,就是公司长期以来投资和开发的品牌。虽然生产流程与厂房设计经常会被复制,但是消费者头脑中业已形成的强势信念和态度难以轻易再生。本章以品牌和品牌管理为基础,为企业塑造独有的品牌文化提供依据和参考。

第一节 品牌和品牌管理

在越来越复杂的社会环境中,虽然个人与公司面临的选择越来越多,但他们进行选择的时间似乎越来越少。强势品牌的价值无限,它可以简化决策、减少风险和形成期望。因而,创建可以履行承诺的强势品牌,以及长期保持和强化品牌能力就成为管理中必须面对的事情。

一、什么是品牌

品牌是一种区分不同制造商产品的工具。根据美国市场营销协会(AMA)的定义,品牌(brand)是一个“名称、专有名词、标记、符号,或设计,或是上述元素的组合,用于识别一个销售商或销售商群体的商品与服务,并且使它们与其竞争者的商品与服务区分开来”。因此,从理论上说,只要营销者创造了一个新的名称、标识,或者新的产品符号,也就创造了一个品牌。

然而,人们应该认识到,当从事实际工作的营销经理提到品牌时,其品牌定义并不仅仅是指在市场上实际创造品牌认知、声誉、知名度等。因而,美国市场营销协会和企业界两者之间对“品牌”的定义存在区别,前者是以小写字母 b 为首的品牌本身“brand”,后者是以大写字母 B 为首的品牌内涵“Brand”。认识到这种差别很重要,因为对品牌原理或品牌战略的不同理解通常都与品牌定义的不同内涵相关。

(一)品牌元素

根据美国市场营销协会的定义,创建品牌的关键在于选择名称、标识、符号、包装设计,或其他有助于识别产品并使其与其他产品区别开来的属性。形成品牌识别并使之差异化的这些不同部分,称为品牌元素(brand elements)。

(二)品牌与产品

品牌和产品有何区别?产品(product)是市场上任何可以让人注意、获取、使用,或能够满足某种消费需求和欲望的东西。因此,产品可以是实体产品(例如麦片、网球拍,或汽车)、服务(例如航空公司、银行,或保险公司)、零售商店(例如百货商店、专卖店,或超级市场)、人(例如政治人物、演员,或体育运动员)、组织(例如非营利组织、贸易组织,或艺术团体)、地名(例如城市、州,或国家)或思想(例如政治或社会事件)。

品牌远比产品的含义广泛,因为品牌具有不同维度,这些维度使之能区别于产品,并能满足顾客的需求。品牌与产品维度的差异可以是理性的、有形的(与品牌的产品绩效相关),也可以是具有象征意义的、情感的、无形的(与品牌代表了什么相关)。

一个品牌化的产品可以是实体产品(例如,某品牌玉米片、某品牌网球拍或某品牌汽车)、服务(例如某航空公司、某银行或某保险公司)、商店(例如某百货公司、某专卖店或某超市)、人(例如沃伦·巴菲特、玛丽亚·凯莉或乔治·克鲁尼)、地名(例如伦敦市、加利福尼亚州或澳大利亚)、组织(例如红十字会、美国汽车协会或滚石乐队)或思想(例如企业责任、自由贸易或言论自由)。

二、品牌为什么重要

一个显而易见的问题是：品牌为什么这么重要？品牌的什么功效使其对营销者来说如此重要？我们将从不同视角剖析品牌对消费者和公司自身的价值。表 5-1 列出了品牌对消费者和公司所起的不同作用。

表 5-1　品牌的作用

品牌对消费者的作用	品牌对公司的作用
识别产品的来源，追溯制造商责任的依据，减少风险，降低搜寻成本，产品质量的承诺、契约，象征意义质量信号	简化处理或追踪的识别工具，合法保护产品独特性的工具，满足顾客质量要求的标志，赋予产品独特联想的途径，竞争优势的源泉，财务回报的来源

三、品牌资产的概念

基本上，品牌化就是将品牌资产的影响力付诸产品和服务。尽管人们对品牌资产具有不同的看法，但是大多数研究者都认为品牌资产应该是品牌所具有的独特的市场影响力。也就是说，品牌资产解释了具有品牌的产品或服务和不具有品牌的产品或服务两者之间营销结果差异化的原因。品牌资产概念强化了品牌在营销策略中角色的重要性。

四、战略品牌管理流程

战略品牌管理（strategic brand management）涉及创建、评估及管理品牌资产的营销规划和活动的设计和执行。本书将战略品牌管理流程（strategic brand management process）概括为以下四个主要步骤（图 5-1）。

（一）识别和确立品牌定位和价值

在战略品牌管理流程中，首先要清晰地理解品牌代表什么，以及相较竞争者应该如何定位。

品牌定位模型（brand positioning model）介绍如何整合营销，使竞争优势最大化。

品牌共鸣模型（brand resonance model）介绍如何密切顾客关系，提高顾客忠诚度。

品牌价值链（brand value chain）用于追踪品牌价值创造的过程，更好地理解品牌投资的金融影响。

（二）设计并执行品牌营销活动

创建品牌资产就要求在消费者大脑中进行合理定位，并尽可能获得消费者的品牌共鸣。一般来说，这种知识构建流程取决于三个因素：

（1）品牌元素的组合与匹配，即构成品牌元素的初始选择以及如何进行组合搭配；

（2）品牌营销互动的整合，即营销活动及营销支持方案，以及将品牌整合进去的方式方法；

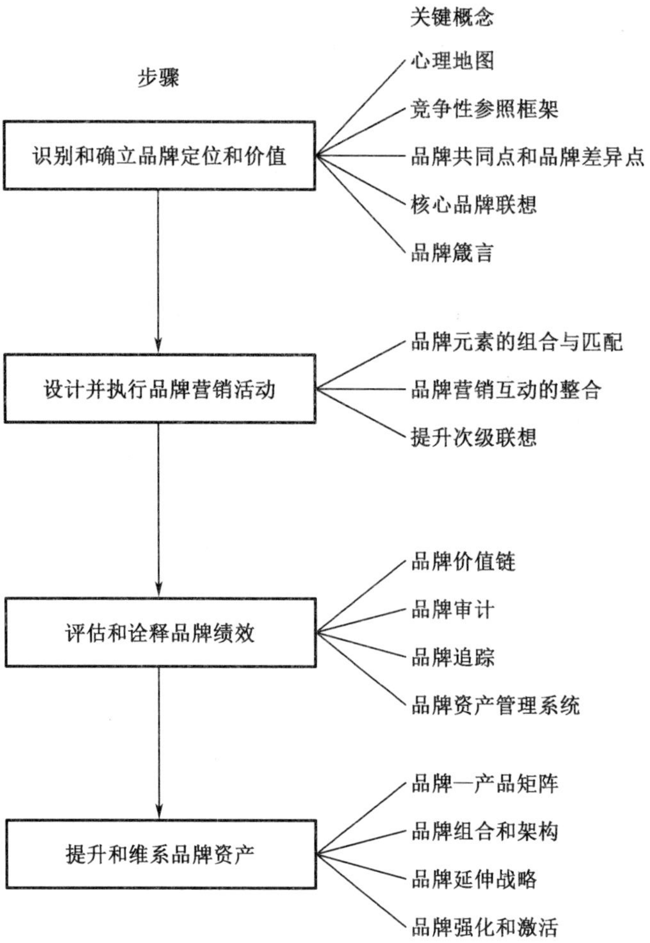

图 5-1　战略品牌管理流程

(3)提升次级联想,即通过与其他一些实体(如公司、原产国、分销渠道,或其他品牌)相关联,从而间接产生的品牌联想。

选择品牌元素。最常见的品牌元素包括品牌名称、网址、标识、符号、个性、包装及口号等。

将品牌整合到营销活动和营销支持方案中。尽管审慎选择品牌元素对于建立品牌资产大有裨益,但是主要的贡献来自品牌相关的营销活动。此处仅仅强调构建品牌资产的部分重要的营销方案。

提升次级联想。第三种建立品牌资产的方法是提升次级联想。品牌联想自身也会和其他具有自身联想的实体发生关联,从而建立这些次级联想。

由于品牌和其他实体关联,即使该实体也许和产品或服务没有直接联系,消费者也可能推断该品牌具有哪个实体的联想,从而产生间接或次级品牌联想。本质上,营销人员就是在借用或杠杆化其他品牌联想,从而创建属于品牌自身的联想并帮助建立品牌资产。

(三)评估和诠释品牌绩效

盈利的品牌管理需要成功设计和执行品牌资产评估系统。品牌资产评估系统(brand equity measurement system)由一系列研究步骤构成,它将为营销者制定短期最优策略和长期最佳战略提供及时、精确和可溯及的信息,可采用品牌审计(brand audit)、品牌追踪(brand tracking)和执行品牌资产管理系统(brand equity management system)三个系统关键步骤。

品牌审计通常对确定和评估品牌定位非常有用。品牌审计(brand audit)是对品牌的全面考察,以评估品牌的健康状况,揭示品牌资产的来源,并就改善和提升品牌资产提供建议。品牌审计要求同时从公司和消费者视角来理解品牌资产的来源。

一旦确定了品牌定位策略,就需要将实际营销方案付诸行动,以创建、强化或维持品牌联想。为了解营销方案的效果,需要通过营销调研来测量和诠释营销绩效。品牌追踪研究(brand tracking studies)是测量和诠释营销绩效的有效工具,是追踪品牌价值的创造过程、更好地理解品牌营销支出和投资的财务效果的工具。

品牌资产管理系统(brand equity management system)是一整套企业流程,旨在改善和理解对品牌资产概念的运用。品牌资产管理系统主要包括三个步骤:创建品牌资产章程、收集品牌资产报告以及定义品牌资产任务。

(四)提升和维系品牌资产

保持和扩展品牌资产非常具有挑战性。品牌资产管理活动是从更广阔和更多元化的视角理解品牌资产——理解品牌战略应如何反映公司所想,以及根据时间、地理位置或者多个细分市场进行调整。

1. 定义品牌结构

公司的品牌结构就如何在所有不同产品中应用哪些品牌元素提供了通用原则。品牌组合和品牌架构是制定公司品牌战略的两个主要工具。品牌组合(brand portfolio)是指特定公司在特定品类内出售的所有品牌的集合;品牌架构(brand hierarchy)显示了公司产品之间相同的和独特的品牌元素的数量和性质。

2. 长期管理品牌资产

有效的品牌管理要求以长期的视角来制定品牌决策。品牌管理的长期视角认识到,品牌营销支持方案的任何变化将会改变消费者对品牌的认知,并最终影响未来营销方案的成功。此外,长远视角还要积极设计品牌战略,以长期维护和提升基于顾客的品牌资产,并在品牌面临困难和问题时,制定品牌激活战略。

3. 跨越地理界限、文化及细分市场管理品牌资产

品牌资产管理的一个重要考虑因素就是在形成品牌和营销计划时,认识和分析不同类型的消费者。国际性事件和全球品牌化战略对于这些决策尤为重要。在海外扩张品牌时,营销经理需要依赖这些细分市场的具体知识和消费者行为创建品牌资产。

第二节　品牌战略的制定

如何制定品牌战略要从基于顾客的品牌资产和品牌定位入手,进而深度探索品牌共鸣和品牌价值链,实现制定品牌战略的目的。

一、基于顾客的品牌资产和品牌定位

(一)基于顾客的品牌资产

我们将基于顾客的品牌资产(customer-based brand equity,CBBE)正式定义为:顾客品牌知识所导致的对营销活动的差异化反应。当一个品牌拥有积极的基于顾客的品牌资产时,它能使顾客更容易接受一个新品牌的延伸,减少对价格上涨和广告投入削减的不良反应,或者使顾客更愿意在新的分销渠道中找到该品牌。相反,如果顾客对一个品牌的营销活动反应冷淡,仿佛他们面对的是一个无品牌或只有虚假品牌名称的同类产品,那么该品牌就拥有消极的基于顾客的品牌资产。

从基于顾客的品牌资产概念可以推断,是顾客品牌知识的不同造成了品牌资产的差异。认识到这一点具有重要的管理启示意义:品牌资产为营销者提供了一座连接过去与未来的战略性桥梁。

品牌是过去的倒影。每年花费在生产和销售产品上的费用,不应该被认为是"开支",而是"投资"(在顾客的品牌认知和品牌体验上进行投资)。但如果没有进行妥当设计和执行,不能在顾客心智中产生正确的品牌知识结构,这些花费可能就不是很好的投资。尽管如此,它们仍然应该被视为投资。因此,创建品牌过程中的投资质量是关键因素,而投资数量只要超过最小的临界值即可。事实上,如果投资没有用好,那么在建立品牌时可能会出现"超支"的情况。有些品牌发生了超支情况,却通过创造价值和在消费者心中留下记忆的营销活动,积累了大量的品牌资产。

品牌是未来的方向。营销者在长期实践中创造的品牌知识,决定了该品牌的未来方向。消费者是基于其品牌知识进行品牌选择的,这意味着顾客会认为品牌应该与营销活动或方案如影随形。总而言之,品牌的真正价值及未来前景,取决于消费者及其品牌知识。

不论我们如何定义,品牌资产对营销者的价值最终取决于如何使用它们。品牌资产可以提供更多的注意力和领导能力,并给营销者提供一个途径,以解释他们过去的营销业绩以及对未来营销方案的设计。公司所做的一切都可能会增强或破坏品牌资产。那些建立了强势品牌的营销者已经彻底理解并充分运用品牌资产的概念,借此来解释、传播和执行他们的市场行为。

其他一些因素也会影响品牌的成功,并且品牌资产对顾客之外的其他要素也具有意义,这些要素包括员工、供应商、渠道成员、媒体和政府等。

(二)创建强势品牌:品牌知识

根据基于顾客的品牌资产的概念视角,品牌知识是创造品牌资产的关键,是品牌知识形成了差异化反应。营销者必须找到一种能使品牌知识留在顾客记忆中的方法。心理学家研究出的一套有效的记忆模型——联想网络记忆模型,可以帮助他们达到这一目的。

与联想网络记忆模型相似,品牌知识这一概念也是由记忆中的品牌节点和与其相关的链环组成的。通过扩展该模型,品牌知识由以下两部分组成:品牌认知和品牌形象。品牌认知(brand awareness)与记忆中品牌节点的强度有关,它反映了顾客在不同情况下辨认该品牌的能力。在建立品牌资产的阶段中,品牌认知是必需的,但并不充分。另一些需要考虑的事项,如品牌形象等,也经常参与其中。

品牌形象一直被认为是营销中一个非常重要的概念。尽管对于如何测量品牌形象并没有统一的观点,但是一个普遍接受的观点是,与联想网络记忆模型相似,品牌形象(brand image)可以被定义为顾客对品牌的感知,它反映为顾客记忆中关于该品牌的联想。

(三)品牌资产的来源

为了使营销策略获得成功并建立起品牌资产,就需要说服顾客,使他们理解在同类产品和服务中,不同的品牌存在很大的差异。品牌建立最重要的一点就是,不能让顾客认为同类产品的所有品牌都是相同的。创建基于顾客的品牌资产时,在顾客记忆中建立品牌认知和建立积极的品牌形象(即强有力的、偏好的和独特的品牌联想),这两者是举足轻重且密不可分的。下面介绍品牌资产的这些来源。

1. 品牌认知

品牌认知是由品牌再认和品牌回忆构成的。研究表明,当大多数消费者是在销售点做出购买决策时,由于产品的品牌名称、标识、包装等元素清晰可见,因此,品牌再认非常重要。另一方面,如果消费者不在销售点做出购买决策,则品牌回忆将起关键作用。因此,对于服务和在线产品来说,建立品牌回忆至关重要,因为消费者会主动寻找品牌,并将合适的品牌从记忆中搜寻出来。

2. 品牌认知的效用

可以获得三方面的优势:印象优势、入围优势和入选优势。

(1)印象优势

品牌认知影响构成品牌形象的因素,即品牌联想的构成及强度。为了创建品牌形象,首先需要在消费者记忆中建立品牌节点。品牌节点的属性对消费者如何简便地学习和存储品牌联想信息具有影响作用。因此,建立品牌资产的第一步是在顾客心中将品牌"登记挂号"。一旦品牌元素对路,一切将变得更加容易。

(2)入围优势

无论消费者在何时进行购买决策,都必须考虑备选的品牌。提高品牌认知能增加该品牌进入品牌入围集的概率,品牌入围集(consideration set)是指购买决策中被仔细考虑的品牌集合体。大量研究表明,消费者很少忠实于一个品牌,相反,他们在购买时会考虑和选择一系列的品牌,同时也经常少量购买其他系列的品牌。因为消费者在购买时仅考虑一小部分品牌,所以确保某一品牌进入入围集,实际是降低了其他品牌得到考虑或被回忆起来的概率。

(3)入选优势

建立深度品牌认知的第三个好处在于,品牌认知能够影响消费者在品牌入围集中所做的筛选,即便那些品牌在本质上没有其他的联想。

3. 建立品牌认知

如何创建品牌认知?从理论上说,品牌认知是通过不断展示从而提高品牌熟悉程度来创建的。与品牌回忆相比,品牌再认更有效果。也就是说,消费者通过看、听、想对品牌的了解越多,品牌在记忆中就会更牢固。

因此,可以使消费者体验到品牌名称、符号、商标、特点、包装或者标语(包括广告与促销、赞助与事件营销、宣传与公共关系以及户外广告)的任何要素,都能提高人们对品牌元素的熟悉程度及其知名度。此外,可强化的品牌元素越多越好。

重复能深化品牌再认,提高品牌回忆却需要在记忆中将产品品类或其他购买、消费暗示进行连接。建立品牌认知经常需要一个有创造性的标语或者口号(理想的品牌定位也有助于树立积极的品牌形象)。其他诸如标识、符号、特性和包装等品牌元素也有助于品牌回忆。

4. 品牌形象

通过持续展示提高品牌熟悉度以建立品牌认知(与品牌再认相关),以及通过适当品类或其他相关购买或消费情境以塑造强势品牌联想,是创建品牌资产的关键第一步。一旦建立了丰富的品牌认知,营销的重点就可以放在塑造品牌形象上。

积极的品牌形象是通过营销活动将强有力的、偏好的、独特的联想与记忆中的品牌联系起来而建立的。品牌联想可以是品牌属性,也可以是品牌利益。品牌属性(brand attributes)是指那些赋予产品或服务以特征的说明。品牌利益(brand benefits)是指消费者赋予产品或服务的个人价值观和含义。

总之,为了建立基于顾客的品牌资产,需要形成顾客的差异化反应。营销者需要确认品牌联想不但是正面积极的,而且是独特的、竞争品牌所不具有的。独特的品牌联想才有助于顾客选择使用该品牌。选择好的、独特的、与品牌强势相关的联想,需要仔细分析消费者和竞争者,从而确定这一品牌的准确定位。影响到品牌联想强度、偏好性和独特性的因素有:

(1)品牌联想的强度;

(2)品牌联想的偏好性;

(3)品牌联想的独特性。

(四)识别和确立品牌定位

在了解 CBBE 概念的背景知识之后,下面讨论如何确定品牌定位。

1. 基本概念

品牌定位(brand positioning)是市场营销策略的核心问题。它是指“设计公司的产品服务以及形象,从而在目标顾客的印象中占据独特的价值地位”。顾名思义,定位就是在顾客群的心里或者细分市场中找到合适的“位置”,从而使顾客能以“合适的”、理想的方式联想起某种产品或者服务。品牌定位就是确定本品牌在顾客印象中的最佳位置(相对于竞争对手在顾客印象中的位置),以实现公司潜在利益的最大化。合适的品牌定位可以阐明品牌的内涵、独特性、与竞争品牌的相似性,以及消费者购买并使用本品牌产品的必要性,这些都有助于指导营销策略。

2. 目标市场

确定目标顾客非常重要,这是因为不同的消费者可能拥有不同的品牌知识结构,从而具有不同的品牌感知和品牌偏好。如果不理解这一点,就很难判断哪些品牌联想是深入人心的、受到偏好的而且是独特的。我们先定义市场、市场细分和选择细分市场。

所谓市场(market),是指所有拥有购买欲望、具有购买能力并且能够买到产品的现实和潜在的购买者的组合。所谓市场细分(market segmentation),是指将市场按消费者的相似性划分为若干不同的购买群体,使得每一群体中的消费者具有相似的需求和消费者行为,从而适用相似的营销组合。确定市场细分计划,需要在成本和收益之间进行权衡。市场越细分,公司就越有可能完成营销计划,并更好地满足每一细分市场中消费者的需求。不过,虽然针对特定顾客的营销计划可能会获得更加积极的消费者反应,但这一优势也有可能因缺乏标准化而被增加的成本抵消。

(1)市场细分基础

从总体上讲,市场细分基础可以划分为描述性的或顾客导向的(与某类人或组织相关)细分基础,以及行为性的或产品导向的(与消费者对品牌或产品的看法或使用方法相关)细分基础。

行为细分基础通常在理解品牌化问题上更有价值,因为它具有更清晰的战略性暗示。例如,在一个利益细分市场确定后,确立品牌定位的理想品牌的差异性或期望利益就会相当清楚。以牙膏市场为例,一项研究表明,整个牙膏市场存在着四个主要的细分市场:

①感觉型细分市场:追求香型和产品外观;

②交际型细分市场:追求牙齿的洁白;

③忧虑型细分市场:希望预防蛀牙;

④独立型细分市场:追求低价格。

按照这样的市场细分,营销人员应该针对一个或多个细分市场设计和实施营销计划。随着多功能牙膏的成功,现在,基本上所有的牙膏品牌都能提供多功能的产品。

根据品牌忠诚细分市场,还有一个经典"漏斗"模型,就是从"最初知晓"到"经常使用"来追踪消费者的行为。为创建品牌,营销者需要同时理解两点:

①当前每个阶段目标市场的份额;

②推动或抑制从某一阶段转换到下一阶段的影响因素。

营销者通常根据消费者行为来细分市场。例如,营销者可能根据年龄细分市场,再选定某个特定年龄组作为目标市场。至于为什么这一特定年龄组会是一个具有吸引力的细分市场,则可能是因为这类消费者使用产品的次数特别多,对品牌特别忠诚,或者产品的最大优势很有可能就是他们所追求的利益。

但是,在有些情况下,范围较宽的人口描述可能掩盖了消费者之间一些重要的潜在差异。一个笼统的"40~49 岁女士"的目标市场,可能涵盖了许多迥异的细分市场,而这些细分市场可能要求完全不同的营销组合例如,某咨询公司,针对退休后的消费者,细分为四个市场:永不衰老的探索者、安乐的享受者、活在今天者和厌烦倦怠者。

人口细分基础的主要优点是,传统媒介的人口统计特性已从消费者研究中得到了很好的了解。因此,从人口角度进行市场细分便于公司进行广告决策。但是,随着数字化、非传统媒介及其他传播形式以及以行为和媒体使用为基础建立消费者数据库的能力变得越来越重要,人口细分基础的这一优点就相对不那么重要了。

(2)细分标准

以下给出了一些判断指标,用以指导市场细分和目标市场的决策。

①识别能力:细分市场能否被容易地识别出来?

②市场容量:该细分市场中是否存在足够的潜在销售量?

③可接近性:通过专门的分销渠道和宣传媒体,是否可以渗透到该细分市场?

④反应性:该细分市场对相应营销活动的反应如何?

显然,在定义细分市场时,最重要的考虑因素是盈利能力。在许多情况下,盈利能力与行为因素相关。

3. 竞争特性

毫无疑问,当决定以哪类消费者作为目标市场时,通常也就决定了竞争的特性,原因是:其他公司在过去或未来也会将这类消费者作为目标市场,或者是这类消费者在购买决策中会注意到其他品牌。当然,竞争还会出现在其他方面,如分销渠道。

(1)间接竞争

许多营销策略家都曾强调一个教训,即在定义竞争时不要过于狭窄。有关于比较选择的研究表明,即使一个品牌在其品类中没有面临直接的竞争,也不和其他品牌共享与产品有关的品质属性,它仍然会和其他品牌共享抽象的品牌联想,并在广义的品类中面临间接竞争。

遗憾的是,许多公司对竞争的定义过于狭窄,没有意识到最大的竞争威胁以及潜在机会。例如,近年来由于消费者为了更好地享受生活而对家具、电器及其他产品进行投资,结果使服装行业销售萧条。因此,服装行业的市场领导者最好多思考其产品的差异点,而不是其他服装产品的竞争者。

产品在消费者的脑海中通常按等级层次反映,因此,竞争也可以划分为许多不同的层次。以某品牌葡萄汁为例,在产品类型(product type)层次,它与非可乐、特色软饮料竞争;在产品类别(product category)层次,它与所有软饮料竞争;在产品等级(product class)层次,它与所有饮料竞争。

(2)多功能参考框架

为品牌确定不止一个参考框架是很正常的事情,这也许是因为品类竞争更加宽泛,或是品牌未来成长的需要,或是多类产品具有相同功能的结果。

另外以星巴克为例,列举其几个非常明显的竞争对手,这样也能更好地理解共同点和差异点的概念。

①快餐店和便利店。差异点可能是质量、形象、体验和品种;共同点则可能是便捷性和价值性。

②家庭消费的超市品牌。差异点可能是质量、形象、体验、品种和新鲜程度;共同点可能是便捷性的价值性。

③本地咖啡。差异点可能是便捷性和服务质量;共同点可能是质量、品种、价格和大众化特征。

要注意,有些差异点和共同点是竞争者所共有的,还有些则相较特定竞争者而言才是独特的。在这种情形下,营销者必须决策该做什么。有两种主流观点,理想、健全的定位一定程度上应该是在多个参考框架下保持有效,否则,就有必要优化和选择最为相关的竞争者作为对照框架。另外一个要引起注意的关键点是,不要试图“取悦”所有人,否则,就会导致典型的低效“最低级普通共性”式的定位。要么在品类层面上为所有相关品类进行定位,或对于每个品类都有产品。

(五)品牌定位指导原则

共同点和差异点联想的概念对品牌定位而言是很重要的工具。建立最佳竞争品牌定位的两个关键是:竞争参照框架的定义与传播;选择并构建共同点和差异点。

1. 竞争参照框架的定义与传播

品牌定位中定义竞争参照框架的首要任务是确定品类成员。品类成员指出了与本品牌竞争的产品。选择不同的竞争产品大类决定了会有不同的竞争参照框架,以及不同的共同点和差异点。

产品以品类成员的身份向消费者传达本品牌产品或服务追求的目标。对于那些出身名门的产品或服务而言,品类成员并不是核心问题。目标客户知道哪些品牌是软饮料市场的领导者;哪些品牌的玉米片是玉米片市场的领导者;哪些品牌是战略咨询市场的领导者等。但是,在许多情况下,向消费者传达品牌的品类成员是很重要的。可能最明显的例子就是新产品的推出,品类成员身份在这种情况下不总是很明显。

也存在这些情形,消费者知道品牌的品类成员,但是不能确信此品牌是真正的有效的品类成员。比如,消费者知道索尼生产电脑,但是不能确认索尼 Vaio 电脑与戴尔、惠普和联想的电脑是否属于同一档次。在这种情况下,增强品牌的品类成员的地位很有用。

品牌有时会被接纳为某一品类成员,而事实是该品牌并不属于此品类。这时就要使消费者知晓品牌的实际身份,这也是强调本品牌与竞争者差异点的一个可行方法。通过这种途径,消费者不仅知道此品牌不是什么,而且知道此品牌是什么。

一般主要有三种途径表明品牌所属的产品大类:传达品类利益、举例比较、产品描述法。

(1)传达品类利益

为了确保能向消费者传递购买产品的理由,营销者通常利用产品使用的利益来占据品类成员身份。所以,对于汽车宣传其功率,对于止痛剂宣传其效果。介绍这些利益并不是为了暗示品牌的优越性,而仅仅是为了表示本品牌的特性以建立品牌的共同点。为了让消费者相信品牌的利益以传递产品品类信息,通常需要提供支撑的依据,此时,通常需要使用性能或者品牌形象联想等。比如,某蛋糕产品需要获得蛋糕产品品类的成员身份,它可以宣传其可口的味道,并且说明其高品质的成分含量以证实这种利益,或者使享用者心情愉悦的形象说明。

(2)举例比较

利用品类中的知名高档品牌来确定自己的品类成员身份。

(3)产品描述法

直接引用品牌名字,通常是传达品类原产地的一种比较直接的办法。

建立品牌的品类成员身份并不是品牌有效定位的充分条件。如果许多公司都使用品类建构策略,消费者就会感觉很混乱。良好的定位不仅需要合适的品类成员身份,而且取决于此品牌是否比品类中其他品牌更有优势。所以,建立引人注目的差异点对于成功的品牌定位是很关键的。

2. 选择差异点

一个品牌要能给消费者提供一个可信的理由来选择。决定品牌的属性或利益是否可以作为差异点,要考虑三个重要因素,即品牌联想必须具有吸引力、可传达和差异化。确定最佳品牌定位的三个重要因素,还必须结合三个视角对品牌进行评估,分别是消费者、企业和竞争者三个角度。吸引力是从消费者的角度考虑,可传达性是基于企业自身的内在能力,而差异化则主要是相较竞争者而言。

理论上说,消费者会把差异点的属性或利益视为尤其重要的,相信公司具有传递产品的能力,并相信没有其他任何品牌也能做到。如果这三点都能满足,该品牌联想就会有足够的强度、偏好度及独特性,而成为一个有效的差异点。这三个方面有一些具体的标准,如下所述。

(1)吸引力标准

目标消费者必须能亲身发现差异点的相关性和重要点。对进入成长阶段的品牌,消费者通常能发现很明显的差异点。

只具有差异还远远不够,这种差异必须是消费者所在意的。例如,不同品类的许多品牌(如可乐、洗碗皂、啤酒、除臭剂、汽油等)曾经一度推出清晰版产品,以达到更好的差异化效果。然而,"清晰版"相关的联想似乎并没有差异点的持久性价值因此,大多数情况下,这些品牌最终经历了市场衰退或者消失。

(2)可传达性标准

品牌联想属性或利益的可传达性,同时取决于公司生产产品或提供服务(可行性)的实际能力,以及说服消费者企业具有该能力的效果(沟通性)。具体如下。

①可行性。在实际中企业能创建差异点吗?产品的设计以及营销的计划必须能够和理想的品牌联想保持一致。要给消费者提供某些其可能忽略或者没有意识到的关于品牌的事实,显然,这种方式更能让消费者相信这些变化(相比改变产品本身)。如上所述,也许最简单而又最有效的方法,就是直指产品利益点或信服点的独特属性。另一方面,如果差异点抽象,那么诉求点也许是公司历经多年更为广泛的联想。

②沟通性。沟通性的关键要素在于消费者对品牌的感知以及相应的品牌联想创建与当前消费者认识不一致的联想,或者由于某种原因消费者不能信任的联想。这是非常困难的。为了使消费者相信该品牌及其品牌联想,有哪些可信服的事实或"证据点"可以用来作为沟通的支持呢?这些"可信服的理由"(RTB)对于消费者接受潜在的差异点至关重要。当然,还要同时经得起法律监督。

(3)差异化标准

最终,目标消费者必须能发现差异点与众不同,并且卓尔不群。当进入已建立起众多品牌的品类时,挑战是要能找到可实现的、长期的差异点。品牌定位是抢先式的、防守式的,还是难以进攻式的?品牌联想是否能够不断增强?如果是这样的话,定位就可能持续数年。持续性取决于内部使命、资源利用状况,以及外部市场力量状况。

3. 建立共同点联想和差异点联想

创建品牌成功的关键在于同时建立共同点和差异点。同时建立共同点和差异点的挑战之一在于,如何对它们已在消费者大脑中形成的相反关系进行定位。遗憾的是,如前所述,消费者通常希望能在两个负相关的属性上得到最大收益。而为了达到目的,竞争者经常试图建立与目标品牌的差异点之间呈现负相关属性的差异点。

营销的艺术和学问大部分就在于如何选择取舍,定位本身没有区别。显然,开发的产品或服务最好是在两个维度方面都表现较好。

其他方面也存在负相关的差异点和共同点的问题。下面所列的三种解决这个问题的方法的有效程度依次递增，但困难程度也是递增的。

（1）分离属性

有个昂贵但是有效的方法：同时开展两个不同的营销计划，每个计划针对不同的品牌属性或利益。这两个计划可以同时开展，也可以依次开展。比如，某品牌洗发水在欧洲的双重营销获得了成功，有一则广告强调了其去屑效果，还有一则强调了使用该品牌洗发水后头发的美感。这样做的好处是：消费者对共同点和差异点价值的评价不再关键，因为此时两者的负相关关系不再明显。这种做法的不利之处在于，必须开展两个强大的营销计划。此外，因为事先没有描述负相关关系，所以消费者不一定能产生理想的正面联想。

（2）其他（品牌）实体的杠杆作用

品牌可以通过与其他任何品牌实体相联系来建立共同点和差异点的属性或利益，因为这些实体往往拥有合适的资产——某个人、其他品牌、事件等。独立推广的品牌成分也可以用来向消费者传递其存在疑问的那些可信的属性信息。

然而，借用品牌资产，不但成本高，而且风险大。

（3）重新定义关系

最后，另一个可能有力的（但通常是困难的）描述消费者印象中属性和利益负相关关系的方法是：使消费者相信事实上此关系是正相关的。应用这种方法时，可以给消费者提供某些不同的视角和建议，使得消费者可以忽视某些事实或者不再注意其他想法。

4.“骑墙”定位

有时，企业可以同时在差异点和共同点之间横跨两个参考框架。这种情况下，某个品类的差异点则成为另一品类的共同点，反之亦然。例如，埃森哲公司的定位包括：

（1）战略、愿景和思想领导；

（2）通过信息技术为顾客提供解决方案。

该战略定位与麦肯锡、IMB 两个竞争对手的共同点一致，然而同时也具有其独到的差异点。与麦肯锡相比，埃森哲在技术及执行方面具有其差异点，而在战略和愿景方面具有共同点。但与 IBM 相比则是相反的情况：技术及执行是共同点，而战略和愿景是差异点。

5. 品牌重新定位

前面介绍了定位的原则，主要用于新品牌的推出。而对于已有的品牌，一个重要的问题是：品牌多久一次进行重新定位。基本原则是：不宜过于频繁对定位作本质上的改变，并且，只有在现有共同点和差异点的有效性受到显著影响时，才进行重新定位。

然而，定位应该随着时间的推移进行更新以适应市场机会或挑战。差异点或共同点应该根据情况进行改善、增加或者放弃。通常，市场机会出现的时候，是在拓宽品牌意义的时候——品牌升华（iaddering），市场挑战则是指如何应对威胁既有定位的竞争性行动——品牌反击（reacting）。下面分别论述这两种定位的含义。

（1）价值升华

从消费者关注的价值角度建立差异点以主导竞争市场，虽然这对于初始定位是一种很好的手段，但是一旦目标市场基本了解了此品牌和其他竞争者的关系，也许就有必要加深与品牌定位关联的含义。研究消费者在某一品类潜在的动机以揭示相关联系通常是很有用处的。比如，马斯洛的需要层次理论认为消费者的需要具有从最低到最高层次的需要

水平:

①生理需要(食物、水、空气、居所等);

②安全需要(保护、规则、稳定);

③社会需要(关爱、友谊、归属感);

④自我需要(权威、身份、自尊);

⑤自我实现(自我成功)。

根据马斯洛的理论,一旦低层次的需要得到了满足,高层次的需要就变得更加相关。

营销者也注意到了高层次需要的重要性。比如,手段—目的链(meansendchains)就是一种理解更高层次品牌特色含义的方法。一条“手段—目的链”的结构如下:属性(产品特征的描述),产生利益(个人价值及附属于产品特征的意义),进而产生价值(稳定的、持久的个人目标和动机)。

换句话说,消费者选择某种产品,此产品首先具有某种属性(A),这种属性能带来某种利益以及效果(B/C),能够满足消费者的价值需要(V)。比如,让我们来研究一下小吃,某消费者认为某种薯片的口感很好(A),但是口味很重(A),这就意味着她可以少吃一点(B/C),不会变胖(B/C),有个好身材(B/C),所有这些都可以增强她的自尊(V)。

所以,品牌升华是一个从属性到利益再到更加抽象的价值或动机的过程。事实上,升华涉及不停地追问产品的属性对消费者有何好处。这种阶梯推导的每次失败都减少了品牌决策时的一种可选策略。比如,某日用品公司推出一种适合滚筒洗衣机的低泡洗衣粉。多年广告后,其他品牌开始渗透进入该洗衣粉的定位。该洗衣粉和滚筒洗衣机联系紧密,以至于当滚筒洗衣机被淘汰时,该洗衣粉也被淘汰了。尽管它是当时效果最好的洗衣粉之一,而且公司也为该洗衣粉重新定位,但是最终仍难逃被淘汰的结局。

产品的某些属性或者利益可能比其他产品更加易于得到升华。比如,某品牌在许多烘烤产品上出现,所以就与烘烤炉具有自然的联系。这种联系使消费者很容易联想起烘烤的温暖,或者在更宽泛烘烤相关的产品中,产生对烘烤的好感。所以,有些强势品牌通过升华其差异点来建立利益和价值联想,如果一个品牌与越来越多的产品联系起来并形成产品家族,品牌的含义就会变得更加抽象。同时,对于已经命名的产品而言,消费者心目中这些产品的品类成员身份、差异点、共同点也都是很重要的。

(2)应对挑战

竞争行动往往是为了减少差异点并把其转换为共同点,或者增强或建立新的差异点。通常情况下,竞争优势只能存在一段时间,然后竞争者开始采取竞争行动。

当竞争者挑战自己的差异点或者试图胜过一个共同点时,通常有三种应对方法——从没有反应,到中等反应,再到强烈反应,与其对应的行为也从无所反应,到适度防卫,最后主动反击。

品牌审计有助于评估竞争威胁的严重程度,以及确定合适的竞争措施。

6.建立好的品牌定位

以下几个建议对于指导品牌定位大有益处:首先,好的定位既着眼于眼前,又着眼于未来。这在一定程度上需要抱负理想,因为品牌需要有空间成长和完善。

仅以当前市场为基础的定位,还不够具有前瞻性,但同时定位又不能脱离当前状况。因此,定位的诀窍是在品牌现状和未来潜力之间获得恰到好处的平衡。

其次,好的定位对识别所有相关共同点保持谨慎。多数情况下,营销者会忽略或忽视不利于集中力量的关键领域。差异点和共同点显然都非常重要,因为没有共同点,就不存在差异点。发现竞争者关键共同点的最好办法,就是列出竞争者的定位,并推断其可能的差异点。反过来,竞争对手的差异点也能成为自己品牌的共同点。对消费者的决策行为进行研究,也有助于提供相关信息。

再次,好的定位应该能基于消费者视角,反映消费者从品牌中所获得的利益。有效的差异点必须阐述清楚为什么吸引消费者。换言之,消费者到底能从独特的属性中获得什么利益?这些是品牌定位的基础。

品牌定位中理想成分和感性成分两者共存的二元性极其重要。换言之,好的定位包括的差异点和共同点,如同“大脑”与“心脏”。

(六)定义品牌箴言

品牌定位描述了一个品牌如何在特定的市场有效地和竞争对手进行竞争。然而,在许多情况下,单个品牌可以横跨多个品类,从而具有不同的(但是相关的)定位。随着品牌发展并跨越品类,营销者会定义反映品牌“精神与灵魂”的品牌箴言。

1. 品牌箴言

为了更好地创建品牌所代表的含义,定义品牌箴言通常是很有作用的。品牌箴言(brand mantra)很短,通常用3~5个单词的短语表现品牌内涵的精要以及品牌定位和品牌价值的精神。品牌箴言类似于“品牌精髓”或“核心品牌承诺”,其目的是使公司内部员工以及外部市场营销伙伴理解品牌对于顾客所代表的最基本含义,从而调整他们自身的相应行为。

品牌箴言是个强有力的工具,可以用来指导在品牌下可推出哪些产品,进行哪些广告策划,以及品牌产品应该在哪里、以何种方式销售。

品牌箴言有助于品牌保持一致形象。无论何时,一旦消费者或顾客接触品牌——无论以哪种方式或形式——他对此品牌原有的认知都会改变,从而影响品牌资产。

2. 品牌箴言的设计

好的品牌箴言由哪些元素构成?品牌箴言必须能够很简要地表达本品牌是什么,不是什么。一个优秀的品牌箴言应该具备哪些特点。品牌箴言在本质上的结构相同,用三个词语概括为:情感性修饰语、描述性修饰语和品牌功能。

品牌功能(brand functions)描述了产品或服务的性质,或者是品牌提供的体验和价值的形式。这种功能不仅可以使用具体语言表达产品本身所属品类,而且可以延伸至更加抽象的概念,如耐克和迪士尼,能与不同产品所提供的某种更高层次的体验或者价值相联系。描述性修饰语(descriptive modifier)进一步阐明了品牌的性质。品牌功能和描述性修饰语结合在一起,描绘了品牌边界。最后,情感性修饰语(emotional modifier)是另一种修饰,即品牌如何准确地向顾客提供利益,以何种方式提供。

设计品牌箴言要注意以下几点。

①只有理解品牌箴言的整体含义,才能发挥其功能。其他品牌也许只是在构成品牌箴言的一个或几个联系上体现强势。要想使本品牌拥有有效的品牌箴言,就不能容许各个方面都优于本品牌的竞争者存在。

②品牌箴言最典型的用处是可以抓住品牌的差异点,即品牌的独特之处。品牌定位的

其他方面,尤其是品牌的共同点也是很重要的,也可以从其他方面得到增强。

③由于品牌面临快速成长,品牌功能术语对于合适或不合适的品类延伸,能提供关键指导。对于相对更稳定品类中的品牌,品牌箴言也许更多地聚焦于差异点,这可由功能性修饰语和情感性修饰语来表达,甚至不包括功能性修饰语。

3. 品牌箴言的应用

品牌箴言的开发应当与品牌定位同时进行。如前所述,品牌定位通常是通过某种形式的品牌审计或者其他活动详细研究品牌的结果。开发品牌箴言可以借助这些活动的成果,同时也需要更多的内部研究,以及众多员工和营销者的意见。

这种内部研究实际上是用来确定当前每个员工如何影响品牌资产,以及对品牌的健康发展如何做出贡献的。

品牌定位通常可以归纳为几句话或者一段文字,以阐述理想的应该被消费者认同的核心品牌联想。基于这些品牌联想,可以采用头脑风暴法来征集品牌差异点、品牌共同点和不同的候选品牌箴言。最后入选的品牌箴言应该考虑品牌的传播性、简洁性和启发性。

二、品牌共鸣和品牌价值链

(一)创建强势品牌的四部曲

根据品牌共鸣模型,创建强势品牌需要四个步骤:

(1)确保消费者对品牌产生认同,确保在消费者的脑海中建立与特定产品或需求相关联的品牌联想;

(2)战略性地把有形、无形的品牌联想与特定资产联系起来,在消费者心智中建立稳固、完整的品牌含义;

(3)引导消费者对品牌做出适当反应;

(4)将消费者对品牌的反应转换成品牌共鸣,使消费者和品牌之间形成紧密、积极、忠诚的关系。

这四个步骤体现了消费者普遍关心的基本问题:

(1)这是什么品牌?(品牌识别)

(2)这个品牌的产品有什么用途?(品牌含义)

(3)我对这个品牌产品的印象或感觉如何?(品牌响应)

(4)你和我的关系如何?我们之间有多少联系?(品牌关系)

这四个问题对应了括号中相应的品牌四部曲。注意四个步骤的品牌阶梯(branding ladder),在建立品牌识别之后,方可考虑品牌含义;而只有在确定正确的品牌含义之后,才可能有品牌响应;也只有在引导适当的品牌响应之后,才可能建立品牌关系。

1. 品牌显著度

树立良好的品牌形象需要在顾客中建立较高的品牌显著度。品牌显著度(brand salience)测量了品牌认知程度的各个方面,如在不同情形和环境下,品牌出现的频率如何?品牌能否很容易被回忆或识别出来?需要哪些必需的暗示或提醒?品牌的认知程度有多高?

品牌认知是在不同情形下顾客回忆和再认出该品牌的能力,并在记忆中将品牌名称、标识、符号等元素与具体品牌联想联系起来。特别地，建立品牌认知能帮助顾客了解品牌竞争的范围和类别，还能使顾客确信该品牌能满足其需求。也就是说，该品牌能为顾客提供的基本功能有哪些。

(1)品牌认知的广度和深度

品牌认知赋予产品具体的品牌识别，将品牌元素与产品类别、品牌联想、消费和使用情境联系起来。品牌认知深度是指品牌元素在人们脑海中出现的可能性及难易程度，如一个很容易被回忆起的品牌和一个只有在呈现后才能被识别出来的品牌相比，前者的品牌认知深度更深。品牌认知广度是指品牌购买和使用情境的范围，品牌元素是否呈现在脑海中在一定程度上取决于记忆中产品、品牌知识的组织情况。

(2)品类结构

为了完全理解品牌回忆这一概念，重要的是理解“品类结构”(product category structure)这一概念，或者说产品类别在记忆中是如何被组织起来的。很典型的是，营销者可以假设产品分为不同级别的种类，并且以层级方式组织起来。因此，在消费者的脑海中，产品之间的等级差异的确存在，第一层次是产品信息，其次是产品类别信息，再次是产品型号信息，最后一层是品牌信息。

在人们脑海中长期存在的品类等级，对品牌认知、品牌考虑集和消费者的购买决定有着重要影响。比如，消费者经常采用自上而下的方式进行决策。首先将决定是购买水还是其他种类的饮料。如果消费者选择有味道的饮料，那么接下来考虑的是选择酒精类或非酒精类饮料等。最后，消费者可能在感兴趣的品类中选择一个具体品牌。

品牌认知的深度关系到品牌在脑海中出现的可能性；品牌认知的广度则关系到品牌在脑海中出现的不同场合。总的来说，在许多不同的消费场合中，软饮料具有最广的品牌认知广度。在任何时间、任何场合，消费者可能都会想到饮用可乐，而对于诸如酒、牛奶、果汁之类的饮料，能想象的消费情境则非常有限。

(3)战略启示

产品层级不但关系到品牌认知深度，而且关系到品牌认知广度。换言之，品牌不但必须位于心智之首，而且必须在适当的时机出现在适当的场合。

品牌认知的广度经常被忽视，甚至那些领导者品牌也会忽视。对于多数品牌而言，首要问题不是消费者能否记起该品牌，而是他们在什么地方、什么时候会想到该品牌，以及想起该品牌的容易程度和频率。许多品牌和产品在一些可能会使用的情境下被消费者遗忘或者忽视。对这些品牌而言，提高销售的最佳路径也许不是改善消费者态度，而是提高品牌显著度和品牌认知的宽度，这样消费者可能会考虑使用该品牌，从而提升销售量。

总之，在其他适当的消费场合中，试图改变消费者对品牌的现有态度，的确要比提醒消费者已有的品牌态度更加困难。

2. 品牌功效

产品本身是品牌资产的核心，因为它会影响消费者使用该品牌的经历、他们从别人那里得知关于该品牌的信息，以及公司传播的关于该品牌的信息。无论产品是有形产品、服务、组织，还是个人服务类，设计和提供能完全满足消费者需求和欲望的产品，是成功营销的先决条件。为了创建品牌忠诚和品牌共鸣，营销者必须确保消费者的产品体验至少符合其期望。无数研究表明，高品质的品牌财务绩效更好，带来的投资回报也更高。

品牌功效(brand performance)是指产品或服务满足顾客功能性需求的程度。品牌功效超越了产品组件本身的性能,还含有品牌差异化的维度。通常,最强势的品牌定位依赖于品牌功效优势,并且品牌通常很少能克服产品功效差的缺陷。

3. 品牌形象

品牌含义的另一种主要类型是品牌形象。品牌形象与产品或服务的外在属性有关,包括品牌满足顾客心理和社会需求的方式。品牌形象是指人们如何从抽象的角度,而不是从现实的角度理解一个品牌。因此,品牌形象更多的是指品牌的无形元素。顾客可以从自身经历中直接形成品牌形象联想,也可以通过广告等其他信息渠道(如口碑)间接形成品牌形象联想。一个品牌会有许多种无形资产:①用户形象;②购买及使用情境;③品牌个性与价值;④品牌历史、传统及体验。这四类尤为重要。

(1)用户形象

以某护肤品与身体护理品品牌为例,其品牌形象非常丰富,无形品牌联想包括:①家庭/共享体验/母爱;②多用途;③经典/永恒;④童年记忆。而奢侈品通常具有更多的无形品牌。

消费者形象。一类品牌形象联想由使用该品牌的个人或组织形成。这种品牌形象一般会在现实用户或更多的潜在用户中产生心理图景。用户也许会把对典型或理想的品牌用户的联想建立在人口统计因素或者抽象的心理因素基础之上。人口因素包括以下几个方面:性别、年龄、种族、收入水平等。

心理因素或许包括对生活、职业、财产、社会问题、政治机构的态度。例如,一个品牌的使用者也许被认为是打破旧习的典范,或者是更为传统或者保守的人物。

在 B2B 的环境中,用户形象或许与组织的规模和类型有关。用户形象不仅集中于个人的特性,而且涉及消费群整体的感觉。例如,消费者会由于某个品牌被许多人使用而把它视为大众化的品牌或市场的领导者。

(2)购买及使用情境

购买和用途第二类联想是指人们能或应该在何种情况下购买并使用该品牌。即联想和渠道类型,如百货商店、专卖店或者直接通过互联网,以及购买和相关回报的便利程度(如果有的话)相关。

特定使用情境的品牌联想与使用该品牌的时间有关(某天、某周、某月或某年),与地点有关(室内还是户外),与在何种活动中使用有关(正式或非正式)。

(3)品牌个性和价值

通过顾客体验或营销活动,品牌也同样传递出个性特质或人类价值。品牌如人,会呈现"时尚""守旧""活力四射"或"怪诞"的个性。例如,某品牌个性的五个维度分别是:真诚(如朴实、诚实、健康、愉快)、激情(如勇敢、富有想象力)、能力(如可靠、睿智、成功)、老练(如高端、有魅力)、粗犷(如外向、硬朗)。

品牌个性是如何形成的?品牌的任何一方面,都可以被消费者用来推测品牌个性。一项研究表明,消费者对非营利企业的感知,较营利性企业更为"温暖",但同时感觉能力不足,因此,消费者不太愿意选择购买非营利企业的产品。但是,当得到来自权威媒体的信用背书时,消费者会感知这类非营利企业的能力提高了,因此,购买的疑虑会被打消。

尽管营销的方方面面都会影响到品牌个性,但是营销传播和广告的影响力或许最大,因为消费者会对广告中的用户或使用情境进行推断和判断。例如,广告可以通过拟人化技术赋予品牌人格化特征,使用拟人技术和品牌形象,以及利用用户形象等。更普遍的是,广告中代言人、创造性战略的风格，以及广告所激发出来的感情或感觉等，都会影响品牌个性。一旦品牌个性形成，消费者就很难再接受与该品牌个性不相符的信息。

此外，用户形象与品牌个性并非总是一致的。当顾客关注的重心是产品质量时，例如食品，品牌个性和用户形象之间并不紧密相关。品牌个性和用户形象两者之间存在差距也有其他原因，例如，某矿泉水品牌在发展的早期，一度被认为是“高档的”和“时尚的”品牌，然而它的用户形象却与之并不完全一致，表现为“浮华的”和“流行的”。

然而，当用户形象和用途对消费者抉择来说举足轻重时，品牌个性和品牌形象往往会相互联系（比如，汽车、啤酒、白酒、香烟和化妆品等）。

（4）品牌历史、品牌传承和体验

消费者对品牌历史及一些特定的重要事件容易产生品牌联想。这种联想包含个人的经历和往事、家人和朋友过去的行为等。因此它可以是完全个人的，也可以是很多人共同拥有的。例如，在营销活动中，产品或包装的颜色、生产该产品的公司或人、产品的原产国、产品销售的商场类型、品牌赞助的事件、品牌代言人等，都会产生品牌联想。这些联想有助于创建强烈的差异点。此外，对于品牌历史、传统和体验的联想，会产生更加具体的品牌用户形象。极端的例子是，品牌成为多类联想集合的符号，并融入顾客永恒的希望与梦想。

4. 品牌判断

品牌判断（brand judgements）主要是指顾客对品牌的个人喜好和评估。它涉及消费者如何将不同的品牌功效与形象联想结合起来以产生不同的看法。顾客对品牌通常会形成种种不同的判断，但主要有四种类型：品牌质量、品牌信誉、品牌考虑和品牌优势。

（1）品牌质量

品牌态度是指消费者对品牌的整体性评价，它是消费者选择品牌的基础。消费者的品牌态度通常依赖于品牌的具体属性和利益。例如，消费者对喜来登酒店的品牌态度，依赖于他们在多大程度上相信这个连锁酒店的品牌具有对消费者来说非常重要的特定联想，如地点的便利、房间的舒适、设计和外观、员工的服务质量、娱乐设施、用餐服务、安全和价格等。

消费者对品牌会形成一系列的品牌态度，但其中最重要的是感知质量、顾客价值及满意度。感知质量是品牌资产测量方法中的重要指标。在 Harris Interactive 机构所做的 Equi Trend 年度调查中，20 000 名年龄在 15 岁以上的顾客从涵盖 46 个品类的 1 200 个品牌中随机选出 60 个品牌，进行数个维度的评分，这些维度分别是：品牌资产、顾客联结、顾客承诺、品牌行为、品牌拥护和品牌信任。品牌资产得分最终由测量的品牌熟悉度、品牌质量和购买意向计算确定。

（2）品牌信誉

顾客也可能会对品牌背后的公司或组织形成判断。品牌信誉（brand credibility）是指顾客根据专业性、可靠性和吸引力三个指标判断品牌可以信任的程度。具体有三个方面的含义：一是该品牌是否具有能力和创新性，是不是市场的领导者（品牌专业性）？二是该品牌是不是可以依赖的并把顾客利益放在重要位置（品牌可靠性）？三是该品牌是否有趣，值得消费者付出时间（品牌吸引力）？换言之，品牌信誉反映了顾客是否认为品牌背后的公司或组织是优秀的，公司是否关心顾客及其消费偏好。

（3）品牌考虑

具有良好的品牌态度和品牌信誉是重要的，但如果顾客没有真正考虑购买或使用该品牌的话,那是远远不够的。品牌考虑取决于个人消费者是如何看待该品牌的,它是建立品牌资产的关键一步。无论某个品牌被捧得有多高,或有多高的信誉度,除非人们认真地考虑该品牌,否则他们将远离该品牌,并且永远不会购买它。品牌考虑在很大程度上取决于强有力的、偏好的品牌联想成为品牌形象一部分的程度。

(4)品牌优势

品牌优势是指顾客认为一个品牌比其他品牌更为独特的程度。换言之,顾客是否相信该品牌具有其他品牌所没有的优势?品牌优势对于建立紧密、积极的顾客关系来说举足轻重,而且在很大程度上依赖于独特的品牌联想的数量和属性,正是这些品牌联想构成了品牌形象。

5. 品牌感受

品牌感受(brand feelings)是指消费者在感情上对品牌的反应。品牌感受同样与由该品牌所激发出来的社会流行趋势有关。品牌的市场营销战略或其他手段能够激发起怎样的感受?品牌是如何影响消费者对自己的感受以及他们与别人之间的关系的?这些感受可能是温和的,也可能是紧张的;可能是正面的,也可能是负面的。

品牌所激发的这种感情可以在购买或使用该产品时强烈地感受到。研究人员把移情广告(transformational advertising)定义为改变消费者关于产品实际使用体验的感知的一类广告。越来越多的公司正试图给品牌注入消费者的感情。以下是品牌感受的六种主要类型。

(1)温暖感

品牌能让消费者有一种平静或者安详的感觉。消费者可能对该品牌怀有感伤、温暖或者是挚爱的心情。

(2)乐趣感

品牌能让消费者感到有趣、轻松、开心、好玩、愉悦等。例如,因卡通形象和主题公园,迪士尼品牌通常引起人们有趣的联想。

(3)兴奋感

品牌让消费者充满活力,并感到他们正在做一些特殊的事情。那些能唤起消费者兴奋感的品牌可以让他们感到欢欣鼓舞,觉得自己很酷、很性感等。

(4)安全感

品牌能给予消费者安全、舒适和自信的感觉。通过使用该品牌,消费者不再感觉到以往的不安和焦虑。

(5)社会认同感

消费者会觉得周围人眼里的自己看起来在言行举止方面都很棒。这种认同要么直接源于对某品牌的认可,要么源于使用了该产品。

(6)自尊感

品牌能让消费者觉得自己很优秀,他们会有一种自豪感和成就感。如某知名洗衣粉品牌,对于多数家庭主妇而言,就是“能为家庭做最棒的事”的品牌。

上述六种感受类型可分为两大类别:前三种类型的感受是即时的和体验性的,其强度会不断增加;后三种类型的感受是持久性的和私人的,其重要性会不断增加。

6. 品牌共鸣

品牌共鸣是通过顾客与品牌的心理联系的深度和强度来衡量的,同时也通过他们的行为形成的品牌忠诚来体现(例如,重复购买率、顾客搜寻品牌信息的程度,以及其他忠诚的顾客群)。我们可以将品牌共鸣的这两个维度分解为行为忠诚度、态度依附、社区归属感和主动介入四个方面。

(1)行为忠诚度

行为忠诚(behavioral loyalty)可以用重复购买同一品类的数量或份额来衡量。品类份额是指顾客购买一个品牌的频率及数量。从财务角度来看,品牌必须具有足够的购买频率和数量。行为忠诚度高的顾客终身价值巨大无比。例如,刚做父母的家庭,若每月花在尿不湿上的钱是 100 美元,以 24~30 个月计,则仅一个小孩的终身价值就是 3 000 美元。

(2)态度依附

行为忠诚对产生品牌共鸣来说是必要条件,但不是充分条件。一些消费者并不是出于必需而购买,而是因为只剩下该品牌的产品,或者消费者只买得起这种品牌,或其他原因。然而,品牌共鸣要求强烈的个人依附(attachment)。广义而言,顾客除了具有积极的品牌态度外,还会产生特殊的情感。例如,对某种品牌具有特殊偏好的顾客有理由认为自己是喜欢这种品牌的,或认为它是自己所喜爱的财产,或者认为这是他们所希望得到的些许满足感。

研究表明,仅有满足感是不够的。施乐公司发现如果用 1 分(完全不满意)到 5 分(十分满意)来衡量消费者满足感,那么那些认为公司的产品和服务可以得 4 分——即较满意的消费者背叛公司从而投奔其他竞争对手的可能性是选择 5 分的消费者的 6 倍。

类似地,顾客忠诚度专家弗雷德里克·雷奇汉(Frederick Reichheld)指出,尽管超过 90%的汽车购买者在把车开出展厅后是满意的,或可以说是非常满意的,但是只有不到一半的人会再次购买同样品牌的汽车。要创造出更高的品牌忠诚度,需要产生更强烈的态度依附,这可以通过能满足消费者需求的营销战略、产品和服务来实现。

(3)社区归属感

在社区归属感方面,品牌对于顾客而言可能会呈现出更广的意义。对品牌社区的认同,反映了一种重要的社会现象。在品牌社区内,顾客基于品牌而相互之间形成关联。这些联系涉及品牌使用者或者顾客,或者公司员工和公司代表。品牌社区可以是在线的,或者是线下的。在忠实用户中形成强烈的品牌社区归属感,能产生积极的品牌态度和意向。

(4)主动介入

最后,也许最显著的品牌忠诚度,表现为消费者自愿投入的时间、精力、金钱,以及其他超越购买该品牌所必需的花费。例如,消费者会选择加入与该品牌有关的俱乐部,接收产品和更新信息,与其他产品使用者或该品牌正式的或非正式的代表交换产品信息。公司应该不断致力于让消费者更容易买到更多的品牌,这样消费者才能真正地表达其忠诚度。

7. 创建品牌的启示

品牌共鸣模型为品牌创建提供了路标和指导。它不仅提供了一个标准,品牌能够用这个标准评定品牌建设成果的进程,而且提供了营销调研启动的指导。就后者而言,模型的一种应用是品牌追踪,且提供显著度、功效、形象、判断、感受和共鸣 6 个评估标准,评估品牌建设的成果是否成功。品牌共鸣模型也强化了大量重要的品牌创建原则,我们接下来讨论其中 5 条特别值得注意的原则。

原则 1:顾客拥有品牌。

品牌共鸣模型的基本前提是,能正确地衡量品牌实力的工具是顾客对该品牌的想法、感受和做出反应的方式。最强势的品牌是那些消费者强烈依附、充满热情的品牌，以至于消费者会成为品牌的传教士，并试图通过口碑传播让其他人分享对于品牌的信念。品牌的力量和它对于公司的最终价值，存在于顾客之中。

顾客通过了解和体验品牌使企业可以获得品牌资产的收益。虽然营销者必须对设计和实现最大功效的品牌建设营销方案负责，但是最终决定营销是否成功的是顾客如何反应。

原则 2：品牌创建无捷径。

品牌共鸣模型强调了品牌创建无捷径这个事实。伟大的品牌绝非偶然建立的，而是通过一系列紧密相关的步骤（外显或含蓄的）精心打造而成。外在的措施越清晰，目标越具体，营销人员就会越关注，并尽最大努力创建品牌。因此，建立强势品牌的时间直接与形成充分的认知和了解所花的时间成比例，而对品牌持有信心是品牌资产的基础。

建立品牌的各个步骤不一定同等艰难。建立品牌认知能够在短期内通过有效的营销计划完成。遗憾的是，很多营销者都想跳过这个步骤，他们错误地认为快速建立品牌形象才是当务之急。对于顾客来说，赞扬品牌的优点和独特性是困难的，除非他们对“品牌想做什么”或“品牌的竞争对手是谁”这些问题多少有些相关的了解。同样，对于顾客来说，在没有完全正确理解品牌的各方面情况与特征时，给予品牌高度肯定的回应是很难的。

即便由于市场环境因素，顾客开始重复购买该品牌产品或者对品牌表现出忠诚度，也不是因为他对品牌有很多潜在的感受、判断或联想。不过，其他品牌建立的阶段终将发生在某一时间从而产生真实的共鸣。虽然起点可能不同，但是运用相同的步骤进行品牌建设最终会创造一个真实的强势品牌。

原则 3：品牌应该兼有二元性。

基于顾客的品牌资产模型强调的重点是，强势品牌具有二元性。强势品牌对我们的理性和感性都有吸引力。因此，虽然可能有两种不同方法来建立忠诚度和共鸣，但是强势品牌往往兼而有之。强势品牌与产品功效和形象共同创造消费者对品牌的丰富的、多样的、互补的反应。

通过理性和感性的吸引，强势品牌在竞争攻击减少时，可以为顾客提供多个指向品牌的通道。理性的关注能够满足功能性的需求，而感性的关注能满足心理或感情上的需求。经过研究表明，在理性或感性方面具有独特性的品牌，对股东价值贡献更大，尤其是当两者相互配合时。

原则 4：品牌应具有丰富的内涵。

品牌共鸣模型中重点突出了与顾客建立品牌含义的可行方法，以及引起顾客共鸣的途径范围。一般来说，品牌含义的诸多方面及其顾客响应，能产生顾客与品牌的强有力联结。构成品牌形象的不同联想，能强化、帮助提高对其他品牌联想的偏好度，也可能帮助增加独特性或弥补潜在的不足。强势品牌既有广度（根据二元性），也有深度（根据丰富性）。

同时，没有必要期望品牌在其核心价值的所有维度及类别上均获得高分。品牌创建的阶段有自己的层级结构。比如，关于品牌认知，在通过满足需求或提供利益试图扩张品牌广度的战略之前，首要的是建立品类识别。至于品牌功效，在试图连接附加、更外围的联想之前，有必要首先将主要特性和相关特征进行关联。

同样，品牌形象一般由相当具体的、最初的使用者和使用形象开始，随着时间的推移，导致更显著、更抽象的个性、价值、历史、传统和体验的品牌联想。

品牌感受通常从体验性(如温暖感、乐趣感和兴奋感)和内在性(如安全感、社会认同感和自尊感)开始。最后,品牌共鸣还有一个清晰的排序,行为忠诚度是起点,而态度依附或社区归属感对于主动介入是必不可少的。

原则5:品牌共鸣是重要的焦点。

如果把品牌共鸣想象成为一个金字塔,那么品牌共鸣就是品牌共鸣模型的金字塔塔尖,是营销决策的焦点和重点。在创建品牌时,营销者应该以品牌共鸣为目标和手段,来诠释与品牌相关的营销活动。问题是营销活动在多大程度上会影响品牌共鸣的关键维度——顾客忠诚度、态度依附、社区归属感或者对品牌的主动介入?建立品牌功效、品牌联想、顾客判断和感受的营销活动,能否支持品牌共鸣的这些维度?

然而必须承认,事实上让顾客对他们购买和消费的所有品牌都形成一种密切的、积极的忠诚关系是不可能的。因此,一些品牌比其他品牌对顾客更有意义,部分原因是其产品或服务的本质、顾客的特征等。相较而言,有些品牌在引起共鸣方面更具潜力。在这种情况下,当很难建立多种感受和形象联想时,营销者不可能获得有关品牌共鸣的进一步资料(如主动介入)。不过,从品牌忠诚的广义角度而言,营销者可能了解顾客对品牌更全面的欣赏和它是如何与顾客联系起来的,通过定义品牌的适当角色,应该能达到品牌共鸣的较高境界。

(二)品牌价值链

确定品牌定位和建立品牌共鸣对营销目标至关重要。为更好地理解营销投入的投资回报率,了解另一个工具也非常必要。品牌价值链(brand value chain)是一种评价哪些营销活动创造品牌价值,以及评价品牌资产的来源和结果的结构化方法。品牌价值链认识到组织中有许多人能够潜在地影响品牌资产,并且必须认识到与此相关的品牌效应。品牌价值链可以为品牌经理、首席营销官、总经理和首席执行官提供支持的信息。

品牌价值链有几个基本前提。与品牌共鸣模型相一致,它假设品牌价值最终源于客户。根据这个思想,模型的第二个假设是,品牌价值创造过程始于公司投资于某一项针对实际或潜在客户的营销方案(阶段1)。然后,相关的营销方案会影响顾客心智——即顾客对品牌的所知所感——就像品牌共鸣模型所反映的一样(阶段2)。大量顾客所形成的心智会在市场形成品牌业绩——也就是有多少顾客,在何时购买,以及为品牌所支付的价格是多少,等等(阶段3)。最后,投资团体注意到该市场业绩,以及其他一些置换成本、并购价格等因素,然后达成股东总体价值评估,并专门评估品牌价值(阶段4)。

这个模型同时也假设了介于这些阶段当中的一些相关因素。这些相关因素决定了在某一阶段所创造的价值能够转移或是增值到下一阶段的程度。三个增值过程调节着营销项目和接下来的三个价值阶段,这三个价值阶段分别是项目增值阶段、顾客增值阶段、市场增值阶段。

1. 价值阶段

品牌价值创造始于公司所采取的营销活动。

营销项目投资。凡是能够对品牌价值发展做出贡献的任何营销项目投资,不管是有意的还是无意的,都属于第一个价值阶段。然而,大量的投资并不能保证品牌价值创造的成功。营销项目投资能够沿着价值链进一步转移或是增值的能力,取决于经由项目增值过程的营销项目及其定性方面。

（1）项目增值过程

营销项目影响顾客心智的能力，取决于该项目投资的质量。在本书中，列举了多种判断营销项目质量的方法。为便于记忆，其中关键原则单词的首字母可以缩写为 DRIVE，具体阐述如下。

①独特性（distinctiveness）：该营销项目的独特性如何？创新性或差异性怎样？

②相关性（relevance）：对于顾客而言，营销项目的意义有多大？消费者认为该品牌是经过深思熟虑的吗？

③一致性（integrated）：营销项目前后一致并很好地融合在一起吗？营销项目的各个方面能否结合到一起，从而产生最大的影响？目前的营销项目能否与以前的营销项目有效地衔接，妥当地对持续性和变化性进行平衡，从而把品牌引入正确的方向？

④价值性（value）：该营销项目能创造的短期价值和长期价值分别是多少？短期内是否能提升销量？长期内能否建立品牌资产？

⑤卓越性（excellence）：单个的营销项目能否符合最高标准？具体某类营销活动能否反映公司愿景？

毫无疑问，经过仔细设计和实施的、与顾客高度相关的、具有独特性的营销项目，很有可能从该项目的支出中获得巨大的投资回报。

另一方面，许多营销者发现昂贵的营销项目并不一定能够产生销售额，除非这些营销项目是精心构思的。例如，尽管有大量的营销支持，但是由于目标不明确和没有很好地执行营销活动，某品牌多年来的销售额明显下降。

（2）顾客心智

营销方案的实施使顾客出现了哪些变化？这些变化是如何在顾客的心智中体现出来的？

请记住一个事实，顾客的心智包括存在于顾客思维当中任何与品牌相关的所有事物：思想、感情、经历、形象、感知、信念、态度等。总体而言，品牌共鸣模型包括顾客心智的很多方面。下面以“5B”概括共鸣模型中测量顾客心智的五个重要维度。

①品牌认知（brand awareness）：是指品牌被顾客回忆、再认的容易程度，以及顾客根据相应的品牌联想，识别产品和服务的程度。

②品牌联想（brand associations）：对这个品牌所感知到的属性和利益的强度、偏好性以及独特性。品牌联想通常代表品牌价值的主要来源，因为正是通过品牌联想这种方式，顾客感到品牌能够满足他们的需要。

③品牌态度（brand attitudes）：关于品牌质量和品牌满意度的总体评价。

④品牌依附（brand attachment）：顾客对品牌的忠诚度。一种强烈的依附、忠诚（adherence）状态——顾客拒绝改变，以及品牌经受如产品或服务失败等负面新闻的能力。在极端的情况下，依附甚至能够变成一种嗜好（addiction）。

⑤品牌活动（brand activity）：顾客使用品牌，与他人谈论品牌，搜索有关品牌信息、促销及事件等的程度。

这五个维度与品牌共鸣模型可以很容易发生关联（认知和显著度之间，联想和绩效、形象之间，态度和判断、感受之间，依附、活动和共鸣之间）。在品牌共鸣模型中，价值的五个维度存在着明显的层次。品牌认知支撑着品牌联想，品牌联想驱动品牌态度，由此又导致了品牌依附和品牌活动。当顾客有：①深刻的、宽泛的品牌认知；②强有力的、偏好的、独特的品牌联想;③积极的品牌态度;④强烈的品牌依附和忠诚;⑤高水平的品牌活动时,品牌价值就产生了。

就创建品牌资产和品牌价值而言,形成适当的顾客心智是十分关键的。在下一个阶段,顾客心智创造价值的能力,取决于我们称之为市场环境乘数的外部因素,我们将在以下部分讨论这一内容。

①市场环境乘数。除了消费者个体,顾客心智价值影响市场业绩的程度,还取决于以下三个因素。

a. 竞争优势:竞争对手品牌的营销投资有效性如何?

b. 渠道和其他中间商的支持:各种营销伙伴所推行的品牌强化和推销努力的程度怎样?

c. 顾客的规模和情况:有多少顾客、什么类型的顾客被品牌吸引?其盈利性如何?

当竞争对手没能形成明显的威胁,当销售渠道成员和其他中间商提供了强有力的支持,当一定数量的可盈利顾客被这个品牌吸引时,顾客心智所创造的价值将会转化成为良好的市场业绩。

②市场业绩。顾客的心智以六种主要方式和市场相互作用。前两个与溢价、价格弹性有关。消费者愿意为品牌额外支付多少?当价格上涨或下降时,这种品牌的产品需求会减少或增加多少?第三个维度是市场份额,用以评估驱动这种品牌销售量的营销项目成功与否。总的来说,这三个维度决定了该品牌的直接收入。品牌价值会由于更高的市场份额、更大的溢价,以及对价格下降更富有弹性和对价格上升更缺乏弹性而得以创造。第四个维度是品牌延伸,是指品牌成功支持品类延伸或新产品进入相关品类。该维度衡量了品牌增加收益的能力。第五个维度是成本结构,或者更准确地说,是由于品牌成功占据顾客心智而减少的营销费用。当顾客对一个品牌已经具有积极的评价和丰富的知识时,在同一个营销费用水平下的任何营销方案都将更加有效;或者说,由于广告更容易记住、销售效率高等原因,获得相同的效果只需要更低的成本。当把这五个维度综合起来考虑时,就产生了品牌的盈利性,即第六个维度。

根据股票市场的评估,在这个阶段所创造的达到最后一个阶段品牌价值的能力,取决于外部的一些因素,这一次是投资者情绪乘数。

③投资者情绪乘数。金融财务分析专家和投资者在进行品牌评估和投资决策时要考虑许多因素。例如市场动态、增长潜力、风险情况和品牌贡献等。

如果公司在一个非常健康的行业中运作,没有巨大的环境阻力或阻碍,品牌对公司的收益做出巨大贡献,且具有光明的前景,该品牌在市场中创造的价值就很容易在股东价值中反映出来。

另一方面,许多公司痛斥了它们所认为的市场低估。例如,像科宁这样重新定位的公司发现,过去延迟的投资者的感知使他们很难认识到这些公司所认为的真正的市场价值。科宁公司过去的传统在于器皿和炊具,而今则是更多强调通信,平面仪表盘,以及环境、生命科学和半导体产业等。

④股东价值。基于品牌当前可用和预期的所有信息,以及其他许多因素,金融市场能够形成意见并做出对品牌价值有直接财务含义的各种评估。三个尤为重要的指标是股价、价格/收益比率,以及公司的整个市场资本总额。研究表明,强调品牌不但能为股东带来丰厚回报,而且风险更小。

2. 营销启示

根据品牌价值链，营销者首先通过在他们的营销项目中精明的投资创造价值，然后尽可能地使项目、顾客、市场增值过程最大化，从而把投资转变为财务收益。品牌价值链还提供了一种结构化方法，让经理们了解价值创造的阶段和方式，以及流程的改进。对于组织不同部门和成员而言，某些阶段具有重要意义。

品牌经理和品类营销经理可能对顾客心智和营销项目对顾客的影响比较感兴趣。另一方面，首席营销官可能对市场业绩和顾客心智对实际市场行为的影响比较感兴趣。最后，一个董事或 CEO 很有可能对股东价值和市场业绩对投资决策的影响比较感兴趣。

品牌价值链能带给我们一系列启示。第一，价值创造始于营销项目投资，因此，创造价值必要而非充分的条件是资金充足、设计良好、执行严格的营销项目。营销者不劳而获的情况是很少见的。

第二，创造价值不仅仅要求最初的营销投资。三个增值过程中的每一个过程都能够在向下一个过程转变过程中增加或减少市场价值；换句话说，价值创造也意味着要确保价值从一个阶段向另一个阶段的转移。遗憾的是，在很多情况下，一些能够阻止价值创造的因素在很大程度上是营销者无法控制的（比如投资者的行业情况）。认识到这些因素的不可控性有助于正确地分析一个营销项目对创造品牌价值的成功或失败的影响程度。正如教练不应该对主要运动员受伤或因财政困难而很难吸引到顶尖运动员之类的不可预测的情况负有责任一样，营销者也没有必要对某种市场力量和市场动态变化负有责任。

第三，品牌价值链给追踪价值创造提供了一张详尽的路线图，这张路线图能够为营销调研提供方便。每个阶段和增值过程都有一套相应的评估方法。总的来说，有三个主要的信息来源，并且每一个信息来源都接近于某一阶段或某一增值过程。首先，营销项目投资是直接的并且来源于营销计划和营销预算。顾客心智和项目增值过程都能够被定性和定量的顾客分析评估。市场业绩和顾客增值过程都能够通过市场浏览和内部的会计记录来了解。最后，股东价值和市场增值过程都能够通过投资者分析和采访来评估。

第三节　品牌营销活动的设计与执行

品牌营销策略是以品牌输出为核心的营销策略，其设计与执行主要有选择品牌元素、设计营销方案、整合营销传播三步。

一、选择品牌元素

（一）选择品牌元素的标准

总体而言，选择品牌元素有六条标准：可记忆性、有意义性、可爱性、可转换性、可适应性、可保护性。前三个标准——可记忆性、有意义性和可爱性是营销者创建品牌资产的攻击性战略，后三项标准则是在提升和保持品牌资产面临不同的机遇和限制时，扮演防御性角色。接下来我们将对这些标准进行简要介绍。

1. 可记忆性

创建品牌资产的一个必要条件是取得高度品牌认知。品牌元素有助于取得高度品牌认知,这是因为品牌元素本身具有可记忆、引起注意的特性,因此在购买和消费场合中容易被回忆或者识别出来。

2. 有意义性

品牌元素可以涵盖各种意义,包括描述性的、说服性的等。品牌名称可以是人物、地点、动物或者其他东西等。

3. 可爱性

除了可记忆性和有意义性,品牌元素是否还具有美学上的吸引力?是否具备视觉、听觉,抑或其他方面的吸引力?即便脱离产品,品牌元素本身也可以形象丰富、具有乐趣。换句话说,除了具体产品或服务,消费者在多大程度上喜欢品牌元素?

一个易于记忆、富有意义、可爱的品牌元素具有很多优势,因为消费者在进行购买决策时通常并不关注太多信息,描述性和说服性元素减轻了营销传播的负担,建立了品牌认知,并将品牌联想与品牌资产关联起来。当几乎没有其他与产品相关的联想时尤其如此。通常,产品利益属性越模糊,品牌名称和其他反映无形特征品牌元素的创造性潜力就越重要。

4. 可转换性

可转换性测量的是品牌元素能在多大程度上增加新产品或新市场的品牌资产,主要包括以下两个方面。

第一,品牌元素对产品线和品类延伸能起多大作用?一般来说,品牌名称越宽泛,越容易进行品类间的转换。

第二,可转换性是指品牌元素能够在多大程度上增加区域间和细分市场间的品牌资产。这在很大程度上取决于品牌元素的文化内涵及语义效果。

5. 可适应性

由于消费者价值观和理念的变化,或者仅仅是要跟上潮流的需求,大多数品牌元素必须更新。品牌元素越是具有可适应性,它的更新也就越容易。

6. 可保护性

品牌元素的可保护性可以从法律和竞争两个角度去理解。营销者应该:

(1)选择可在国际范围内受保护的品牌元素;

(2)向合适的法律机构正式登记注册;

(3)积极防止商标遭受其他未授权的竞争侵害。

对品牌进行法律保护十分必要,这一点只需看看美国在使用未授权的专利、商标和版权中损失的几十亿美元就清楚了。

另一点需要考虑的是品牌在竞争方面是否容易受到保护。如果名称、包装或其他属性很容易被模仿,该品牌就失去了许多独特性。所以,很重要的一点是:要尽可能地降低竞争者仿制自己品牌元素的可能性。

(二)品牌元素的选择战术

想一下“苹果”作为个人电脑名称的好处。“苹果”一词简单、有名、独特,有助于品牌认知的加强。该名称的含义给公司带来一种友善和温暖的品牌个性。此外,配以一个很容易跨越地域和文化边界的标识,还可以使品牌在视觉上得到加强。最后,该名称还可充当子品牌的平台(如麦金托什),便于品牌延伸。所以,正如苹果案例所示,仔细挑选品牌名称对于品牌资产的创建来说十分重要。

那么,理想的品牌元素应当是什么样的呢?品牌名称也许是所有品牌元素中最核心的内容。最理想的品牌名称应该做到方便记忆、高度暗示产品等级及特殊利益、富有趣味、富于创造性、易于转换品类和区域、含义经久不衰,并且在法律和竞争上都能获得强有力的保护。

遗憾的是,要找到一个能满足以上所有标准的品牌名称是非常困难的。例如,品牌名称的含义越深奥,就越难转换到新的品类或翻译成其他语言。这也是需要选择多个品牌元素的原因。接下来我们讨论每个品牌元素需要考虑的主要问题。

1. 品牌名称

品牌名称是一个基本而重要的元素,因为它通常以非常简洁的方式,反映产品的内容和主要联想。品牌名称是沟通中极其有效的捷径。一则广告会持续半分钟,销售电话甚至长达数小时,不过顾客关注品牌名称并在记忆中搜索或激活其意义,仅需几秒钟。

因为在消费者心中,品牌名称与产品紧密相连,所以,营销者很难在产品推出后改变品牌名称。正因为如此,品牌名称常常要经过一番系统的研究后才能确定。

那么,要想出一个品牌名称是否很困难呢?艾拉·巴卡拉奇(Ira Bachrach)这位著名的品牌顾问说,尽管英语词汇多达10 000个,但一般的美国人仅掌握20 000个,而他的顾问公司NameLab只在7 000个词汇范围内为电视节目和广告设计名称。

虽然听上去选择很多,但每年都会有成千上万个新品牌注册为合法商标。事实上,要为新产品设计出一个令人满意的品牌名称,确实是一个艰难的过程。大多数好不容易想到的、理想的品牌名称已经被合法注册,因此,许多管理者不得不感叹:"好的名称都被占了!"

从某种程度上讲,有这样的困难不足为奇。家长们也往往在为孩子起名字时绞尽脑汁,每年几千个婴儿出生时还没有名字,因为他们的父母尚未最后决定或统一意见。像福特公司那样能为其"金牛座"汽车轻松地起个名字,是罕见的。

实际上,"金牛座"只是该车在设计阶段的代号,因为总工程师与产品经理两个人的妻子恰好都是金牛座。从客观上看,该名称也确实有一系列合意的特征,所以就被确认为该车的正式名称了,由此既节约了成千上万美元的额外研究咨询费用,也省却了诸多的麻烦。

(1)命名原则

为新产品选择一个品牌名称既是一门艺术,也是一门科学。和其他品牌元素一样,品牌名称的选择也必须遵循可记忆性、有意义性、可爱性、可转换性、可适应性和可保护性6个标准。

品牌认知一般来说,能提高品牌认知的品牌名称通常简明朴实并易于读写;亲切熟悉而富有含义;与众不同且独一无二。

品牌联想。因为品牌名称是交流的一种简化形式,所以消费者从中获取的明确和隐含的意义极为关键。在新的点对点沟通技术命名中,创始人起初着眼于介绍型的名称"Sky peer-to-peer",后来决定缩写为Skyper,当发现相应的网址Skyper.com已被占用后,再次缩写为更为用户喜欢的Skype。

品牌名称可以用来强化产品定位方面的重要属性或利益。除了考虑功能,品牌名称的选择还要考虑传达一些更加抽象的信息,比如"快乐"洗碗液、"爱抚"香皂、"沉醉"香水。

品牌名称并不仅仅局限于字母。文字数字型的品牌名称可能是字母和数字的混合体

(如 WI-40),或是单词与数字的混合体(如 Formula 409),或是字母、单词和数字的混合体(如 Saks Fifth Avemue)。文字数字型的品牌名称也可从特定的产品型号角度指示产品线的几代产品及其关系(如宝马的 3,5 和 7 系列)。

(2)命名步骤

为新产品命名可以有几个不同的步骤,如图 5-2 所示。

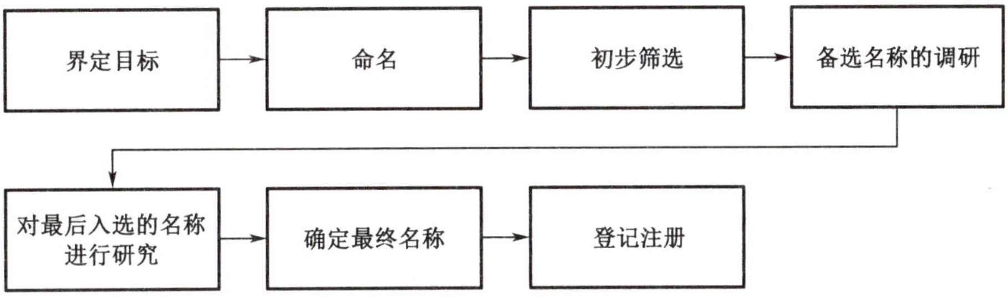

图 5-2　新产品命名步骤

2. URL

URL(统一资源定位器)是用来确定互联网上的网页地址的,通常称为域名(domain names)。任何人如果想拥有某个 URL,都需要向服务商(如 Register. corn)登记并且缴纳服务费。随着公司蜂拥而至寻求网络空间,注册登记的 URL 地址急剧增加。每三个字母的组合及常用英语字典的所有单词均已被注册。由于有大量注册的 URL 存在,如果某公司想要为其新品牌建立网站,可能就需要使用自造单词。比如,埃森哲咨询公司在选择新名称时,就使用了自造词汇"Accenture",其中部分原因就是 www. accenture. corn 尚未注册。

关于 URL 的另一个问题是,公司必须保护其品牌名称不被其他域名非法使用。为了保护品牌名称不被其他 URL 非法使用,公司可以起诉此 URL 的当前所有者侵权,或者从其手中购买此名称,或者事先把所有能想到的品牌名称的变异形式都作为域名进行注册。2010 年,网络蟑螂案件创下历史纪录。所谓网络蟑螂(cybersquatting)或域名非法抢注(domain squatting),根据官方定义,是指抢先一步去登记含有著名企业或名人商标的互联网域名后,再高价卖给该企业或名人以赚取暴利。在这些案件中,商标持有人通过 WIPO(联合国的代理机构)控告网络域名的侵权行为。

公司商标法律纠纷的前五大领域主要是:零售业、银行和金融业、生物技术和医药业、互联网和 IT 业以及时装业等。2009 年,通过《反网络域名抢注消费者保护法案》,花旗银行成功控诉中国的 Shui 公司,主要表现在:

(1)Shui 有通过使用域名 citybank. org 有不当获利的意图;

(2)其使用的名称和花旗银行独特或知名的符号极易混淆或有稀释影响,因此,Shui 被判支付花旗银行 10 万美元及相关法律费用。

有很多途径可以获悉目前已注册的总量达 2 亿的域名符号。随着域名市场的蓬勃发展,管理该行业的非营利组织 ICANN 已宣布,开始接受注册个性化的、无限制的 URL,该决定对企业具有深远影响,因为公司现在可以注册品牌 URL,佳能和日立就是首批在新域名政策下申请品牌名称的公司。

品牌回忆对 URL 非常重要,因为通过品牌回忆能增加消费者记住 URL 而登录网站的概率。在互联网鼎盛的时期,投资者愿意投入750万美元建立一个Business. com网站,花220万美元建立一个Autos. corn网站,花110万美元建立一个Bingo. com网站。但是,许多“常见名词”式的网站都失败了,并且招致了批评,因为这些名称过于普通。在这一时期,许多公司名称以小写的“e”或“i”开头,并以“net”或“syotems”结尾,尤其是以“com”结尾。在互联网泡沫破灭后,这反倒成为公司的负担,因为这迫使诸如Internet. com的公司将其名称改为一个更加普通的名称——INTMedia Group。

雅虎却建立了一个便于记忆的品牌名称和URL。杨致远和戴维·菲洛(David Filo)在查阅字典后,将他们的互联网门户网站(斯坦福大学的论文课题)命名为“Yahoo!”,这个单词以“ya”开始,即常用词组“yet another”的首字母缩写。后来,菲洛将其命名为yahoo,是因为儿时父亲叫他“小yahoo”。根据这个名称,他们创造了更加复杂的首字母缩略语“Yet another hierarchical officious oracle”。

很多时候,一个现有品牌的URL主体部分非常直白,有时甚至就是其品牌名称(比如www. shell. com)。当然也有一些例外,如www. purplepill. com是Nexium药物的网站。

3. 标识与符号

尽管品牌名称通常是品牌的核心元素,但视觉元素在创建品牌资产,尤其在建立品牌认知方面,同样起着关键作用。标识作为表达起源、身份或联想的途径,由来已久。

标识范围广泛,包括从公司名称或者商标(即文字标识)到与文字标识、公司名称或公司活动毫不相干的极其抽象的标识。有些没有文字的标识常常也称作符号(symbols)。

和品牌名称一样,抽象的标识可以完全与众不同,并能被识别。然而,由于抽象的标识比具体的标识缺乏固有的含义,因此,如果没有营销活动诠释其含义,消费者就可能无法理解标识所要表达的含义。消费者对不同抽象标识的理解甚至完全不同。

4. 品牌形象代表

形象代表是品牌符号的一个特殊类型,往往取材于人类本身或现实生活。形象代表通常通过广告推出,并且在广告和包装设计中起着非常重要的作用。与其他品牌元素一样,形象代表有许多不同的形式,可以是某种动画人物,也可以是活生生的人物。有的形象代言人在虚拟和现实中均有其人。

5. 品牌口号

品牌口号(slogans)是用来传递有关品牌的描述性或说服性信息的短语。品牌口号通常出现在广告中,但在包装和营销方案的其他方面也有重要作用,就像某品牌巧克力的口号“饿吗?来一个×××吧”出现在广告中或者印在糖果的包装上。

品牌口号是品牌宣传的有力方式,因为它与品牌名称一样,能迅速有效地建立起品牌资产。品牌口号可以起到“挂钩”或“把手”的作用,能帮助消费者抓住品牌的含义,了解该品牌是什么,有哪些特别之处。以简短的词语概括、解释营销计划的意图,是必不可少的方法。

当一句品牌口号在人们心目中已能强烈地代表该品牌时,同时也限制了自身的发展。成功的品牌口号应能不断地自我更新,并成为流行语言。但这样的成功也有其不利之处——品牌口号可能会因为过于流传而失去了其原本的品牌或产品内涵。

一旦品牌口号获得了高水平的认知度和接受度,品牌资产就可能继续积累,但或许更多的是作为品牌的提示。在多次看到和听到品牌口号之后,消费者也许不会去细想品牌口号究竟说明什么。与此同时，如果品牌口号继续传递着一些品牌不再需要强调的含义，则会出现潜在的麻烦。在这种情况下，品牌就受到了限制，很难再让人们产生新的品牌联想，因而也就不能按照设想或需要获得更新。

6. 广告曲

广告曲(jingles)是用音乐的形式描述品牌。广告曲通常由职业作曲家创作，其上口的旋律与和声往往会长久地萦绕在听者的脑海中，有时甚至不管你是否愿意！在20世纪的前50年中，当广播广告主要局限于无线电时，广告曲成为重要的创建品牌的方式。

广告曲被视为延伸的音乐品牌口号，并在这种意义上被列为品牌元素之一。然而，由于具有音乐的性质，因此，广告曲并不像其他品牌元素那样具有可转换性。广告曲能宣传品牌的优点，但由于它们是音乐，因此只能以非直接的、较为抽象的方式传递品牌的含义。由广告曲产生的潜在的品牌联想，更多的是与感情、个性及其他无形的东西相关联。

从加强品牌认知的角度说，广告曲是非常有用的，它们往往能巧妙而有趣地重复品牌名称，增加消费者接触品牌的频率。因为它们容易上口，消费者在看了和听了广告之后也会吟唱，所以能加强宣传效果。一首知名的广告曲可以作为广告的基础。

7. 包装

包装(packaging)是指设计和制造产品的容器或包裹物。与其他品牌元素一样，包装历史久远。早期，人类用树叶或动物外皮遮盖和携带食物与水。早在公元前2000年，玻璃容器就首先出现在埃及。此后，法国的拿破仑为食品保存比赛中的优胜者提供了12 000法郎的奖励，从而带来了最原始的真空包装方式。从公司和消费者两个角度看，包装必须达到以下几个目标：①识别品牌；②传递描述性和说服性信息；③方便产品的运输和保护；④便于储存；⑤有助于产品消费。

(三)整合所有品牌元素

每个品牌元素对创建品牌资产来说都至关重要，因此，营销者需要“组合和匹配”这些要素，使品牌资产最大化。例如，一个有意义的品牌名称，如果能够通过标识在视觉上表现出来，将比没有标识容易记忆得多。

全套品牌元素构成了品牌识别(brand identity)，所有品牌元素都对品牌认知和品牌形象起着重要作用。品牌识别的聚合性取决于品牌元素之间一致性的程度。在理想的情况下，品牌元素应能互相支持，且能方便地应用到品牌及营销方案的其他方面。一些著名的品牌往往拥有若干能直接互相支持的宝贵的品牌元素。拥有丰富、具体视觉形象的品牌名称往往可以产生强有力的标识和符号。

尽管实际产品或服务自身对创建强势品牌至关重要，但选择合适的品牌元素对于建立品牌资产的作用也是不可限量。

二、设计营销方案

(一)营销新视野

近年来，面对外部市场环境中大量“新经济”的变化，公司营销计划背后的战略和策略都改变了许多。经济、技术、政治、法律、社会结构、竞争环境的变化，都迫使营销工作者学习新的理念和方法。这些新的变化主要包括：①技术快速进步；②顾客授权增大；③传统媒体碎化；④互动和移动营销增加；⑤渠道变化和非媒介性；⑥产业聚集和竞争加剧；⑦发展中市场的全球化和增长；⑧环境、社区和社会关注不断强化；⑨经济衰退严重。

上述变化及私有化、管制等其他驱动因素，已经联合起来赋予顾客和公司新的能力。这些新能力对于品牌管理和品牌实践具有诸多启示。营销者不断抛弃那些在20世纪建立品牌时针对大量消费市场的实践，而应用新的方法。甚至传统品类和行业的营销者也在重新审视其营销实践，并采取非同寻常的做法。

21世纪新的营销环境，使营销者从根本上改变了营销方案。尤其是整合和个性化已逐渐成为创建、维持强势品牌的关键因素，公司只能更多地聚焦并使用对目标顾客具有个性化意义的营销活动方式。

（二）整合营销

在当今的市场中，有多种方式可以创建产品和服务的品牌资产。渠道策略、沟通策略、定价策略及其他营销活动都能增加或减少品牌资产，而基于顾客的品牌资产模型能提供有益的指导。基于顾客的品牌资产模型的启示之一在于它指出品牌联想形成的方式并不重要，重要的是其产生的品牌认知及品牌联想的强度、偏好性和独特性。

因此，应该对能创建品牌知识的各种可行途径进行评估，不但要考虑效率和成本，还要考虑效果。创建品牌的核心是实际产品或服务，所有围绕产品的营销活动都很关键，因为这是进行品牌整合的途径。

基于这种理念，舒尔茨（Schultz）、坦嫩鲍姆（Tannenbaum）和劳特博恩（Lauterbron）根据“接触”提出了整合营销的一个概念，即整合营销传播（IMC）。他们把接触（contact）定义为顾客与品牌、品类或该产品（服务）市场相关的信息经历。

创建品牌资产的关键之处在于它的方式多种多样，但遗憾的是，也有很多公司试图在市场中创建品牌资产。需要有创新性和原创性的思想，并创建新的营销方案，以突破和避开市场中联结顾客的障碍和噪声。营销者也在不断增加创建品牌资产的非传统性方式。

然而，创新最终不能牺牲创建品牌的目标，营销者必须将营销计划巧妙地汇集起来，全面地为顾客提供方案和体验，从而创建认知、促进需求并培育忠诚。

1. 个性化营销

互联网的快速发展以及大众媒体的不断碎化，使个性化营销需求成为广受关注的焦点。有专家认为是现代经济赋予了个体消费者权力。为了适应持续增长的个性化需求，营销者吸收了一些新概念，比如，体验式营销和关系营销。

（1）体验式营销

体验式营销（experiential marketing）中不仅要突出产品的特性和利益，而且要将产品与某种独特有趣的体验联系起来。一位营销评论家就体验式营销写道：“关键不是卖出商品，而是说明本品牌如何使客户的生活更加精彩。”

（2）关系营销

营销战略必须超越实际的产品或服务，从而建立与顾客间的亲密关系，并将品牌共鸣最大化。这种更宽泛的活动有时称为关系营销（relationship marketing）。关系营销试图提供更全面、个性化的品牌体验，从而建立更加紧密的顾客关系。关系营销拓展了建立品牌营销方案的深度和广度。

2. 不同营销方法的综合

上述方法及其他不同方法帮助人们了解了许多重要的营销新概念和技巧。从品牌推广的角度看，它们对于提升品牌正面反应、形成品牌共鸣以及创建基于顾客的品牌资产都是非常有用的。大规模定制营销、一对一营销和许可营销都是增进消费者与品牌的联系的潜在有效方法。

但是，根据基于顾客的品牌资产模型，不同的途径强调不同角度的品牌资产。比如，大规模定制营销、一对一营销以及许可营销可以视为创建更强的相关性、更高的行为忠诚和态度依附的有效方法。另一方面，体验式营销对于建立品牌形象、形成各种感情、帮助建立品牌社区特别有效。尽管侧重点不同，但是这四种方法都有助于建立消费者与品牌之间更密切的联系。

这些营销新方法的一个重要意义在于，传统的"营销组合"概念和营销"4P"原则——产品（product）、定价（price）、渠道（place）、促销（promotion）（或者称为营销传播）——并不能完全描述现代营销方案，或者许多营销活动（如忠诚度计划或创意营销）并不完全符合其目标。但是，公司仍然需要决定它们需要销售什么产品，如何（在哪里）销售产品，价格是多少。换句话说，公司仍然需要设计产品、定价、渠道策略，以作为营销计划的一部分。

当然，如何制定这些策略已经发生了很大变化，我们将会在第六章详细阐述这些策略。

三、整合营销传播

（一）媒体新环境

虽然广告和其他传播方式在营销方案中可以扮演不同的角色，但所有营销传播战略都有一个重要目的，即有助于品牌资产的积累。根据基于顾客的品牌资产模型，营销传播可以通过建立品牌认知，在消费者的头脑中产生强有力的、偏好的和独特的品牌联想，促使消费者对该品牌形成正面的判断或者感受，建立密切的顾客品牌关系和强烈的品牌共鸣，构成基于顾客的品牌资产。此外，在形成理想的品牌知识结构方面，营销传播方案有助于产生顾客的差异化反应，形成基于顾客的品牌资产。

营销传播的灵活性在于它有若干种不同的方式可以积累品牌资产；同时，品牌资产能帮助营销者决定如何设计和执行不同的营销传播方案。在本章中，我们将讨论如何有选择地制定营销传播方案，以创建品牌资产。因此，从理想目标市场的角度而言，产品、定价、渠道及其他营销方案都已确定，最佳的品牌定位也就确定了。然而，导致营销传播方案变得复杂的事实，是媒体环境发生了翻天覆地的变化。对于消费者而言，诸如电视、广播、杂志和报纸等传统广告媒体，正在由于试图吸引消费者的竞争加剧而逐渐失去掌控力。数字革命也为消费者了解品牌、与公司进行品牌对话提供了许多新的方式。

1. 创建品牌中传播设计的挑战

媒体新环境的变化，使设计有效果、有效率的营销传播方案成为营销者面临的长久挑战。创造性和远见性将是 21 世纪营销传播方案的主要特点。精心设计和执行的营销传播方案需要认真筹划并具有创造性。我们首先介绍这方面的一些有效工具。

最简单但最有用的方法也许是对广告（或其他任何传播方式）创建品牌资产的能力进行判断。

传播的信息处理模型。首先来详细了解营销传播过程是如何影响顾客的。过去几年里，人们提出了若干不同的模型，用任何形式的传播（电视广告、报纸评论或者博客等）来说服人，都要经过6个步骤：展示、注意、理解、反应、意向、行动。

2. 复合传播的作用

到底有多少种营销传播方式是必需的？经济学理论告诉我们，要根据边际收益和成本进行营销传播方案的投放。例如，当每一种传播方式的最后一元钱成本产生相同的回报时，进行组合传播就是最佳的。

但是，由于这些信息是很难获取的，其他预算分配模型则强调一些可观察的因素，如品牌的生命周期、公司目标和预算、产品特性、预算规模以及竞争者媒体策略等。这些因素和媒体的不同特性形成了鲜明对比。

除了上述效率的因素，不同的传播方案选择可能是针对不同的细分市场。例如，广告的作用可能是吸引新顾客，也可能是吸引竞争者的客户，促销则可能是奖励品牌忠诚用户。

因此，营销者总是通过采用复合传播方式达到上述目标。为了整合传播，有必要了解每一种传播方式的原理，以及如何进行最佳组合。下面一节我们将基于创建品牌的视角，介绍四种主要的营销传播方案。

（二）四种主要营销传播方案

我们认为，未来主要有四种最佳的创建品牌的营销传播方案：广告、促销、事件营销和体验营销、移动营销。以下逐一论述。

1. 广告

广告（advertising）的定义是：由发起人支付的对理念、商品或服务进行的各种形式的非针对个人的陈述或推销。广告在创建品牌资产中的作用往往重要而有争议，虽然广告被认为是建立强有力的、偏好的和独特的品牌联想的有效手段，但它也引起了争议，因为广告的具体效应往往很难量化和预测。然而，一些使用不同方法的研究显示，广告在影响品牌销售方面确实具有相当的威力。在最近的经济萧条背景下，许多品牌正是得益于不断增加的广告投入。早期的诸多研究结果也支持了这个观点。

2. 促销

尽管广告和促销差异很大，但两者是如影随形。促销（sales promotions）是指向消费者提供短期激励，以鼓励他们尝试和使用某种产品或服务。促销既可以针对中间商，也可针对最终用户。与广告一样，促销有多种形式。广告向消费者提供了购买的理由，促销则提供了购买的动力。所以，促销的目的在于：

（1）改变中间商的行为，使他们积极地支持、推销本品牌；

（2）改变消费者的行为，使他们尝试购买本品牌，购买更多本品牌的产品，或者更早、更频繁地购买本品牌的产品。

促销有一些特定的目标。从消费者的角度来说，促销的目标是新品类用户、既有品类用户，以及（或者）现有品牌的用户等。对于中间商而言，促销的目标集中在分销、支持、库存或合作关系方面。

3. 事件营销和体验营销

事件、体验营销在品牌管理中和在线营销一样重要，两者都扮演了重要角色。在虚拟世界中创建品牌,必须与现实世界建立品牌相互补充。事件与体验营销大至国际赛事数百万美元的赞助,小至简单的店内展销或样品布置。这些不同类型的事件和体验营销的共同点是,通过抓住消费者的感官和想象,改变消费者的品牌知识。体验营销形式多样,并且仅受限于营销人员的想象力。

事件营销(event marketing)是指公开赞助与体育、艺术、娱乐或公共事业有关的事件或活动。根据国际事件组织(International Events Group)所掌握的资料,赞助活动近年来增长迅速,2010年,全球赞助营销金额高达463亿美元。事件营销的主要赞助费用(68%)是用于世界性的体育赛事,其他类别分别是:娱乐、旅游和景点10%,公益营销9%,艺术5%,节日、展览会和年度活动5%,以及协会和会员组织3%。

4. 移动营销

近年来,广义上被称为第四种传播方式的媒体已经出现,并且毫无疑问将在未来的品牌创建中发挥越来越重要的作用。随着智能手机在消费者的生活中扮演着越来越重要的角色,这已经受到许多营销者的关注。2011年,手机广告的支出突破10亿美元。

因为消费者在将智能手机用于通信的同时还用于获取信息和娱乐,并且开始通过手机购物和支付,因此,用于手机营销的投资将大幅增长。手机厂商都在竞相生产更好的智能手机,屏幕更宽大、处理速度更快、上网更方便等。这些新技术使得现在的手机广告比以前更加具有针对性、互动性和有效性。

手机广告花费增长最快的是苹果的手机广告平台iAd,企业可以把交互式横幅广告安装到iPhone、iPod Touch和iPad的应用软件上。联合利华就是通过iAd成功促销其多芬的肥皂产品,触摸进入后,联合利华的条幅广告就打开多芬产品的视频及其促销内容。打开该广告的人群中,有超过20%的会再次观看。现在许多广告也开始应用谷歌的安卓操作系统。

智能手机给营销带来了独一无二的机遇,因为消费者在销售点或消费的时候随时拿着手机。营销人员可以把不同短码关键词输入手机,便于消费者对不同图案和电子媒体发送短信,并决定在提高认知和互动方面哪种媒体效率最高。

(三)制订整合营销传播方案

前面深入地探讨了厂商可以采用的各种传播手段。现在将要探讨如何制订整合营销传播(IMC)方案,如何选择最佳方案以及如何管理它们之间的关系。主要目的在于使营销者能"组合和匹配"传播方案,以创建品牌资产,也就是说,选择一组具有相同含义、共同内容的不同传播手段,借助互补性优势使这些传播手段实现"1+1>2"的效应。

诸多公司正在使用这种广义上的方法制订传播方案。2011年第一季度,家乐氏公司发布其规模最大的整合营销传播方案。该广告活动称为"分享早餐"(Share Your Breakfast),其中包括消费者可以下载使用其产品的早餐图片的网站,以及"健康宝宝行动"(Action for Healthy Kids)等。除了网站之外,该广告活动还包括广播、数字、社交及印刷媒体等。家乐氏公司通过与不同媒介形式的代理机构合作,结果不但使具体的零售商品牌获得促销,而且使公司的多个品牌从中受益。

1. 整合营销传播方案的标准

在评估整合营销传播方案的整体影响时,最重要的目标是要创造最有效果和最有效率的传播方案。有6个相关的评价标准:①覆盖率(coverage);②贡献率(contribution);③一致性(commonality);④成本(cost);⑤通用性(conformability);⑥互补性(complementarity)。简称为“6C”。

2. 使用整合营销传播的选择标准

整合营销传播的选择标准可以为设计和执行整合营销传播方案提供一些指导。但是,这需要评估传播方案,确定优先事件和进行权衡。

评估传播方案。根据营销传播方案所产生的反应、传播效果,以及整合营销传播6大标准,可以判断营销传播方案的选择和沟通的类型。不同的传播类型和方法各有利弊,并会产生不同的问题。

关于整合营销传播选择标准的评定,有几点值得注意。第一,对于贡献率和互补性而言,不同的传播方案类型之间没有内在的区别,所以,一旦每种传播类型得到了合理设计,在达到传播目标的过程中就可以起到重要和独特的作用。与此类似,所有营销传播看起来都是很昂贵的,尽管由于每个人的成本不同,市场价格也会不同。而且,从营销传播中观众覆盖面的深度和广度看,传播的类型是不同的。从一致性和通用性看,由于传播采用的形式不同,传播的类型也是不同的:传播采用的形式越多,出现一致性和通用性的可能性就越大。

下面讨论最终的市场营销组合要求,也就是在整合营销传播选择标准中确定优先事件和进行权衡。

确定优先事件和进行权衡。在对各种营销传播方案都做了介绍以后,决定采用哪一个整合营销传播方案部分取决于选择标准是如何排序的。除了确定优先事件,必须在标准之间进行权衡,因为整合营销传播选择的标准之间是相关的。需要对营销传播方案的目标(无论长期还是短期)设置不同的优先顺序,同时还需要考虑到许多本章讨论范围之外的影响因素。整合营销传播的选择标准可能存在一些折中方案,在覆盖率重叠方面有三个主要因素需要考虑。

(1)一致性和互补性通常是负相关的

各种营销传播方案越强调品牌的某种属性或者利益,那么在其他条件相同的情况下,就越少强调该品牌的其他属性和利益。

(2)通用性和互补性通常是负相关的

如果一个营销传播方案在其内容中将互补性最大化,通用性就显得不那么重要了。换句话说,一个营销传播方案在各种营销传播方案之间越注意消费者的不同,就越没有必要设计一个特定的传播方案来吸引所有的消费者。

(3)一致性和通用性之间并没有明显的关系

比如,有可能采用十分抽象的信息,这些信息在不同的传播方案中能够得到有效的加强(比如,广告、互动、赞助、促销)。

第四节　品牌资产评估和管理系统的建立

理想的品牌资产评估系统将会为组织内有关的决策者在最恰当的时间提供完整的、最新的、与自己及竞争对手相关的所有品牌信息,以做出最佳决策。在讲述营销应负有的会计责任后,本节将详细地讲解如何建立品牌资产评估系统。

一、品牌审计

为了解消费者熟悉品牌和产品的程度,以便于公司制定相应的战略定位决策,营销者应该首先实施品牌审计。品牌审计(brand audit)是针对一个品牌资产的来源所进行的全面审查。在会计中,审计涉及会计记录,包括分析、检验和确认的系统检查过程。会计审计结果是对一个企业财务健康状况的评估。

相似的理念已经应用于营销。营销审计(marketing audit)是"为了确定问题的领域和机会并提出改进公司营销业绩的建议,而对一个公司或者一个业务单位的营销环境、营销目标、营销策略、营销活动所实施的完整的、系统的、独立的、定期的检查"。营销审计的过程包括三个步骤:第一步是有关目标、范围和方法的协定;第二步是数据收集;第三步即最后一步是报告的准备和演示。所以,营销审计是一项通过专注于公司活动来确定公司营销运行效率和效果的内部工作。

另一方面,品牌审计是一个更加外部地专注于顾客的活动。品牌审计的作用在于评估品牌的健康状况,揭示品牌资产的来源,并提出改进、利用杠杆提升品牌资产的建议和方法。品牌审计要求从公司和消费者两个方面来理解品牌资产的来源。从公司角度来看,当前公司向消费者提供了什么样的产品和服务?它们是如何销售和推广的?从消费者角度来看,产品和品牌的真实含义究竟给消费者带来了什么样的信念或感觉?

品牌审计能为品牌设定战略方向,无论何时公司战略方向发生改变,都应该进行品牌审计的管理。当前品牌资产的来源令人满意吗?现在的品牌联想需要强化吗?品牌缺乏独特性吗?现存的品牌机会以及对品牌资产的潜在挑战是什么?作为这项战略分析的结果,一项最大化品牌长期资产的营销方案应运而生。

有规律地实施品牌审计(如年度审计)要求营销人员把握住自己品牌的脉搏。就这一点而言,当经理人制订营销计划时,品牌审计可以提供特别有用的背景资料,这对品牌战略方向的把握及其绩效获取具有深远意义。

品牌审计包括两个步骤:品牌盘查和品牌探索。

1. 品牌盘查

品牌盘查(brand inventory)的目的是针对公司所有产品和服务如何进行销售及品牌化,提供及时、全面的轮廓结构。将每一个产品和每一项服务描述出来,需要把产品和服务的视觉及书面形式的要素编成目录:名称、标识、符号、特征、包装、口号、其他已使用的商标、产品内在的属性,或者品牌的特征、价格、沟通、分销政策,以及其他与品牌有关的营销活动。

2. 品牌探索

虽然品牌盘查揭示的品牌供应方的观点是有用的,但是消费者的感受也许并不必然反映出营销方案所产生的消费者意愿。因此,品牌审计的第二步是通过品牌探索,提供消费者关于品牌想法的详细信息。品牌探索(brand exploratory)的研究目的是了解消费者对于品牌及相应品类的想法和感受,进而更好地理解品牌资产的来源和可能存在的阻力。

二、建立品牌资产管理系统

品牌追踪研究和品牌审计都能为如何最有效地创建和评估品牌资产提供大量信息。为了从这些研究中获取最大价值,公司需要合理的内部结构及流程,以突出品牌资产概念及所收集信息的价值。尽管品牌资产管理系统并不能保证总能做出"明智的"品牌决策,但是它能够增加做出这种决策的可能性,或者至少能减少做出"糟糕的"品牌决策的可能性。

在运用品牌和品牌资产的概念时,许多公司总是不断地研究如何把这个概念最好地融入组织。有趣的是,对品牌资产最大的威胁之一可能来自组织内部的这样一个事实:许多品牌营销经理的任期太短。这导致营销经理可能会采取一种实现短期繁荣、过分依赖快速销售增长刺激的战术,如产品线延伸、品类延伸、促销等。由于这些经理缺乏对品牌资产概念的理解,因此一些评论家认为这些经理实际上是在"未获许可"的情况下滥用品牌。

为了消除组织内可能导致无效的长期品牌管理的因素,内部品牌化就变成了一个首要选择。作为这些努力的一部分,必须把品牌资产管理系统放在合适的位置。品牌资产管理系统(brand equity management system)是指为加深对品牌资产概念的理解和应用在公司内部设计的一套组织流程。实施品牌资产管理系统有三个主要步骤:建立品牌资产宪章、撰写品牌资产报告、明确品牌资产责任。下面将逐一讨论。

(一)品牌资产宪章

建立一个品牌资产管理系统的第一步,是以书面形式描绘出公司对品牌资产的理解,即品牌宪章(brand charter),以便为公司内部的营销经理和公司外部主要的营销合作伙伴如市场调研公司或广告代理提供相关的工作指导。这个文件应该清晰简明地表达出以下内容。

从公司的角度对品牌资产进行定义并解释它的重要性。

描述相关产品主要品牌的范围,以及公司打造品牌和营销的方式(正如由公司的历史记录和最近的品牌审计所揭示的那样)。

在品牌架构所有相关层面,定义出实际的、理想的品牌资产是什么(在公司层面和单个产品层面)。品牌宪章应该对相关联想进行定义,包括共同点和差异点、核心品牌联想及品牌箴言。

解释如何根据追踪研究和之后的品牌资产报告(简短的描述)评估品牌资产。

建议如何审时度势地根据总体战略指导、明确性、一致性及营销思想的创新性管理品牌资产。

概述如何根据具体的策略方针,如实现差异化、考虑相关性和整合性、价值及卓越标准等设计营销项目。这些策略方针也可用于广告效果评估和品牌名称选择等具体的品牌管理工作。

从商标使用、包装、传播的角度确定处理品牌的正确方法。由于这些说明文件往往可长期使用且内容翔实,企业最好制作具有统一风格的公司或品牌识别手册或指南来处理更多常规的事务。

尽管品牌宪章的结构不会每年进行调整,但是它的内容需要每年更新,以便向决策者解释目前的品牌概况以及品牌新的机会和潜在的威胁。当有新产品问世、品牌项目修改及其他营销活动发生时，也需要把这一切在品牌宪章中反映出来。许多来自品牌审计的深刻见解，也应该在品牌宪章中占有一席之地。

（二）品牌资产报告

建立品牌资产管理系统的第二步，是把追踪调查的结果及其他相关品牌业绩评估的结果以品牌资产报告的形式反映出来，然后定期（每月、每个季度或每年）分发给管理层。与报告相关的大部分信息可能已经存在于组织当中或是被组织收集，但这些信息到达管理层手中时往往是支离破碎、大段大段的文字，无法从中得到整体的理解和把握，品牌资产报告就是试图将所有这些不同的评估结果有效地整合起来。

1. 内容

品牌资产报告应该说明：品牌目前发生了什么以及为什么会发生。它应该包括所有关于品牌业绩、品牌资产来源以及成果的内部和外部方法。

而且，报告中应有专门的一部分，总结由追踪调查所揭示的消费者对主要属性或利益联想、偏好，以及其报告行为的感知。另外，报告还应该包括下面所提到的更具有描述性的市场信息：①产品在分销渠道中的运输和流转；②零售品类的趋势；③相关成本明细单；④适当的价格和折扣计划；⑤按相关因素（例如，地理区域、零售或者顾客类型）细分的销售及市场份额信息；⑥利润评估。

这些方法为研究品牌价值链的市场业绩组成部分提供了帮助。在管理上，可以把它们和多种参照框架进行比较——绩效（上个月/上个季度/去年），并根据积极、中性或消极的趋势，分别标以不同的颜色代码，如绿色、黄色和红色。

在企业内部，则可能关注如何给各类营销活动配置时间、资金和人力。

2. 仪表板

和品牌资产报告组成信息一样重要的是信息的展示方式。因此，如今企业也正在探索如何展示正确的数据，以便影响营销决策者。例如，为了迎合向客户展示数据这一重要趋势，顶尖的数据处理中介机构 R/GA 已经成立了专门负责数据可视化的部门。

许多企业已经开始通过营销仪表板（marketing dashboards）提供全面、可行、与品牌相关的汇总信息。营销仪表板的功能与汽车的仪表板相似。如果不能合理地设计和正确地使用营销仪表板，企业就会为此付出诸多时间和金钱，即便它是非常有价值的营销工具。

（三）品牌资产责任

为了开发出一种能够使长期品牌资产最大化的品牌资产管理系统，还需要明确界定品牌的组织责任。品牌需要持续不断地汲取营养、茁壮成长。脆弱的品牌通常在品牌建设中因缺乏条例、责任和投资而遭受损失。下面，我们将讨论品牌资产管理中内部责任分配的问题，以及营销合作伙伴中的相关问题。

1. 品牌资产的监督

为了实现整体上的协调，应该在组织内部设立一个品牌战略管理或品牌资产管理副总裁或董事的职位。担任该职位的人主要负责监督品牌宪章的实施，以及品牌资产报告的执行，以确保不同事业部门、不同区域市场的产品和营销活动尽可能反映品牌的精髓并最大化长期品牌资产。具体实施这些监督职权和责任的机构，可以是公司内部的一个直接向高层汇报的营销小组。

资深管理者的一个重要作用是,决定营销预算和分配公司资源的去向及方式。品牌资产管理系统能够为决策者提供信息,以便他们认识到自己的品牌资产决策的短期和长期结果。有关应该投资于哪些品牌、是否实行创建品牌的营销项目,或通过品牌延伸将品牌资产杠杆化的决策,应该反映品牌当前的和理想的状态,这通过品牌追踪和其他方法可以体现出来。

2. 组织结构设计

公司必须以最大化品牌资产的方式组织营销职能。在组织结构设计方面已经出现几种趋势,反映了对品牌的重要性和管理品牌资产的挑战的深刻认识。例如,越来越多的公司实行了品牌管理。越来越多行业例如,汽车、医疗卫生、制药、计算机软件和硬件行业—的公司把品牌经理引入组织。公司经常雇用顶尖包装产品公司的经理,并因此采取一些相同的营销实践。

有趣的是,消费品公司在继续发展品牌管理系统。对于品类管理,厂商为零售商就如何摆放货架提供建议。越来越多的零售商也开始采用品类管理办法。虽然具有品类管理职能的厂商能增加销售,但专家对零售商提出了警告,认为零售商应该建立它们自己的远见卓识及价值体系,以重新获得市场上的竞争优势。

许多公司因而试图重新设计它们的营销组织,以便能更好地反映它们的品牌所面临的挑战。同时,由于不断变化的工作要求和责任,在希望通过商业团队和包括各种学科的团队执行营销职能的许多公司中,传统的营销部门正在消失。

这些新的组织计划的目标是:增加内部协调性、提高内部效率、关注外部零售商和顾客。尽管这些是值得称赞的目标,但其中的一个挑战是,确保品牌资产受到保护,得以发展,并且不会由于缺少监督而被忽视。

对于一个多产品、多市场的组织而言,经常面临的困难在于保证区域和产品的平衡。就像短期的营销活动和长期的品牌化目标一样,为了最大限度地发挥各自的优势,规避各自的劣势,二者之间的适当平衡就是关键。

3. 营销伙伴的管理

由于品牌的业绩还取决于外部的供应商和营销伙伴的行为,因而必须妥善处理其间的关系。越来越多的公司逐渐加强自己与营销伙伴间的关系,并减少外部供应商的数量。

这一趋势在全球广告业务上表现得尤为明显。许多公司把大部分业务(如果不是全部的话)交由一家代理机构处理。有许多因素会影响在一个区域内雇用多少外部供应商的决策,例如,成本效率、组织杠杆、创造性的多样化等。从品牌角度看,只与一家主要供应商(如一个广告代理机构)打交道的好处之一是,可能在品牌理解和态度上实现更高的一致性。其他营销伙伴也能发挥很大的作用。例如,提高品牌资产方面渠道成员和零售商的重要性,以及设计明智的推动性项目的需要。品牌宪章的一个重要作用是告知和教育营销伙伴,使他们能够具有更多地支持品牌的一致行为。

第六章　经济全球化背景下企业营销市场战略

市场营销就是企业通过积极主动地参与市场的活动，选择适应的市场营销策略，从而有效地引导消费者的欲望，影响消费者的行为，以最少的费用获得最大的营销效果。企业营销市场战略主要有产品战略、价格战略、分销渠道战略和促销战略等，每个战略都有自己独特的营销特点。

第一节　产品战略分析与研究

市场竞争“短兵相接”的必然是产品或服务。而产品竞争体现了企业能为客户创造怎样的价值和多少价值。因此，产品战略是战略制胜时代的制胜战略，是企业竞争战略的核心。

一、产品选择战略

产品选择战略需要决定开发哪些产品，在现有产品中重点发展哪些、维持哪些、淘汰哪些，并不断促进产品结构优化和产品更新换代的一种业务战略。产品战略旨在确定产品发展方向、明确产品经营方向和生产重点、制订相应的产品发展计划，以充分利用企业资源，把握市场时机，谋求企业的发展。

产品选择战略的种类有：进入战略、发展战略、维持战略、收缩战略和退出战略。

对某个产品来说，企业应该采用何种产品选择战略，主要基于两方面的因素：一方面是产品发展的前景，另一方面是企业对产品经营的实力。比较偏重于产品发展前景的产品选择的战略，我们称之为“机会型战略”；比较偏重于企业自身产品经营实力的战略，我们称之为“能力型战略”。

企业应该采取什么样的产品选择战略呢？是进入、发展、维持、收缩，还是退出？对于产品的选择已经有了比较成熟的行业选择方法。这些理论比较清楚地说明了机会和能力不同组合下的产品选择战略，是非常好的方法论体系。

二、产品开发战略

企业开发什么样的产品，这是一个重大的战略选择。产品开发的角度不同，从而形成不同的产品开发战略类型。

（一）按产品开发的新颖程度进行分类

根据产品开发的新颖程度不同，产品开发策略可以分为三种：①全新型新产品开发战略；②换代型新产品开发战略；③改进型新产品开发战略。

上述三种产品开发战略中，第一类开发战略，一般企业实施较难，只有大型企业或特大型企业在实行“产、学、研”联合开发的条件下，才能见效；第二、第三类开发战略，大多数企业选择和实施较为容易，且能迅速见效。大多数企业应着重考虑选择第二类和第三类新产品开发战略。

（二）按产品开发新的范围和水平进行分类

根据产品开发新的范围和水平的不同，产品开发策略可以分为四种：①地区级新品开发战略；②国家级新品开发战略；③国际区域级新品开发战略；④世界级新品开发战略。

以上四种新品开发战略，可以由低向高逐级选择和实施，即先选择第一级地区级新品开发战略，实施成功后再选择第二级即国家级新品开发战略；这一战略实施成功后，再选择第三级即国际区域级新品开发战略；在实施第三级的国际区域级新品开发战略取得成功后，再选择实施最高也即世界级新产品开发战略。凡条件较好的企业，也可跳跃式开发，企业还没有地区级新产品，可直接开发国家级新产品；有些企业拥有地区级新产品，但还没有国家级新产品，只要条件允许，可选择开发国际区域级或世界级新产品的战略。

（三）按产品开发方向进行分类

根据产品开发方向的不同，产品开发战略可以分为五种：①产品功能化战略；②产品规格化战略；③产品精密度战略；④产品节能化战略；⑤产品特色化、差异化战略。

三、产品发展战略

（一）品种单一化发展战略

这是一种用于形成品种专业化的产品发展战略。有些类型的产品虽品种众多，但企业却不是全面进行发展，而是选择其中一个或者少数几个品种进行发展。

品种单一化发展战略的优点是：由于品种单一，因此在生产和经营过程中管理工作相对简单，有利于集中力量提高产品质量，增强企业竞争能力；品种单一容易有效地组织大批量生产，有利于降低产品成本和提高生产效率；在销售工作方面，容易搞好服务工作，取得顾客信任。

这种战略的缺点是：由于品种的单一，不利于企业各种资源的综合利用；同时，由于品种单一使企业在市场竞争中的回旋余地小，适应市场变化的能力也较差，这就加大了企业经营的风险。

（二）品种多样化发展战略

这是一种用于形成产品专业化的产品发展战略，或称单门类产品发展战略。企业在某一类型的产品中，向多系列、多规格、多款式、多花色方面发展，形成多品种的生产。

品种多样化发展战略的优点是：品种多，可以提高企业资源的综合利用，为企业带来更多的效益；同时，多品种可以为客户提供更为广泛的选择余地，能够满足顾客对该门类产品中的不同需求，使企业提高了适应市场变化的能力，减小了企业在经营中的风险。

这种战略的缺点是：由于品种多，不利于大批量和流水线的生产，给企业提高生产效率、降低产品成本带来了难度；特别是对一些中小企业，因品种增多，管理上力量分散，稍不注意就极易造成管理链上的脱节，影响工作效率的提高。

（三）产品多样化发展战略

这是企业采取发展多个门类、多种类型产品的一种战略。产品多样化可以是水平多样，向左右延伸；也可以是垂直多样，采取纵向延伸；还可以搞综合多样化以充分利用企业资源。产品多样化的依据条件一般是生产工艺的相近，并在产品结构或制造原理上相通。

产品多样化发展战略的优点是：可以更充分地利用企业的资源，多种产品更加能适应市场的需求，增强了企业的应变能力，这种发展战略特别适宜规模大、实力强、水平高的企业。

采用产品多样化发展战略的缺点是：工作难度更大，管理更为复杂。

（四）产品独特化发展战略

产品独特化发展战略，就是企业利用本地的特有资源，或者利用企业自身所具备的独特技术进行挖掘、深化、发展而形成的特色产品，也可以是为某一领域的特殊需求而采取的专门技术和方法生产出的独家产品。

产品独特化发展战略的最大优点是：能充分展现产品独特的魅力，因而能避免竞争，是产品发展战略的最高境界。所以只要有独到之处，不论企业大小、行业分布如何，都可以采用这种战略。

采用这种战略需要企业的决策者有做“个性老板”、办“个性企业”的高人一筹的经营胆量和谋略，当然还需进行严谨的市场调研和预测，同时还要根据企业的实力条件采取独具个性的手段，才能打进市场空当，抢占市场的制高点。

（五）经营多样化发展战略

经营多样化发展战略，是指企业把跨部门、跨行业的多种产品和服务作为发展方向，实施多样化的灵活的经营发展战略。

这种发展战略的经营领域更广泛，回旋余地更大，企业可以灵活转向，因此，经营中的竞争风险性更小，尤其适合那些跨地区、跨产业的巨型公司和企业集团。

选择这种战略的企业必须具有一定的规模和较强的实力，并且在战略实施中要善于把握时机，如果在条件尚未成熟时蛮干，势必造成不良后果，这是需要特别注意的事项。

四、产品生命周期

从市场需求的角度来说，产品也有生命，也有产生、发展、兴盛和衰亡的生命周期。关于产品生命周期理论被定义为产品从进入市场到退出市场在销售和利润方面的变化过程。产品生命周期始于研究与开发环节，从进入市场到退出市场，一般分为四个阶段，如图 6-1 所示。

由于在产品生命周期的不同阶段，人们对产品的接受程度不一，产品成本不一，决定了企业在不同的时期采用不同的营销策略。

1. 新生期

新生期以投资回收和市场渗透两种目的为主，以产品的创新性吸引消费需求，运用价格和促销两种基本营销手段，实施掠取或渗透两种策略。

2. 成长期

成长期的策略以降低售价、稳定促销为主，企业要进一步细分市场、完善产品、宣传自己的特色，从而吸引更多的消费者，提高市场占有率。

3. 成熟期

成熟期的营销策略应该通过产品的完善和差别化或市场的多元化寻求新的细分市场，通过改进营销组合参与竞争，巩固消费者群体。

4. 衰退期

衰退期的营销策略一是选择准备早日退出市场以节约成本或及时退出市场以减少风

险,即退出策略;二是坚持营销努力,在其他企业退出市场时坐享剩余的市场机会,即维持策略;三是使用目标市场地域转移与产品改造、嫁接及与新用途开发相结合,即转移策略等。

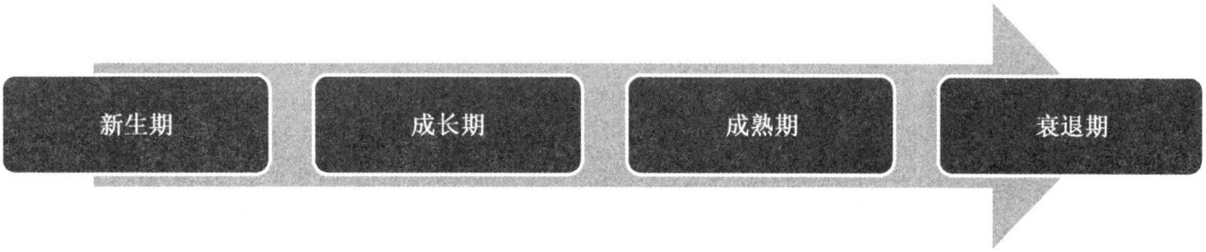

图 6-1　产品生命周期

第二节　价格战略分析与研究

价格战略是指以企业总体战略和效益目标为依据,为实现占领目标市场的要求而对产品价格目标、价格水平、价格手段等做出的谋划与方略。

一、价格战略概述

(一)市场经济离不开价格的杠杆作用

价值是价格形成的基础,价值决定价格。作为价格基础的价值指的是社会价值,而不是个别价值。确定商品价格只能依据平均成本,而不能依据个别成本。

个别成本(企业成本)如果低于平均成本,企业就可以获得较多的盈利;相反,企业成本如果高于平均成本,企业就可能少获盈利,甚至亏本。价值决定价格,是从社会价格总额等于社会价值总额的角度来讲的,并不是指每一个商品的价格。

就个别产品价格来讲,它同价值经常是背离的,要么高于价值,要么低于价值,同价值相一致是偶然的现象。就价值决定价格这一基本理论来分析,不管是资本主义社会,还是社会主义社会,价格都是由价值决定的。但是,由于商品的价格是在市场竞争中形成的,因此,生产(供给)和需求之间经常是不一致的,要么供过于求,价格下跌,要么供不应求,价格上涨,价格围绕着价值不断发生上下波动。这种现象是价值规律作用的表现形式,是正常的现象。

(二)影响定价的因素

产品的价格受综合因素的影响,主要包括产品成本,市场因素消费者心理因素及国家的有关政策、法规等。

1. 产品成本

企业在实际定价中,首先考虑的是产品的生产成本,它是产品定价的基础。产品成本是企业核算盈亏临界点的基础，定价高于成本，企业就能获利，反之则亏本。企业要扩大再生产就比较困难。因此，产品定价必须考虑补偿成本，这是保证企业生存和发展的最基本条件。

2. 市场因素

企业给产品定价时，除了产品成本这个基础因素之外，还要充分考虑影响产品价格的另一个重要的因素——市场状况，这也是最难把握的一个因素，它决定着产品价格的最高临界点，价格再高不能高到无人购买的程度。市场状况主要包括市场商品供求状况、商品需求特性等。

3. 消费者心理因素

消费者对于价格产生的各种心理直接影响到消费者的购买行为和消费行动，因此，企业定价必须考虑消费者心理因素：①预购心理；②认知价值和其他消费心理。

4. 国家的有关政策、法规因素

国家在社会经济生活中充当着极其重要的角色，国家的有关政策对市场价格的制定有着重要的影响。国家可以依据价值规律，通过物价、税收、金融等有关政策、法规对市场价格进行直接、间接的控制或干预。

企业给自己的产品定价，制定价格政策时，除了要充分考虑以上几个方面的影响因素外，还应综合考虑币值、货币流通及国际市场经营和竞争状况、国际产品的价格变动等因素，必须将影响价格的多种因素综合考虑、充分研究，从而制定出最合理的商品价格。

（三）产品定价的方法

产品的价格对于产品的销售起着至关重要的作用，企业往往采用下列定价的方法。

1. 基本定价方法

基本定价方法有以下两种形式。

（1）根据需求弹性定价

商品的价格是各个市场中供求关系运动的结果，所以，在制定价格的时候，要注意调查和分析市场的供求情况，从中选出最好的价格。以需求弹性来定价的方法，主要是协调好价格、销售量以及营业收入之间的关系。它们之间的关系为

$$销售价格 \times 销售量 = 总收入$$

在定价的过程中，对需求有弹性的商品，提高价格一定要注意，提高价格的幅度应该以不减少总收入为依据。就是销售量减少的损失应该由价格提高的收益来补充，在价格降低的时候，正好和价格提高的情况相反，价格一旦降低，销售量增加了。所以，价格降低的损失，应该由销售量增加的收益来补充，就是要使收益额大于损失额。对需求无弹性的商品，要提高商品的价格，因为不会影响销售额，所以，能够增加总收入，对企业是有好处的。

例如，在通常情况下，日用品的替代品很多，是需求弹性非常大的商品，因此，对待这类商品的定价必须要注意。这类商品的生产企业和经营企业不应当把商品的价格提高到超过竞争企业的相似代用品的价格，若价格提高了，顾客往往转向购买价格低廉的代用品。

结果，提高价格的企业，商品销售量的大大降低使得总收入随之减少。

特种商品很少有替代品,需求弹性相对很小,在合理的范围内提高其价格,顾客不会因为价格提高而放弃购买。因此,特种商品的生产企业和经营企业,提高商品的价格,往往能够增加企业的收入。

位于日用品和特种商品之间的属于选购商品。选购商品的需求弹性比日用品小,比特种商品大,选购商品的定价应该用介乎于两种商品之间的方法。

这种定价方法的依据是需求弹性的大小。需求弹性是凭企业主观估计的,若让这种估计变得准确,就应该运用科学的方法做大量的调查工作。

目前,往往用访问法、统计法、试销法来衡量商品需求弹性的大小。

(2)以成本来定价

它是生产企业与流通企业所惯用的定价方法。这种定价方法,主要的依据是商品的成本。

成本定价法的特点是:重视成本,不注重供给与需求。重视成本最普遍的办法是成本加价法,就是以成本为基础再加上一定比例的加价来确定商品的价格。

运用成本加价法来制定价格,有时复杂,有时又相对简单一些。

多数企业都采用简单的方法,比如:零售简单地根据商品的进货发票上标的价格,加上一定比例的加价,就能确定零售的价格了。因此,在很多企业中,最普遍地运用这种方法定价。可是,这种定价的方法有其缺点,主要是定价很少考虑到需求的情况。再有,它很难把固定成本与可变成本分摊到每种商品上,在很多情况下,精确地计算出商品的总成本是非常困难的。这是因为商品成本不准确,所以定的价格也不合理。

2. 商业定价方法

商业定价方法指的是流通领域对商品定价的方法。商品离开了生产领域后,在流通领域还需要经过许多环节才能到达顾客手里,在每个环节中的价格确定又叫作商业定价。商业定价一般分为两种:①以采购价来定价和②以市场价来定价。

二、定价的基本策略

定价的基本策略主要有以下四种。

1. 明码定价

明码定价不仅方便了自己,而且方便了顾客。很多顾客都是因为商品并未标价而不去购买的。

在商场上,在很多使人感兴趣的词语中,“不二价”就是其中之一。“不二价”是商场上的绝招。有了这句话,顾客知道不会受骗,因为“不二价”显现出商品的价值了。顾客会觉得这个商品比其他商品的品质好。因此,许多销售人员在一些商品标签上标明了“不二价”,以突出这种优势。

2. 零数标价制

经济学家们发现,商品价格中很小的差别,往往使犹豫不决的顾客产生两种不同的印象。商品标价在 5 美元以下的,末尾是 9 的定价最受顾客的欢迎,商品价格是 1 000 美元的商品不如 999 美元和 998 美元的受欢迎。经济学家把它称之为“零数价格制”。不过,若离开了商品的价值来谈论价格往往是不正确的,可是这也不是没有一点道理。如果是整数价格,比如1元、10元、100元等,顾客从心理上会觉得卖方把零数提升为整数了,买这样的商品是不划算的。可是,非整数价格,比如6角9分、1角8分,顾客会觉得这是卖方经过仔细计算的价格,能够产生信任感。而且,顾客若拿出几张整数的钱,卖方找回来一些零钱,能够使顾客从心理上获得一些平衡。

3. 心理性折扣标价

心理性折扣标价适用于商品牌子比较陌生的商品或者减价商品。这些商品在进行广告宣传的时候,往往标明它的原价,销售的时候在原价的基础上标出降价后的价格。这样一来,前后价格进行对比以后,人们会认为购买这种商品是经济实惠的。

4. 以两包或三包为一整数标价法

以两包或三包为一整数标价法在国外,特别是在美国已经习以为常了。人们往往不善于这种细微事物的计算,因此在销售上可称为一种高明的标价法。“2包13元”的某品牌洗衣粉上市的时候,令竞争本已十分激烈的洗衣粉市场,又激起了股股风浪。“3包19元”的另一品牌洗衣粉又给顾客另外一种价格的新刺激。对于细心的顾客来说,他们能马上算出洗衣粉的价格由6.5元钱跌到6.3元钱一包。对于许多男性顾客,他往往愿意一次多买几包,少跑几次路。

第三节　分销渠道战略分析与研究

分销渠道策略(Distribution Strategy),指企业为了使其产品进入目标市场所进行的路径选择活动和管理过程。它关系到企业在什么地点、什么时间、由什么组织向消费者提供商品和劳务。企业应选择经济、合理的分销渠道,把商品送到目标市场。分销渠道因素包括渠道的长短、宽窄决策,中间商和选择以及分销渠道的分析评价和变革等内容。

一、分销渠道战略的概述

菲利普·科特勒认为:“一条分销渠道是指某种货物或劳务从生产者向消费者移动时取得这种货物或劳务的所有权或帮助转移其所有权的所有企业和个人。因此,一条分销渠道主要包括商人中间商(因为他们取得所有权)和代理中间商(因为他们帮助转移所有权)。此外,它还包括作为分销渠道的起点和终点的生产者和消费者,但是,它不包括供应商、辅助商等。”

科特勒认为,市场营销渠道(Marketing channel)和分销渠道(Distribution channel)是两个不同的概念。他说:“一条市场营销渠道是指那些配合起来生产、分销和消费某一生产者的某些货物或劳务的一整套所有企业和个人。”这就是说,一条市场营销渠道包括某种产品的供产销过程中所有的企业和个人,如资源供应商(Suppliers)、生产者(Producer)、商人中间商(Merchant middleman)、代理中间商(Agent middleman)、辅助商(Facilitators)(又译作便利交换和实体分销者,如运输企业、公共货栈、广告代理商、市场研究机构等)以及最后消费者或用户(Ultimate consumer or users)等。

二、分销渠道战略影响因素

(一)产品

不同的产品适用于不同的分销渠道,有许多产品特性对渠道产生影响:不易保存的产品(如易腐烂的海鲜产品)要求直接渠道;体积大的产品(如建筑材料)运输距离不宜太远、转卖次数不宜太多;非标准产品(如定做的机器设备和商用表格等)因中间商缺少必要的专业知识,一般由企业代理商直接销售;需要安装和维修服务的产品一般由企业的特许经销商销售;单位价值高的产品也常由企业的销售队伍直接销售。

(二)顾客

分销渠道选择深受顾客人数、地理分布、购买频率、平均购买数量以及对不同营销方式的敏感性等因素的影响。当顾客人数多时,生产者倾向于利用每一层次都有许多中间商的长渠道。但购买者人数的重要性又受到地理分布程度的修正。例如,生产者直接销售给集中于同一地区的500个顾客所花的费用,远比销售给分散在500个地区的500个顾客少。购买者的购买方式又会对购买者人数及其地理分布产生影响。如果顾客经常小批量购买,则需采用较长的营销渠道为其供货。因此,少量而频繁的订货,常使得五金器具、烟草、药品等产品的制造商依赖批发商为其销货。同时,这些相同的制造商也可能越过批发商而直接向那些订货量大且订货次数少的大顾客供货。此外,购买者对不同营销方式的敏感性也会影响渠道选择。例如,越来越多的家具零售商喜欢在商品展销会上选购,从而使得这种渠道迅速发展。

(三)中间商

不同的中间商在执行分销任务时,其从事沟通、谈判、储存、交际和信用等方面的能力不同,各自具有一定的优势和劣势,设计分销渠道时应充分考虑不同中间商的特性。例如,代理商同时给多个生产商做代理时,产品配送的费用由这几个生产商共同分担,因此对每一个生产商来说,单位销售总费用会下降。但代理商为每个生产商付出的销售努力也像销售成本一样被分摊,销售效果下降。又如超级市场基本不提供服务,由顾客自由选择,也不送货,而百货公司则力图提供尽善尽美的服务。

(四)竞争者

设计分销渠道还必须考虑竞争者使用什么分销渠道,企业可以选择进入和竞争者一样或接近的销售点,也可以选择和竞争者不一样或远离竞争者的分销渠道。例如肯德基和麦当劳的分销渠道类型相同,且地理接近。

(五)企业

企业自身的能力和特点也对分销渠道的选择产生影响。企业总体规模决定了它的市场规模、分销规模及在选择中间商过程中的地位;企业的财务、营销资源决定了它所能承担的销售费用、营销职能及对中间商可能提供的财务支持;企业的产品组合影响分销渠道的类型,产品组合越广,企业直接向客户出售产品的能力就越强;产品组合越深,采用独家经销或少量的中间商就越有利;产品组合的关联性越强,所采用的分销渠道也就越相似。企业过去的渠道经验和现行的营销政策也会影响渠道的设计。以前曾通过某种特定类型的中间商销售产品的企业,会逐渐形成渠道偏好。

(六)环境

企业的分销渠道设计还与其所面临的外部环境有关。不同国家地区的分销系统各具特色,政府有关产品流通的政策、法规也限制了渠道选择。

第四节 促销战略分析与研究

促销战略是企业营销组合的基本策略之一。本节论述了促销的含义和作用,又探讨了促销方式的广告策略和人员促销。

一、促销及其作用

(一)促销

促销又叫作促进销售,是指通过人员或非人员的方法将企业的产品(或服务)信息进行传播,帮助消费者认识商品或服务带给他们的利益,从而引起消费者的兴趣,激发其购买欲望,促使其采取购买行为的一切营销活动。促销包括以下几个方面的含义。

第一,促销的主要任务是沟通和传递信息。现代市场营销活动是以满足消费者的需要为前提的,其关键在于生产经营者与消费者之间互相沟通信息。

第二,促销的目的是吸引消费者对企业的形象或新产品产生兴趣,激发其购买欲望,促使其采取购买行为。

第三,促销的方式分为人员促销和非人员促销。

(二)促销的作用

促销具有以下几个方向的作用。

1. 沟通信息

这是促销最基本的作用。企业的营销活动是商流、物流和信息流的有机结合过程,而信息流是商流和物流的前导。促销的实质就是通过信息传递,在企业和消费者之间架起沟通的桥梁。

2. 扩大销售

消费需求具有可诱导性。企业通过人员推销、广告、公共关系和营业推广等方式激发消费者的购买欲望,引导需求,创造需求,从而变潜在需求为现实需求,扩大产品销售。多数企业的经验表明,当某一产品销量下降或出现滞销时,适当的促销活动可以使销量得到某种程度的恢复。

3. 强化优势

随着科技的进步,产品的同质化程度越来越高。而消费品市场又具有非专家购买的特点,即消费者对产品有较多局限。因此,在同类产品竞争激烈的情况下,通过促销活动,突出宣传本企业的市场优势和产品优势,使消费者对本企业的产品产生偏爱,提高企业竞争能力。

二、促销方式

促销的方式主要有以下几种。

(一)广告策略

广告是企业用付费的方式,通过一定的媒体,运用印刷、书写、画面或镜头宣传等向顾客促销产品或服务的一种方式。

广告与商品经济是不可分的,随着商品经济的高度发展,广告也高度发达。目前许多企业都广泛采用广告的经销方式向市场推销产品,树立企业形象。为使广告取得更好的效果,企业在制定广告策略时要对以下五个方面做出决策:一是确定广告目标;二是制定广告预算;三是设计广告;四是选择广告媒介;五是评估广告效果。

(二)人员促销

人员促销在促销中能够发挥特殊的作用。人员促销的优点就是能够准确地选择目标,把精力放在说服顾客购买的目的上,这样能够集中力量,从而避免资源的浪费。营销人员直接和顾客或者中间商联系,容易解决问题,能和顾客建立长期的联系。

人员促销往往适用于产品价值高、市场范围有限的市场,一般是大客户,或者经营风险大、使用复杂的产品。例如重型机械制造、精密仪器和高新技术产业等。制造企业的目的十分明确,重视每一笔交易的成功率,保证和大客户保持密切的关系。人员促销是这些市场中最有效的促销手段。

1. 促销人员的选用

人员促销成功的关键在于促销人员,选择优秀的促销人员等于促销成功了一半。好的促销人员需要具备的基本素质体现为“三力两心”:表达能力、个人魅力、成功驱动力;为顾客着想的“同情心”、对工作负责的“责任心”。除此以外,企业在选聘促销人员的时候,还应该按照企业产品的特性确定促销人员应该具备哪些专业的基础知识、多大年龄等。

选聘了高素质的促销人员以后,企业还应该对促销人员进行必要的培训。培训内容主要包括:①促销态度训练;②企业知识;③产品与技术知识,了解企业的产品品种、生产过程、包装、使用方法和产品的性能等知识。④市场知识;⑤顾客知识;⑥财务知识;⑦业务程序与职责;让促销人员掌握促销计划、洽谈和旅行等知识;⑧促销技巧。

2. 促销人员的配置

促销人员的配置原则为:目标市场的顾客由营销人员分工负责;分工应该有利于成本

的节约，使企业拓展市场和服务等综合成本最低；人员配置应该保证业务的长久性，有利于和顾客建立长期的关系。

促销人员的配置采取的形式有：①根据地域配置；②根据产品分类配置；③根据顾客的类别配置；④综合配置。

3. 薪酬要及时兑现

促销人员的工作具有很大的挑战性，往往会遭受很多挫折和失败，需要花费大量时间和精力，促销人员的工作积极性高低直接影响着产品的销售量，所以要用适宜的薪酬鼓舞促销人员的士气，常常采用薪金制、佣金制、薪佣复合制三种支付薪酬方式。

除此以外，各种各样的奖励方式也被企业所采用，比如分红利、配额完成奖、旅游、升迁等。

4. 促销业绩的评估

企业对促销人员的工作要给予正确的薪酬和奖励，并对促销人员的业绩进行评估。

(1)按照促销人员递交的销售报告书评估。

(2)按照管理者的观察，通过对顾客的信件和其他相关人员的谈话来评估促销人员的业绩。

(3)对不同促销人员的业绩加以比较和排序。

(4)对现在和过去的销售额进行比较。

5. 如何让顾客心动

我们每天通过新闻媒体都可以得到各种各样促销活动的消息，如抽奖、积分赠券、赠品等。面对传媒讯息的频繁轰炸，消费者本已应接不暇，就算是参加了活动也是转身就忘，很难留下深刻的记忆。在品牌的成长发展过程中，促销与广告传播、公关活动等行销项目一样，

在企业的行销策略组合中占有举足轻重的地位。当企业在推出新产品、产品改良、增加分销渠道、产品强销期、转化竞争对手顾客、配合整合行销策略时，促销都以各种形式大显身手，为企业实现利润目标。

第七章 经济全球化背景下大数据营销平台及应用

随着互联网的高速发展和云计算的广泛应用,营销平台迎来了大数据时代。本章从大数据在营销上的应用入手,深入探索数字营销的商业方面的应用。

第一节　大数据在营销上的应用

大数据作为一种研究范式以及商业底层的革命元素正在重塑我们的未来。欧盟将大数据视为促进经济增长的重要力量,欧盟公共机构产生、收集或承担的地理信息、统计信息、气象信息、数字图书馆资源将全面开放,这将驱动400亿欧元规模的年度经济增长。美国政府在2014年发布的大数据白皮书中提出,大数据的战略地位类似于工业时代的石油,商业化前景可期。大数据这种强大的新兴资源,即将对人类的生活、企业的经营活动以及政府的公共事业管理造成深远的影响与变革。2015年被称为"大数据商业化元年"。大数据正在推动诸多企业商业模式的变革,然而首当其冲的就是企业价值实现前端的营销战略。纷繁复杂的客户数据、销售数据、行为数据、竞争性的各类型数据的积累,使得数据驱动营销的力量凸显。在数据超级庞大的今天,营销决策通过算法与机器学习进一步精准化、自动化,营销与技术、数据在实践中越来越重合,企业开始设置"首席营销技术官""首席营销数据官"等相关角色。

大数据营销并不完全等同于数字营销。大数据营销以大数据技术为基础,通过大数据独特的分析技术应用于企业营销工作,提升营销的精准性与有效程度,是营销改进的手段和资源。而数字营销的广度更大,包括大数据营销,也包括依赖社会化媒体的营销、移动营销这些工具层面的营销升级,当然更应包括一些营销战略的革命。一句话总结:大数据是石油,是矿,是底层技术;大数据营销是应用方向,是营销与数据技术拥抱的结果,而数字营销是顶层设计,是数字时代营销革命的方法论、框架与实施方案说明书。

大数据是对原有企业商业运营的颠覆元素。数据的采集、整理以及分析能力已经成为企业最核心的能力之一。从某种意义上讲,未来将会走向一个可以用数据来估值的时代,什么样的公司有价值,什么样的公司没有价值,从其拥有的数据规模、数据整理储存的规整程度以及这家公司分析、应用数据的能力就能发现答案。随着各种大数据技术以及基础设施的成熟,企业能够在多个维度上获得大量的数据。通过应用数据挖掘方法,企业可以在这些数据中发现新的商机,能够更深入、更精细、更准确地理解更庞大的客户群体。企业可以将资源倾斜到更多的小客户群体上,在更准确的时间和渠道里提供更符合独特需求的产品与服务。

大数据营销将企业能够达到和有效运营的规模推到了一个新的高度。

一、究竟何谓大数据

当今进入的数字化世界是一个"人在做,云在算"的世界,电影《黑客帝国》中比特世界与原子世界的结合正在变为现实。大数据的产生一方面是累积而来的,另一方面是人们开始愿意并且能够收集、存储和处理它们。运用互联网无论是进行沟通、学习、游戏或者互动交流,都会留下相应的数字信息,是生活轨迹与行为的"比特化"。将各个网站、App、内部私有网络的数据统合起来,就会形成大数据。由于近年来硬件成本的降低,网络宽带的提升,云计算的兴起,网络技术的发展,智能终端的普及,电子商务和社交网络的盛行,电子地图、物联网的全面应用,大数据时代势必会到来。

大数据反映我们的消费行为、什么事情对我们重要、我们的偏好度是怎样的,我们想要什么,并且我们可以通过Look alike找到和我们有同样标签属性的人。几乎每一个单体行为都能通过大数据表达,因而大数据拥有极强的营销价值。大数据可以分为结构化数据和非结构化数据。目前非结构化数据所占比例已经超过互联网整个数据量的75%,它们包括图片、视频、声音等各种形式。按照数据源分类,大数据是各个维度数据的组合、聚合和融合的过程,如图7-1所示。

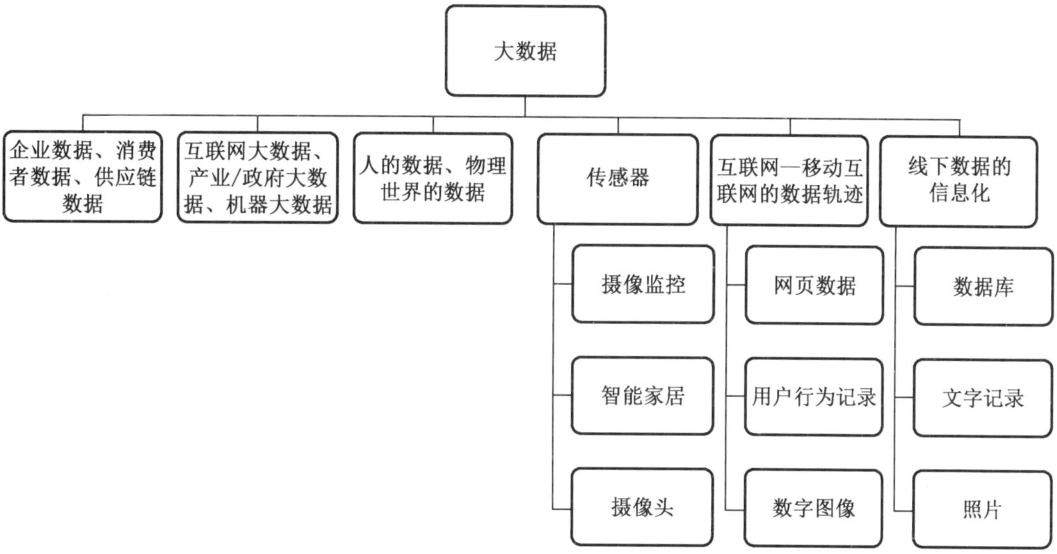

图7-1 大数据行业全景图

根据高德纳咨询公司的技术创新曲线,大数据随着商业化的开启,将进入一个快速的指数增长通道。数据探索商业化的开启,如哥伦布的大航海、加利福尼亚的淘金热,如何从数字时代的"矿与石油"中淘到黄金,将开启一个数字应用的时代。在新的数据商业化时代,拥有数据量的多少固然重要,但是如何应用数据,才是新一轮竞争战略的制高点。Informatica执行副总裁兼首席营销官玛格丽特·布雷亚(Margaret Breya)谈到,企业中首席数据驱动市场官将出现,采用自助式商业智能工具(BI)进行大数据处理的企业将会脱颖而出。

所有的产业一样,大数据也有其产业链,其整个产业链包括数据创建、数据采集、信息处理、业务流程。

二、大数据的五个特质

2001年Gartner咨询的分析员道格·莱尼指出数据增长面临三个方面的挑战和机遇,即大量化(volume),数据量极大;快速化(velocity),数据输入、输出速度快;多样化(variety),数据的种类多而复杂,这三个方面由于都是以V开头,因而被称为大数据的3V模型。之后,IBM公司在莱尼理论的基础上提出了第四个V,即"真实"(veracity),也有人从另外一些维度提出了其他的特质。我们认为,在对这些特质的归纳中,最有价值的还是"4V+1O"。

1. 大量化:大到全样本

大数据到底有多大?《大数据时代》的作者维克托·迈尔·舍恩伯格在一次演讲中提

到，如果按照计算机数据的计算方式，在他1987年念大学的时候，可能总数据还没达到30亿GB。20年后，数据量提高了100倍，达到了3 000亿GB。如今又过了几乎一个时代，人类的数据量已经达到了一个普通人无法想象的量级，而且这个数字还在不断地加速增长。

2. 快速化：快到实时变

数据增长速度快，处理速度也快，在数据量非常庞大的情况下，也能做到实时处理。基于大数据的快速、实时处理，预测也变得更加准确和有意义。即使发生变化，企业也能第一时间获知并及时调整。

3. 多样化：多到全覆盖

数据的种类及其来源越来越多样化。半结构化和非结构化数据越来越多，包括互联网数据、企业数据、政府数据，比如文章、音视频、图片以及地理位置信息。媒体（包括传统媒体和数字媒体）、搜索引擎、电子商务、门户网站、游戏、视频娱乐等互联网节点都会产生数量巨大而且不断累积的数据，不同形式的数据都可以被识别与应用。

4. 数据在线（online）：数据动态存在

社交网络与电子商务的兴起使得社交数据、企业发布的社交内容、电子商务数据、交易分享数据成为新数据源。

这些数据通过其可追溯和可还原性确保数据的真实、有效。将数据转化为有价值的洞见与行动，数据是否一直在线、数据的连续性能帮助企业做出很多意想不到的商业决策。比如基于位置数据的动态延续性，可以看到每个地点人流的状态，这对于商业地产企业的动态决策尤为重要，可以随时依据数据在线所反映出来的形势动态调整商业布局。

三、大数据下的商业化应用

马云说："以控制为出发点的IT时代正在走向激活生产力为目的的DT（data technology）数据时代。"DT时代的大数据变现有很多维度和方法，它所带来的价值分为四个方面，如图7-2所示。

1. 预测、判断与洞察

比如基于用户的社交数据、消费数据以及手机使用的App数据，可以综合判断客户的信用等级，使得信用卡授权更加方便，或电影的票房预测更为准确。UPS联合包裹速递服务公司（简称UPS公司）从2000年起就开始尝试运用大数据进行预测性分析。UPS公司在全美拥有一个6万辆规模的车队。在传统方法中，UPS公司定期会对车队的所有车辆进行维护并更换主要零部件。这是一种安全，但是不经济也无效率的办法。于是UPS公司给每辆车都安装了传感器系统，它会监测并收集汽车运行中的各种数据，从而能够发现和预测车辆某个零部件的故障情况。在这个系统的帮助下，UPS公司可以针对每一辆车的每一个零部件故障问题进行及时处理，有效防范潜在的安全隐患，但又不会产生类似于传统方法的浪费，因而，UPS的车队临时性抛锚的情况出现得越来越少，减少了快递运输延误的情况。UPS公司还在每辆车上安装了智能导航系统，它除了能够提供路线导航之外，还能不断存储行车数据，给驾驶员提供更精准的导航方案，比如能够避开过于拥堵的路段，减少狭窄路段的驶入等。因为采取了这些举措,UPS 公司在 2011 年节省了 300 万加仑①的燃料,减少了 3 万吨二氧化碳的排放,节省了几百万美元的零部件费用。

图 7-2　大数据的价值

2. 提升效率

大数据以跟进后得出的分析结果作为行动的准则,依据数据及时调整自己的方案与策略,使得企业的经营更有效率。比如在服装行业,为了降低服装成本,需要进行大批量的生产。而大数据技术普及以后,客户在网上进行搜索、分享的内容中和服装相关的数据,在网购时留下的身材数据都将发送至智能化的服装企业系统。该系统会判别出该客户的风格偏好,并通过自动化流水线生产出量身定制的服装。汽车的 4S 店服务也会与现在完全不同,每辆汽车的数据都将定期甚至实时传送至 4S 店。当汽车的损耗状况超过了设定的标准时,4S 店的系统将自动给车主发送提醒信息,并提前采购相关的配件进行维修备货。

3. 精准营销

把产品或服务精准投送给需要它的客户或者潜在的客户群体,提升广告与销售的转化率,用最少的广告获得更多的利润和用户。创业公司 Slyce 是一家以图片搜索能力见长的公司。奢侈品连锁百货公司尼曼 · 马库斯(Neiman Marcus)与之合作推出了一款名为 Snap 的 App。这款 App 解决了这样一类问题:在现实生活中或者杂志上看到别人穿着的衣服、鞋子很棒,却不知道去哪里可以能买到。客户只需要拍下来,然后通过 Snap 就能跳转到 Neiman Marcus 的电商网站找到与之类似甚至相同的商品。这款 App 背后运用了两项核心技术:一项是如何将客户拍摄的照片转换为计算机能够识别的信息;另一项就是如何根据这一信息,通过大数据的匹配与分析,精准地找到客户喜欢的商品。和传统的关键词搜索相比,Snap 可以更精准地契合客户的购买需求。

4. 智能化追踪

追踪客户的行为数据,例如为手机 App 或手游版本更新选择最优方案。对餐饮类店铺来说,可以通过 Wi-Fi 探针抓取客户的行动轨迹数据,这些数据可以作为其 CRM 的重要手段,同时这些数据还可以评测团购效果:如果通过团购产生的新客户没有二次消费,就可以认为该团购活动效果不佳。甚至从客户停留的时间可以进一步判断服装店里的导购员是勤快还是偷懒,为商家考核员工提供依据。例如,某商城通过 Wi-Fi 采集客户的到店数据,根据这一数据了解客户的店铺偏好,并推送相关的优惠信息。通过安装客流监控系统,灵

① 1 加仑=37 854 升。

活调配不同区域的功能。将客流量较少的区域改造为其他功能区比如休闲水吧、欧洲风情街等,极大地提高了商城的整体利用效率。

第二节　大数据背景下数字营销的商业应用

大数据营销是基于海量数据以及大量运算的一个技术实现过程。它通过获取多种维度的数据来源,能够更精确地描绘消费者的个体用户画像,因而能够实现精准营销。基于大数据,营销获得了大量的数据资源,CMO 可以和 CIO 并肩作战,建立基于营销的大数据库,收集包括个人空间日志、论坛帖子、社交网站内容、电子商务等数据。然后将这些大数据源放入营销模型中,用算法库的方法归类,进行数据计算,并在数据计算的基础上进行决策分析。至少从目前看,以下是典型的可以用大数据来升级营销的方向。

一、用户行为分析

消费者行为的比特化使得我们对用户的分析可以进入精确的行为分析层次。我们可以分析用户在企业接触点各个界面的轨迹,以分析每个功能设计对用户的吸引力,以及各个接触点之间的转化轨迹,并基于此,对客户体验的节点进行动态的跟踪、优化和迭代。

Mouseflow 的主要功能是追踪用户鼠标的所有动作,包括移动、悬停、左/右键点击以及滑轮滚动换行。这个追踪能够将用户的使用习惯数据化,发现用户最经常关注的区域,因而能够帮助企业优化页面内容的组成和结构,比如企业可以将最需要用户第一时间关注的信息放在用户最容易关注的区域。需要促进客户行动时,比如将点击支付或者提交用户资料的内容放在最容易被点击的区域,然后将不太重要的信息放在容易被忽略的区域。

二、用户画像

如果说用户画像的缘起是为了更好地理解客户需求、改善客户体验,那么随着信息技术的发展,大数据时代的用户画像(我们称为大数据“消费者画像”)则从另一个层面颠覆了传统的营销路径——不仅可以理解需求,而且可以预测需求。

从此,营销计划可以始于对结果的预测而不仅是对动机的理解。

相对于传统的消费者洞察,大数据消费者画像是全景式的(全样本)、透明的(多维度数据)、高精的(客观、粒度细微的数据)、动态的(实时性)。大数据消费者画像的这些特征使得营销计划更为精准、有效,结果更可预测。而准确的预测能使企业制定更加具有前瞻性的营销战略并合理规划营销中的资源分配,规避过于乐观或过于悲观地评估市场和销售前景而带来的资源浪费、机会浪费,进而提升投资回报率。只要累积了足够多的用户数据,就能对消费者有更深入的了解,包括他的喜好、价值观、行为习惯。这是许多大数据营销的前提与出发点。

大数据消费者画像可在以下应用范畴实现其商业价值转化。

大数据消费者画像可帮助企业实现精准的目标客户选择、渠道选择、投放时机选择、传播内容设计,并在这四项工作上实现无缝对接,在更低的成本基础上给客户提供一致的、全程的、整体的购买体验。

发现新的需求趋势与潜在市场,在企业进行市场、区域扩张时提供精准、更全面的客户调查与市场预测。

真正实现客户的价值管理,激活客户资产和粉丝资产,将粉丝转化为客户,推动客户从低价值到高价值转换,提高企业高价值客户的比重。

通过精准的需求预测提升备货管理与库存管理表现,提离库存周转率,保持良性现金流。

多维度的、动态的大数据消费者画像具有延展性,一个画像应对多个问题,因而可以减少调研次数,降低时间成本与营销成本。

三、品牌定位

品牌定位工作依赖于对市场的深度认知,这一方面取决于营销管理人员对市场、客户的理解、洞察以及持续的经验,另一方面则需要进行一定的调研工作,即充分倾听客户声音。即便如此,新产品推出后还是失败率居高不下,定位在高管的大脑和客户的大脑中存在严重偏差。这里面至少大数据声量测量可以辅助品牌定位,通过大数据语义挖掘工具,可以在网络上直接抓取市场对某个产品的固有认知。这个国有认知就是我们进行品牌定位的出发点。通过基于定位的声量测量,我们可以看到企业关注的“定位”概念与客户在网络世界中讨论的声量之间的关系,甚至当异常语音出现时,可以反过去追踪此词语的来源、出处,找到原因。

围绕定位地图,我们可以构建一个“蛛网认知框图”,在图中面积越大,说明消费者需求的讨论点越存在相关关系。大数据技术使得原有定位战略的实施过程可视化、可追踪化、全样本化。

四、KOL 管理

KOL(key opinion leader,关键意见领袖)在广大的消费者群体中拥有较大的话语权和影响力。企业通过影响关键意见领袖,就能影响该意见领袖的影响人群。关键意见领袖的选择需要综合考虑以下两个方面:

(1)关键意见领袖的气质、性格、价值观与品牌之间的契合程度;企业需要找到风格契合的人选。

(2)产品的专业程度。产品的专业程度越高,目标受众对关键意见领袖的依赖程度就越高。

KOL 的营销价值主要来源于以下三个方面:

(1)具有话语权优势在互联网时代,掌握话语权非常重要,因而作为互联网上话语权最强的个体,KOL 天然具备营销潜力。

(2)对新事物的高接受度 KOL 对于新兴事物以及社会热点都有较强的好奇心,接受度高,因而他们非常适合作为创新产品的第一批客户,帮助企业跨越鸿沟。

(3)知识丰富,专业性强 KOL 往往具备完善的知识体系,或者具备某个领域的专业性,因而能更好地帮助企业转述产品语言,解决客户疑惑。

对于企业营销人员而言,找到合适的 KOL 的难题有以下两个:如何确定哪个 KOL 对目标人群有最大的影响力;如何确定一个 KOL 能够影响哪些人群。然而这个问题在大数据时代得到了很好的解决。数据会给出以下问题的答案:

(1)具备某个标签或者标签组合的客户群会关注哪些 KOL?

(2)某个 KOL 的粉丝群会拥有哪些标签组?

(3)某个 KOL 在大众眼中具备哪些特质,这些特质与企业的价值承诺是否有共同点?

(4)某个 KOL 对受众是否有专业影响力,还是只是娱乐性地关注?

过去,这些问题只能通过营销人员进行识别与分析,一旦现在依靠社交网络相关信息的抓取和交叉比对,就能轻易地获得相应的答案,这将帮助企业采用科学的体系选择合适的 KOL 人选。在分析上,我们可以以图形的形式呈现意见领袖与意见领袖之间、内容与内容之间,以及内容与意见领袖之间的关系。这种分析可以通过动态网络影响力传播模型分析、结构洞分析(即跨越不同社群子网络的桥接节点)来实现。另外,我们可以通过抗噪时变因素图模型(noise tolerant time-varying factor graph model,NTT-FGM)分析出社交网络影响力传播的动态图。例如,一款新面膜发布后,其在新浪微博做媒体宣传推广的预算是 100 万元。如何利用这 100 万元预算,使这款面膜在新浪微博上的推广效果最好?通过数据挖掘网络信息,找到能够影响"面膜"或者"女性化妆"的相关 100 个节点的 KOL,了解它们之间如何相互影响,这样的投入使影响力传播范围扩大。

五、品牌内容营销

许多企业已采用了内容营销来试图达到一部分营销目标。然而部分内容营销人员并不清楚自己应该发布哪些内容,或者他们误以为自己发送了正确的内容。

结果没有办法获得目标受众的认同,又或者是在某个热点已经结束,目标受众已经对该热点产生疲倦感时,企业还采用该热点进行内容营销。更可怕的情况是受众感觉到自己被垃圾信息包围而产生厌恶感。此时,企业有必要考虑一下在内容营销方面获得大数据技术的帮助。

(1)目标受众在关注哪些内容?什么是当下互联网上的热点内容?

(2)从哪些方面构建的内容会吸引、打动目标受众?

(3)基于什么方式制作的内容会获得目标受众的主动转发和扩散?

(4)选择的内容点与品牌特质之间是否契合?是否能让目标受众产生正面的反馈?

(5)当前在执行的内容活动有哪些进展?如何评价该项活动的成效?

以上这些内容营销的关键点都可以通过对社交网络的声量数据抓取和分析获得结论。甚至,数据还能让内容营销者获得预知的能力。观察当前的互联网热点,通过设置部分指标,就能识别出有潜力成为下一波热点的内容,提前布局甚至成为主导者。

六、舆情监控与口碑探测

在绝大多数情况下,数字化时代给企业带来的都是有利的因素:更快的速度、更低的成本、更广的覆盖面。然而具体到舆情监控以及公关工作,负责人员可能就只想倒苦水。因为在数字化时代,企业的负面信息也以更快的速度、更低的成本覆盖更广泛的受众。这给舆情监控工作造成了较大的困难。依托于大数据技术,这个问题将不再是困扰。

企业可以设置相应的关键词,比如品牌名、产品名、高管名,通过网络信息抓取,尤其是社交平台上的信息抓取及时了解自身的舆论动态。危机事件的传播往往会经历一个逐步放大再到爆发的阶段。在传统方法里,往往只能事后处理,此时事态一般已发展到难以控制的阶段。而大数据方法能帮助企业在爆发之前及时发现端倪,实现事前“灭火”。

企业还可以做相关主题的历史和趋势分析,针对某个主题的数据可视化绘制相关主题演进关系图,分析这些主题随着时间产生的变化。

利用大数据进行舆情监控还有一个优点是自动化。以往的方法是企业需要设置一个专门的舆情岗位,由专人获取当前舆论的信息趋势。然而大数据往往是基于机器自动抓取来实现,在设定好相应的危机“阈值”之后,就能在发生潜在危机之前自动发送至负责人的邮箱或手机上。相比人工的方式,这样的方法更准确、更高效、更低成本。

七、社群发现与搜索

小众营销战略的实施框架中很重要的一步在于“横向链接社群”,这样可以通过相同类型的社群之间的链接扩展客户“鱼池”。大数据可以通过相关的算法发现这些类似的“鱼泄”这样就能针对相似的群体实施对应的营销活动。

八、广告精准投放

大数据技术天然地适合运用于广告的精准投放。大数据来源的多维度可以更全面地描述用户的行为轨迹,从线上的浏览数据、社交数据、交易数据再到线下的用户定位数据,几乎能够完整地描述单个客户的实体、数字世界的所有行为。

企业能够在任何瞬间向客户推送一致的广告信息:查看智能手机、观看互联网电视、在计算机上发布社交内容:甚至投放到线下的公交地铁广告牌、户外大牌、电梯显示屏;大数据的及时性可以确保在很短的时间内就给客户推送他当前正在考虑购买的商品的广告信息;大数据的高精度可以帮助企业实现向每一个客户推送最契合他需要的广告内容。

由于移动互联网时代可以追踪到消费者的地理位置轨迹,使得广告精准投放可以进一步落实到地理位置与用户画像的结合,企业可以通过用户手机里提供的数据获取用户的属性标签,比如性别、年龄、职业、收入、爱好等,了解“用户是什么样的人”;通过地理围栏技术和定位数据知道“用户在哪里干什么”。由于数据的存留,企业甚至还可以追踪到用户近期经常使用的应用、去过的地方等具有一定时效性的行为数据,知道“用户最近对什么感兴趣”。这三种数据使营销的场景化与大数据完美结合,实现广告投放的精准化、场景化。

以某帮助企业实现以顾客为中心的数字化营销的顾客数据平台为例。它可以帮助顾客解决以下两个方面的问题。

收集与每个顾客相关的数据,这些数据包括手机用户行为数据、互联网上的浏览数据、在线购物数据、客服支持或 CRM 数据、社交媒体上的数据等,正如我们在本书前文中讲到的,一个问题是如何收集这些消费者行为数据,还有一个更重要的问题在于如何将这些数据进行融合,把这些数据附着在一个具体的、独立的顾客身上,这就是现在提到的 ID 融合的问题。

该平台可以帮助顾客整合这些数据,然后形成每一个消费者画像,找到不同顾客的个性化的接触点和针对性的投放平台。这很大程度就是 DMP 的管理了,与传统的 CRM 不同,DMP 可以全方位地识别与管理的信息,包括已经发生购买行为的顾客的信息,通过 lookalike(相似人群扩展)技术找到未购买但是符合目标的人群,并和 DSP 接通,进行有效的广告投放。

九、重点客户营销

重点客户营销(account-based marketing,ABM)或大客户营销,指的是企业识别并定位出对其最有价值的重点客户,并针对重点客户实行战略性的营销举措,以提高客户的整体体验,并最终提高客户钱包份额、客户终身价值,促进企业盈利。ABM的合理性来自帕累托法则在商业世界的应用:20%的客户贡献了公司80%的营业收入,而这20%的客户便是ABM的目标对象,基于这个原则,企业希望通过ABM战略提升整体营销效能,起到事半功倍的效果。ABM对于B2B企业而言格外具有战略意义,这是因为B2B产品的营销与销售往往具备这样几个特质:采购流程复杂冗长,涉及不止一个决策人员,采购单价较高,长期合作或战略合作可能性大。

企业在组织内部实行ABM已不是新鲜事,一般而言,组织内部的大客户营销战略布局分为识别与确认大客户分类、获取客户、设置内部支持机构、增加客户钱包份额、忠诚度管理这几个模块。而在数据驱动的今天,随着数据基础设计、管理和分析工具的商业化与普及应用,大客户营销得以变得更加精准和科学——重点客户的分类与识别将借由分析模型与算法的演进以及客户信息的深度挖掘而变得更为精准和可控,重点客户需求的识别与预测将变得更为准确与有效,同时,企业与重点客户之间的互动内容更加定制化,互动方式更加多样化,广告投放、信息发布也变得更为精准——一切都指向更高的销售转化率。

十、机器人智能客服

在大数据技术下的营销应用中,机器人服务是指智能客户服务中的线上机器人客服、机器人应用程序智能应答。

智能客服是在大数据处理基础上发展起来的一项面向行业的应用,不仅为企业或组织提供知识管理技术,而且为企业与海量用户间的沟通建立了一种基于自然语言的快捷技术。

智能客户平台运用自然语言分析技术和专业知识库,使机器智能问答结合人工客服系统。它能做到以拟人化的方式和客户对话,将人工客服从重复、机械问答中解放出来,有效地降低了人工客服成本。在智能客服无法有效回答的情况下再转入人工客服。

机器人服务可以广泛对接组织客服平台,支持各个类型的移动端设备,系统自动回应,统一代答复,保存所有问答资讯,自由选择真人客服,分析客户资讯。

智能客服平台基于以下三大机构。

(1)智能机器人。自然语言输入的人机互动,即时资料搜索,能不断学习新沟通模式。

(2)线上文字客服。理解客户所提问题的核心内容,并提供标准化的应答。当智能机器人无法提供合适的解答时,真人线上客服专员继续服务。

(3)客服知识管理是智能机器人的知识基础,提供完善的知识维护与管理。

另外,客服互动经验内容不断回馈到知识库中。

十一、市场或内部知识管理

知识管理是企业知识数据持续累积并有效管理的过程,大数据推动这一过程实现了智能化和自动化的变革。数字时代下的知识管理,应该避免“信息爆炸”,更有效地使用和管理快速增加的海量知识数据,结合大数据的方式升级。当下知识管理系统应结合云端计算架构、SoLoMo 与 BYOD(bring your own device)技术,建立更智能化的知识管理平台。

大数据下的知识获取、大数据服务智能知识组织、以数据为基础的知识分享、数据库整合利用与知识再利用四个知识管理环节的应用具体如下。

(一)大数据下的知识获取

公司内部编辑发布、常规性文档的人工录入或文件系统自动采集并存储。

电子邮件采集,即建立内部数据插件,将电子邮件信息自动导入到管理平台中。

网页监采(网页信息监控和采集),即内置网页信息雷达,对外部网站、竞争对手、行业新闻等信息进行监控、采集。

其他来源,即接入外部形成的经验库、知识库、行业库数据。

(二)大数据服务智能知识组织

管理平台自动提取知识文档内容,自动分出大批量信息。

数据自动聚类,方便查找相似的文章和关联知识。

构建"多媒体数据库"把各种主流文档和非结构化对象数据(比如音频、视频)统一存储管理。

(三)以数据为基础的知识分享

数据库与各移动终端结合式分享,包括即时信息、工作提醒等:在数据库中分享群组工作区,个人安排与群组安排间建立协作视图并产生互动。

(四)数据库整合利用与知识再利用

在数据库中,多维度的知识树体系建立、分层次知识树访问授权、多级访问权限、业务系统与技术管理分离。

附　　录

附录 A　营销策划方案——以 HIGLAS 品牌为例

山东黑山玻璃集团(HIGLAS)作为一个生产型外销企业,是中国重点工业企业之一。随着国内外经济形势的不断变化,转变经营模式及深化品牌势能已经成为必然趋势。HIGLAS 品牌要在这个大背景下调整优化经济结构、转变经济发展方式以提高品牌知名度。国内市场是 HIGLAS 的短板,开拓国内市场是强化 HIGLAS 品牌影响力的关键。众所周知,事物是普遍联系和变化发展的,企业应坚持联系的观点和发展的观点看待问题,紧随时代潮流变化,打造一个全民知名品牌。

一、企业现状分析

(一)HIGLAS 品牌问题分析

1. 品牌创新能力低

科技创新是经济社会发展的最大活力,是企业发展的真正动力。随着市场经济的不断发展,企业必须转变经营理念,充分发挥自身的优质资源开展科技创新活动,不断进行产品和技术的更新换代,适应市场的发展变化,从而立足市场,赢得市场。

由于新技术、新材料不断涌现,日用玻璃传统产品市场受到冲击。近年来,国内不锈钢真空器皿发展迅速,已经发展成为年销售额超过 50 亿元、出口创汇 4 亿美元的新兴行业。不锈钢真空器皿产品的兴起,将蚕食传统的保温瓶市场,其产品以自重轻、防爆裂、抗挤压等优点受到消费者的青睐。同时,金属包装、新型塑料包装也在向玻璃包装挑战,替代了部分传统的玻璃包装市场,市场竞争更加激烈。黑山玻璃企业作为一家生产型企业,在创新方面还有很大的提升空间。HIGLAS 品牌只有充分发挥创新能力,才能更好地适应国内外市场,立足于国内外市场之中。

2. 国内市场薄弱

我们现在已经有完整的运作空间和生产体系,形成了规模经济,也降低了生产玻璃的成本。但是由于 HIGLAS 品牌进入国内市场较晚,在国内市场的份额较少。因此,我们的首要目标就是打开中国市场,提高品牌在国内的知名度,吸引消费者对我们产品的关注度,通过以往的销售数据可以看出,人们对玻璃需求度在慢慢的增长,所以国内市场的规模和发展前景非常可观。

3. 新媒体能力弱

在科学技术不断进步的环境下,产品市场价格差异正逐渐缩小,各行业之间的竞争已不再是价格问题,还包括了如何获得知名度,这不仅要有过硬的质量,还要有先进的品牌价值。利用新媒体进行品牌营销,是诸多营销战略中最为行之有效的方式之一。微信、微博、博客、贴吧等社交媒体,不仅可以让每个人都成为信息的创造者,同时也让信息的传播更加宽泛。相对于传统媒体,新媒体在信息资源传播过程中还更便捷地让广大受众实现各种形式的互动交流,让“一对一”的传统传播方式发生了根本性变化,在一定程度上打造品牌的知名度,还能凭借精准定位来提高企业品牌的营销效率。

HIGLAS 品牌在新媒体方面与其他同类企业品牌差距较大。在各种新媒体平台上都没有一套能够有效执行的推广方案，仅仅做了一些表层工作，并没有深入发展。

综上来看，未来 HIGLAS 品牌应该改变生产结构与产品结构，提高品牌创新能力，抓住国内市场机遇，加快转变经济发展方式，实现产业升级。将产品向国内玻璃市场推进。与此同时，要做到稳中求胜，防止盲目投资，注重环境保护，节约能源，提高资源有效利用率。

我们为 HIGLAS 品牌策划了以下三个发展方向：

(1)加速技术进步。

(2)开发新产品和实施品牌战略。

(3)大力培养人才。

(二)HIGLAS 品牌 SWOT 分析

1. 优势(S)

(1)认可度较高

HIGLASS 品牌依附于山东黑山玻璃集团有限公司。企业历史悠久、用户广泛、口碑良好，山东黑山玻璃集团 70%以上的老客户都与公司形成了长久稳定的合作关系。

(2)高性价比的产品

与同款同价格的产品相比，我们的产品做了加厚处理，不易破损。在拥有高质量的同时，我们也拥有优惠的价格，并采用巧妙的设计，使用起来更加贴心。

(3)强大的专利技术

目前公司的各种创新功能产品申请了多项专利证书。

2. 劣势(W)

(1)创新能力不强

技术创新能力不强是 HIGLAS 品牌发展面临的一大问题。企业需要新的技术、新的产品来增强生命力。好的创新点能给企业带来强大的活力与竞争力，使得企业在激烈的市场竞争中处于稳定的状态。但由于企业为生产型企业的原因，导致 HIGLAS 品牌缺乏持续的创新能力，在激烈的市场竞争中缺少制胜的手段，难以为其快速发展提供及时的技术支撑。

(2)大环境影响下，成本增加

受疫情影响，制造业原材料和人工成本齐涨，且订单日趋不稳定

(3)固守旧的经营理念

HIGLAS 品牌在淄博市属于传统企业，在经营理念上固守旧的经营理念，但是现在互联网已经进入了大家的生活，成为了主流，所以要改变传统的旧的经营理念，革新传统的经营理念，建立一个“互联网+”的新理念。

3. 机会(O)

(1)政策扶持

产业政策对玻璃市场的发展产生重大影响。国家发改委等六部委《关于促进平板玻璃工业结构调整的若干意见的通知》《国务院关于加强节能工作的决定》《民用建筑节能管理规定》《中国节能技术政策大纲》《可再生能源发展“十一五”规划》《能源发展“十一五”规划》等一系列产业政策贯彻执行，以及明确“十三五”日用玻璃行业发展的主要目标和主要任务，将给玻璃产业带来更加广阔的市场空间。

(2)国民经济持续发展

国民经济持续快速发展,特别是建筑业、汽车业、信息产业和光伏产业快速发展,为玻璃产业提供了广阔的市场和空前的发展机遇。随着人民生活水平的提高和住房管理体制的改革,居民的消费结构将发生较大变化,居住费用占支出比例将大幅上升,对住宅功能、环境要求也随之提高。

(3)市场潜力大

品牌未流行,具有很多潜在用户,市场前景广阔。HIGLAS 并未在国内市场开始流行,大家对 HIGLAS 并不了解,所以给 HIGLAS 创造了良好的市场机会,通过宣传打造品牌形象,让 HIGLAS 品牌成功在消费者心中潜移默化地树立新形象,让玻璃餐盒与 HIGLAS 挂钩,成功让消费者在购买玻璃餐盒的同时,就会想起 HIGLAS 品牌。

4. 威胁(T)

(1)玻璃市场的激烈竞争将给 HIGLAS 品牌带来威胁

国内大型玻璃企业,纷纷积极扩大生产规模,开发新的产品来占领市场,借以提升其产品在市场的份额与知名度,导致市场竞争日益加剧,产品利润空间减小。市场竞争异常激烈。

(2)玻璃产业面临的环境制约

玻璃企业排放废气对空气质量有一定影响,工业粉尘对人体也有一定危害。因此,在环境方面将会受到制约。

(3)中高端市场被压制,中低端市场竞争多

HIGLAS 品牌进入国内市场较晚,与其竞争的其他品牌已经在国内市场有一定的市场占有率和影响力,刚进入国内市场的 HIGLAS 品牌只能与中低端产品市场进行竞争,但是竞争者非常多,所以我们要设计出能超越这些产品的优势,成功立足于中低端市场,之后与中高端市场竞争,将 HIGLAS 品牌打造成中国高端玻璃品牌。

(4)受疫情影响,国外市场踯躅不前

HIGLAS 在此之前主要以国外销售为主,国内市场的品牌知名度不高,市场分布范围小,竞争力相对较弱。

二、品牌定位

(一)Higals 品牌产品宏观环境分析

1. 人口环境分析

人口数量与增长速度对企业的影响是非常大的,研究估计世界人口将以每年 8 000~9 000 万的速度增长,其中中国的人口数量和增长人数位居世界前列,人口的增长给 HIGLAS 带来了市场的机会,市场越大对 HIGLAS 产品需求量就越大,人口结构对 HIGLAS 品牌的影响也非常大,不同年龄、性别、家庭、社会结构的人对 HIGLAS 产品的需求也是不同的。据调数据显示,我国农村人口占比总人口的 80%左右,这一社会人口结构的客观因素决定了 HIGLAS 品牌在国内市场更应该注重产品的物美价廉。最重要的就是家庭结构,家庭是购买、消费的基本单位。家庭对此类产品的需求量是非常大的,家庭的数量直接影响 HIGLAS 产品的数量,家庭数量的剧增必然会引起对我们产品的需求量的需要。

2. 政策和社会环境分析

玻璃产品和玻璃包装物的材料设计，必须充分考量其在使用中对老百姓的生活环境包含身体健康是否带来恶劣的影响，始终优先考虑采用无毒、无害、易于降解风化且方便可回收利用的方案。

中华人民共和国清洁生产促进法》，第二十条规定："产品和包装物的设计，应当考虑其在生命周期中对人类健康和环境的影响，优先选择无毒、无害、易于降解或者便于回收利用的方案。"

每个人都生长在一定的社会文化环境中，并在一定的社会文化环境中生活和工作，我们根据数据的分析、研究和了解社会文化环境分析了不同人群，结果证实，绝大多数的人是非常注重健康环保的理念的，对健康环保理念的追求也非常强烈。但是还是存在一小部分的人对于健康环保这一理念模糊不清，而 HIGLAS 品牌的产品的理念就是为了宣传健康环保，让追求健康环保的人使用我们的产品。虽然我们的生活环境、价值观念不同，但是对于健康环保的这一理念但却是大家一致追求的目标，不同消费习俗的人，具有不同的商品需要，HIGLAS 要研究不同人群的消费习俗，生产出适合不同消费习俗人群的产品，满足不同消费者的需求。人们的审美观念也跟着时代在进步，我们要紧跟时代的发展，更新产品。我国走的是具有中国特色社会主义道路，国家主抓经济建设，重视经济发展，老百姓也处于一种和谐的社会文化环境中，底层的人们也慢慢过上了小康生活，同时大家都在追求一种富足，整个国家的居民逐渐从追求生存到追求发展并享受经济带来的众多好处。

3. 经济环境分析

中国是世界最大的玻璃生产消费国，在过去的二十年里，从世界范围来看，玻璃需求的增长速度高于 GDP 增速，根据数据可知，在 2020 年我国总 GDP 达 101.6 万亿元，2020 年全国居民人均可支配收入中城镇居民人均可支配收入 43 234 元，农村居民人均可支配收入 17 131 元，从这些数据就可以看出，人们的生活水平达到了小康水平，大部分消费者一般不再满足于温饱，而是去追求生活的高质量和高品位，对产品从质量到品牌商标、文化内涵、美观、艺术欣赏和社会价值等方面都有更高的要求。

HIGLAS 要建设独特且能经得起市场经济变化考验的企业文化，让企业和品牌超越自我，追求卓越，不断满足消费者的需求，让 HIGLAS 品牌走得更长、更远。

（二）HIGLAS 品牌产品微观环境分析

1. 企业内部环境

黑山公司是目前山东淄博市重点工业企业之一，公司产品凭借其优良的品质、可靠的信誉，赢得了国内外客户的认可和信赖，市场范围覆盖国内二十多个省市，远销 60 多个国家，能够保证玻璃产品的质量和品质、及时为供应商提供玻璃制品。研发部根据市场需求信息改进和研发新产品，玻璃的形态和质量含量不断提高，企业高层及时保证步调统一，信息反馈及时。

2. 供应商

HIGLAS 品牌的供应商均经过精心挑选，诚信度高，并且提供的原材料质量品质都是有所保障的，我们与供应商保持了多年的合作关系，与彼此之间形成了默契和信用度。HIGLAS 还要建立广泛的购货渠道，以免因过分依赖某些供应商造成被动的局面。

3. 营销中介

HIGLAS 品牌应与大型超市、连锁店、专卖店等卖点建立良好的合作关系,以保证产品能够及时供应需求,轻松高质量地满足消费者的需求。同时还要与储运公司建立良好的关系,保证产品可以安全及时送达。

4. 消费者

以满足消费者的需求为中心,把消费者的需求作为企业营销努力的起点和核心,并且认真分析目标消费者需求的特征和变化趋势,把其当作企业极其重要的基础工作。

5. 竞争者

HIGLAS 要充分了解我们的竞争对手,在竞争中发展。基于市场和地理位置优势,我们为 HIGLAS 选择两种销售模式,线上(抖音、快手、淘宝直播)和线下(校园、超市分销商等)销售。同时我们会保障 HIGLAS 的产品质量,再通过撇脂定价原则进行价格策略,抓住消费者的心理,满足消费者的需求。例如乐扣乐扣产品,其质量与 HIGLAS 的质量是不相上下的,但是它们的产品价格相对较高。HIGLAS 可以通过价格优势快速占据中国市场。

(三)HIGLAS 品牌产品需求分析

分析完 HIGLAS 品牌的宏观环境和微观环境后,下面对 HIGLAS 品牌的市场需求量、需求趋势等进行分析,以便了解 HIGLAS 品牌的发展空间。

1. 玻璃制品行业概括

我国艺术玻璃的加工分为三大类:

(1)冷加工

包括镶嵌玻璃、化学蚀刻、工具雕刻、喷砂雕刻、激光雕刻、切割造型、粘贴造型、玻璃立塑、彩绘、夹层等。

(2)热加工

包括吹制、铸造、压制、烧结、彩釉、叠烧、热熔、热弯等。

(3)综合制作

即冷加工与热加工结合。

玻璃制品主要是指玻璃摆挂件、玻璃圣诞礼品、玻璃动植物系列、玻璃花瓶、玻璃珠、玻璃烛台、玻璃拉丝件等玻璃制品。

因其功能要求,玻璃制品的产品推出必须遵循三字原则,即新、奇、快。各国都有玻璃及玻璃制品的行业认证标准。

目前,我国浙江、江苏一带已经发展成具有一定规模的玻璃制品产业集群。2008 年,江苏省宝应县被授予“中国玻璃水晶工艺品出口基地”的称号。全县拥有玻璃制品企业 200 多家,其中 80 家企业年产销过百万元,30 家企业年产销超 500 万元,20 多家企业年产销超过千万元,还有 4 家企业年产销超 5 000 万元,产销总规模达 20 亿元人民币。当中还有 10 多家企业自营出口,年自营出口额达 2 000 万美元,供货出口额超 4 000 万美元。每年新开发玻璃产品 3 000 多种,产品结构也有了很大改变,从过去单一的圣诞产品转向更高级的玻璃制品、日用品等综合性产品。

除了江浙一带,山西、河北也有比较集中的吹制玻璃产业群,HIGLAS 品牌诞生地山东淄博则是玻璃餐厨用品的集中产区。

但我国的玻璃制品的缺点总体来说艺术含量低，用料多，附加值也低。

近年来，玻璃制品出口退税率几经调整，各类玻璃制品退税率不同，给玻璃制品出口企业的利润造成一定影响。

日用玻璃行业的能源占到成本 40%～50% 以上的比例，属于高耗能产业。国务院于 2007 年发布了《节能减排综合性工作方案》，国家对“两高一资”产品加以限制。在“十一五”规划实施的过程中，根据国家发展循环经济的要求，注重节能和环保，部分玻璃行业的生产受到了限制。

2. 玻璃制品消费需求分析

玻璃产品逐渐从普通型转变为精巧型，从实用型转变为观赏型，从原来的厚重变为轻薄。2019 年中国日用玻璃制品产量为 761.7 万吨，同比增长 4.7%；2020 年前三季度日用玻璃制品产量为 503.8 万吨，同比下降 33.9%。据中国日用玻璃协会数据库显示，2015—2017 年中国玻璃制品出口量呈增长趋势，2019 年 1 月—12 月中国玻璃制品出口量为 385 万吨，同比增长 1.6%。

随着科学技术的不断进步，玻璃产品逐渐步入高科技工业产品的行业之中。2019 年中国日用玻璃制造业收入为 479.07 亿元，同比增长 3.5%；预计 2020 年中国日用玻璃制品制造业收入为 489.41 亿元，同比增长 2.16%。

另据统计，我国玻璃制品出口市场集中在北美、欧盟和东盟国家，其中 2013 年出口额增幅较大的是东盟，增幅 27.25%，中东和北美市场有小幅增长，分别为 9.09% 和 8.34%。欧盟增幅极小，仅为 1.05%。

玻璃行业属原材料工业，受国家宏观经济影响较大。近年来，我国固定资产投资高速增长，工业化、城镇化进程加快，房地产、汽车等相关行业快速发展，极大地拉动了平板玻璃的需求，促进了玻璃工业的发展。

根据上述数据，总的来说玻璃制品的需求量在上升，但是在传统市场如北美、欧盟增幅缓慢，而在一些发展中国家的市场需求量在快速增加。

（四）HIGLAS 品牌 STP 战略

STP 战略是目标市场细分、目标市场选择和市场定位战略的简称。HIGLAS 品牌进行目标市场选择之后，有利于其专注于满足某一部分市场客户的独特的需要，根据目标市场客户的独特需要开发有针对性的产品和服务。有利于品牌的经济业绩提升。品牌只有针对不同的客户需要生产不同的产品，才会更好地留住客户，使品牌形象得到提升。

1. 市场细分

在现在市场上，由于受到很多因素的影响，不同消费者有不同的消费欲望和需求，因而不同的消费者有不同的购买习惯和购买行为。正因为如此，我们通过这些不同因素把整个市场细分为若干不同的子市场，在 STP 战略中市场细分是关键的一步，所以我们要做好市场细分的工作。

（1）按照地理因素划分

HIGLAS 品牌市场分为欧洲、中国、韩国等主要市场，以及近年来新兴的东南亚、非洲和南美市场。

韩国的消费者大多对产品质量不做太多要求，却十分在意价格，因此低端廉价的产品即可满足其需求。

欧洲的消费者对产品质量有着极高的要求，供应给欧洲消费者的产品质量一定要给人以高端奢华的感觉，而且他们不介意高价，在他们眼中，高价意味着品质，打折销售的时候也会比较有吸引力。

新兴市场多是发展中国家，消费者有装饰的需求但是受收入所限，因此销往这些国家的产品价格不宜定得过高。

(2)按人口细分

市场可分为0~6岁婴幼儿群体市场、7~12岁少儿群体市场、13~17岁青少年群体市场、18~45岁青年群体市场、46~69岁中年群体市场、69以上岁老年群体市场。不同的年龄对保鲜盒的需求和产品数量都不同。18~45岁青年消费群体的消费能力急剧攀升，0~6岁婴幼儿群体的需求量也在不断扩大，两个群体占整体消费的65%以上。7~12岁少儿群体和69以上岁老年群体消费能力不涨反缩，占整体消费的15%以下，46~69岁中年群体消费稳定在20%左右。并且女性对于家居产品的关注度高于男性；16~20岁的学生在宿舍就餐时对于餐具有一定需求，21~30岁的都市丽人更加注重生活品质，更愿意在提升生活品质方面进行消费。

(3)按行为划分

据调查，60%的消费者注重冰箱内的整洁与健康，他们多为家庭主妇，关注性价比。注重健康、养生的白领更倾向于安全、实用、质量好的餐具。

(4)按心理划分

通过调查分析，有40%的消费者重视精致生活，并希望通过社交平台分享自己的生活，得到他人的认可和赞许，从而获得满足。

2. 目标市场选择

通过数据调查得出我国网民数量已达到了9.04亿，约占全国总人口的66%。另一方面，网络购物行为也呈增长态势。对于一些传统企业而言，通过一些传统的营销手段已经很难对现今的市场形成什么重大的改变了。如果想将企业的销售渠道完全打开，企业就必须引进新的思维和新的方法。而网络购物正好为现今的传统企业提供了一个很好的机会与平台，传统企业通过借助第三方平台和建立自有平台纷纷试水网络购物，构建合理的网络购物平台、整合渠道、完善产业布局成为传统企业未来发展重心和出路。而18~45岁群体又是网购的主力军，且通常女性是家庭日用品的决策者。家庭主妇、学生、白领是消费能力占比最高，需求持续扩大。

(1)家庭主妇

家庭主妇追求更高品质的生活，她们喜欢安全健康、易清洗且耐热的餐具，给宝宝和家庭带来更好的生活体验。

(2)白领

据不完全统计，我国白领人数高达5.264亿，而其中有自带午饭意向的白领占比23.6%，这1.25亿人群是我们庞大的可开发市场。

(3)学生

其实对于在校的学生来说，对餐食的诉求共有两点，一是健康营养，二是经济实惠，我们的产品可以很好地帮助学生群体解决需求。

3. 市场定位

由以上分析来看,我们选择以下三种市场定位。

(1)产品定位

密封保鲜,储物收纳,绿色环保,生活减负,彰显生活品质,个性化定制,免费更换盒盖。

(2)竞争定位

我们通过与直接竞争者和潜在竞争者的分析,HIGLAS 定位为市场利基者。目前冰箱收纳这一行业没有直接竞争对手,我们抓住冰箱收纳这一细小部分,不与收纳业主力竞争,通过专业化经营来占据有利的市场位置。

(3)消费者定位

我们的消费者定位于:全职宝妈,注重生活品质人群,工作繁忙人群。

三、品牌核心价值

(一)理性价值(品牌利益)

1. 耐性好抗性佳

HIGLAS 保鲜盒是采用不含铅的耐热玻璃材质,经 1 600 多℃高温烧制,耐热温度可达 400 ℃,耐冷温度低至-20 ℃。不仅具有更强的抗断裂、抗腐蚀性能,还具有更好的温差急变耐性。因此不仅适用微波炉烤箱即时加热,还适用冰箱长效冷冻保鲜。

2. 安全健康

HIGLAS 保鲜盒受热均匀,不会炸裂不会自爆,更加安全。玻璃材质密度大,阻隔异味的吸收,且不易附着细菌和污垢,更加健康。

3. 密封防漏,隔热防摔

HIGLAS 保鲜盒是采用食品级 PP 材料盒盖,中空无缝硅胶密封圈,密封锁鲜不易变质。一体式四面锁扣,不易折断,有效提升防漏效果。盒体玻璃加厚,持久隔热,材料坚固,耐用防摔。即使是日常使用也不会烫手,出门带汤更不怕洒汁。

4. 质感通透,观赏价值高

HIGLAS 保鲜盒边角光滑,质感通透,盒体耐磨不易刮花。顾客可透过玻璃层清晰地欣赏到可口食材,由色彩美学唤醒美味生活。

5. 盒盖内置叉勺,盒内一体分割

HIGLAS 保鲜盒的盒盖设计巧妙,将小麦餐具叉勺两件套内置于盒盖,方便携带。盒内空间一体分割,贴心分隔不会串味,饭菜分离更多选择。

6. 一盒多用,极易清洗

HIGLAS 保鲜盒用处广泛,是工作带饭、蔬果装盘、干货封存和野餐便当的优质首选,玻璃材质,易于清洗。

(二)感性价值(品牌关系)

1. 安全健康更可靠

安全是人类的根本需要,健康是一切幸福的基础。《2020 国民健康洞察报告》显示,在消费升级的大背景下,中国老百姓对于美好生活、健康生活的需求也越来越强烈。因此健康产品的传播价值得以凸显,从“配菜”逐渐变成“正餐”。

HIGLAS 的器皿原材料采用高硼硅玻璃,是用来制造烧杯和试管等高耐久性玻璃仪器的重要材料,它不含有毒物质,而且高硼硅玻璃耐高温、耐酸性,化学性质稳定,能使保鲜盒不容易在日常的使用中析出对人体有害的物质。

2. 时尚新主张

新中产阶级人群的强大的购买力让他们成为消费市场主力军,这一部分消费者对于生活细节都有着更加极致的追求,都希望消费产品更加有品质。现在的时尚不再只是奢侈和高端的代名词,时尚已经成为一种生活态度,一种生活方式,多彩化时尚的绽放才是今天中国时尚的主要特征。中国消费趋向于普物时尚化,人们对于生活中很多小物件都追求时尚,比如一个手机壳、一个充电宝、一个饰品、一个胶带等都成为时尚的标志。

HIGLAS 精美绝伦的器皿将美食以优雅的方式上桌,为各种餐饮活动增添优雅时尚气派。令餐桌平添一份雅致,诉说着人们对高品质生活的追求。

3. 将生活化繁为简

如今的社会节奏加快,竞争激烈,人们往往生活在巨大的心理压力之下,与大自然的距离越来越远,忽略了生活原本的意义。人们的内心渴望释放,追求用简单、自然、纯粹的形式和最简单的手法表现深邃的生活内涵,以求独立于过于机械化的工业世界,让人们重新审视身边的事物,得到最精华的信息,通过极简主义表达对生活的启示。因此,化繁为简的设计更符合现代人的生活需求,成为现代快节奏生活的“新宠”。HIGLAS 的智慧就在于,教会你用简单通透的方式,帮助你告别繁杂,感受纯粹,从而拥有简而美的人生。

四、品牌元素设计

1. 品牌命名与标志设计

一个好的命名,能够使消费者快速记住品牌。所以,重命名对我们的品牌重塑十分重要,我们把 HIGLAS 重新命名为 HG(嗨格),这是在 HIGLAS 基础上进行的变形设计,简化品牌名称的复杂程度,使消费者快速记住品牌。

HIGLAS 品牌的标志是以英文字母为基础进行的变形设计,其中包括两大含义。第一,HIGLAS 品牌标志设计是以时尚、潮流为主题,与 HIGLAS 品牌产品相符合。第二,整体设计中主要运用不规则线条进行结构整合,来表现 HIGLAS 品牌交错的美好印象,整体给人以自然、放松的图形化视感,给消费者以清晰的视觉印象。

2. 品牌色彩设计

品牌设计的过程中,色彩的影响极为重要。突出的视觉效果在第一时间内最能引起公众的眼球,产生一系列的心里联想。人生来就对色彩比较敏感,色彩能让消费者第一时间感受到并且做出不同的反应。从心理学角度来讲,由于人类复杂的生活环境和思想情感等因素影响,颜色就变得具有人文主义色彩。因此,品牌色彩设计过程中,不仅考虑企业规范形象的代表,我们也要从大众色彩心理学的方面思考,进行色彩的提取运用,以刺激大众基于颜色心理而做出积极消费反应。

HIGLAS 品牌主要色彩定位为“蓝色”,蓝色代表清新、健康,符合产品经营理念,给消费者传达绿色健康的观念。

3. 品牌经营理念

通过设计贴近目标客户生活现状的品牌标语以及品牌理念，与目标客户产生情感共鸣，以刺激其消费欲望。

1. 在快节奏的生活中，享受细节的美好。

2. 同款产品比质量，同样质量比价格。

五、品牌推广与传播

（一）HIGLAS 品牌推广与传播目标

1. 初期——HIGLAS 品牌概念导入期

初步制定实施周期为前三个月：HIGLAS 品牌处于打响知名度，在消费者心中建立品牌联想的阶段。该阶段的整体目标是，通过多种即时媒介短平快、高重复度地传播，促使消费者对以下几个问题有较为清晰的认知：HIGLAS 品牌产品适合什么样的群体购买？有什么产品值得购买？有什么有意思的创意产品？该品牌有哪些特色产品可以长期回购？等等。该阶段的传播属于告知性、提示性，旨在让消费者在众多玻璃产品中知道 HIGLAS 品牌的存在。

2. 中期——HIGLAS 品牌形象提升期

初步制定实施周期为中间六个月：HIGLAS 品牌的线上传播需要告诉消费者 HIGLAS 品牌的初心、HIGLAS 品牌产品都包括什么等。该阶段信息传播量大，内容抽象，应做到文字报道和宣传短片相结合，传播场景选择在电梯、地铁屏幕、杂志、景区宣传单页等。传播目标即通过较长时间的铺垫提升对 HIGLAS 品牌的认知度和美誉度。

3. 后期——HIGLAS 品牌价值提升期

初步制定实施周期为最后三个月时间：以推出软广、制造口碑营销为主。这个阶段主打新媒体营销，在流量大的知乎、自媒体大号发布原生广告、种草帖、游记，在点评类网站发布精选美图和正面评价，与意见领袖合作在抖音等新媒体平台上发布推广视频，邀请合作的媒体单位发布相关新闻报道。传播过程后期通过用户反馈，增加广告传播的可信度，配合前期中期塑造完整立体的 HIGLAS 品牌。传播活动结束后，所调查受众的品牌回忆率达到 60%以上，并有近期回购计划。

（二）HIGLAS 品牌产品一元和多元营销推广策略

在多元化战略方面，黑山玻璃曾经在前期进行过积极的探索和尝试，进军多种行业，但都没有达到预期的效果，没有获得市场的认同。之后黑山玻璃始终专注于玻璃制品，尤其是日用玻璃产品的研发、生产和销售。日用玻璃行业竞争日益激烈，对于黑山玻璃而言，持续提升企业盈利能力、不断发展企业经营规模势必会越发困难，因此快速发展中的黑山玻璃应当慎重实施 HIGLAS 品牌产品由一元化战略向多元化战略的转型。

1. 以符合企业长远经营目标和发展战略为导向

来自于规模最大化的动机、当前发展受到瓶颈约束以及外部诱惑的多重作用，往往是众多品牌选择多元化发展的主要原因。可以说黑山玻璃以往在初期尝试多元化发展失败的主要原因便是没有将多元化发展同企业长远经营目标和发展战略有机结合,选择“多元”经营,更多的是希望借着企业初创期快速增长的势头“多点开花”、多挣些钱、尽快把企业“做大”。现阶段黑山玻璃在重新审视自身产品多元化发展时,首先应当以企业既定的长远经营目标和发展战略为基础导向,对待多元化发展战略应当保持冷静和谨慎的态度,避免多元化发展战略影响企业核心业务正常运营,坚持企业发展“主线”不发生偏移;在此基础上,结合企业当前内外部实际情况,制定多元化品牌战略体系,逐步实现企业“一专多能”的经营战略布局,从目前黑山玻璃集团的发展情况来看就 HIGLAS 品牌产品市场应放在国内未覆盖的多种业务上。

2. 明确产品多元化发展的根本原因和目的

对于黑山玻璃而言,从其自身经营现状以及所处的市场竞争环境来看,选择品牌产品多元化发展的根本原因和首要目的,应当定义为在巩固和提升现有品牌市场影响力的前提下,逐渐实现 HIGLAS 品牌的纵向和横向延伸,通过相关领域产品的品牌相关性不断提升企业品牌体系的影响力和影响范围,达到提升品牌价值、提高盈利水平的目的。

3. 选择相关产品多元化发展战略

多元化发展可以分为相关产品多元化与非相关产品多元化。当前国际上对于产品多元化发展的认识基本上比较统一,质疑声远远大于认同;黑山玻璃应当充分吸收其他企业成功的经验和失败的教训,选择与自身主导产业——玻璃制品,尤其是日用玻璃制品相似或相关联的产业作为其多元化的发展方向,这些关联产业既可以是玻璃制品横向关联的延伸,同时也可以是玻璃制品供应链上纵向的关联的延伸,并且无论是横向延伸还是纵向延伸,都应当坚持品牌产品同属性、品牌涵覆性和文化等同性原则;黑山玻璃还应当针对 HIGLAS 品牌产品多元化发展战略同步实施相应的人力资源管理战略,针对新领域、新产品的研发、生产、销售等工作选拔、培养、储备充足的人才队伍作为人力资源保障,从而确保相关战略方针能够得到有效地贯彻和执行。黑山玻璃在对于 HIGLAS 品牌产品发展多元化业务战略时可重点拓展节能玻璃和可再生能源领域。

(三)HIGLAS 品牌基于 4P 营销理论的推广与传播

1. HIGLAS 品牌产品策略

“如果你的产品是与众不同的,整个世界就会为你敞开大门。”定位之父杰克·特劳特如是说。在玻璃制品严重同质化的今天,差异化才是出路。HIGLAS 品牌产品为其产品定位为欧洲品质,也是一种差异化策略。

(1)产品包装个性化

包装对产品来说是必要的,首先是它可以对产品起到保护作用,产品在运输过程中都会受各种条件影响,可能有磕碰、受潮、发霉等情况发生,即使是价格便宜的五金产品,也需要做简易包装保证产品的质量;包装其次的作用是美化产品形象,吸引消费者的注意力,特别是对于玻璃制品,美观而坚固的包装可以增加消费者的购买信心,使产品在消费者心目中形成一个良好的印象。随着生活品质的不断提高,消费者也日渐愿意为外观漂亮又质量可靠且使用方便的产品多付出一些,因此产品包装直接影响到公司品牌和形象的塑造。另外,包装的创新在为消费者带来便利的同时也可为企业带来丰厚的利润回报。

HIGLAS 品牌的客户多数是对产品包装不做详细要求的，以保温盒玻璃为例，白盒是极为普通的包装，其对消费者没有太大的吸引力，以往的经验表明，配彩盒以及定制盒出售的产品卖得更快。在设计公司个性化的包装时，还应考虑到不同国家和地区消费者习性的差异，要因地制宜。其次，定制盒也是 HIGLAS 品牌产品重要卖点之一，它支持客户来图定制、LOGO 定制等，定制的包装盒的目的不是为了取代原有的包装，而是让顾客把商品当作礼物一般珍贵。因此，定制包装作为卖点之一，其出售的产品也更多。

(2)依据市场差异进行产品改造

依据不同市场的特点，和市场之间的差异性，对已有产品进行改造，也属于一种开发新产品的方式。HIGLAS 品牌在进入新兴市场之初，只通过跟一两个客户的接触，无法对新兴市场消费者的需求进行详尽的了解。在 HIGLAS 品牌发展的成熟阶段，也曾经有过盲目扩张、开发新产品却没有市场的经历。而且因为开发新产品种类太多，在展会上给新客户一种眼花缭乱且不专业的感觉，又给小部分多年来重复销售一种产品的老客户造成不再生产原有产品的误解，对品牌造成不利影响。这是一种极度的成本消耗。

所以，目前来说 HIGLAS 品牌拿出曾经热销的老产品加以改造，投入新兴市场是一个合理的选择。这样 HIGLAS 品牌节省了研发成本，也可以对市场反应有一定的预见。

2. HIGLAS 品牌价格策略

多数情况下，价格是促使消费者做出购买决定的主要因素，虽然近年来也出现许多重要的非价格因素，但是价格仍是影响品牌盈利的极重要因素。HIGLAS 品牌在制定定价策略时需要考虑的因素很多，但一个好的价格策略将为品牌在推广品牌形象等方面起到关键作用。

(1)定价目标

HIGLAS 品牌当前的产品定价主要应从盈利、市场占有率、增加销售额、适应价格竞争四个方面来考虑：对任何品牌来说，盈利是首要目标，不能盈利，品牌也无法实现长远发展。在目前稳中求进的策略下，HIGLAS 品牌首先需要保住现有的市场份额，才能求得更大的市场占有率。市场占有率的提高随之而来的就是销售额的增加，销售额增加不一定是因为市场占有率提高，但市场占有率提高一定会带来销售额的增加。

产品的定价还应能适合市场中的价格竞争，太高或太低都不是有竞争力的价格，一种适合消费者心理的合理的价格才能在价格竞争中优胜。HIGLAS 品牌的产品平均利润率至少应达到 15%，才能实现盈利。目前 HIGLAS 品牌必须要稳步提高市场占有率。

(2)定价方法

以往 HIGLAS 品牌采用的定价方法是成本加成定价法，即在产品生产成本的基础上，算入其他费用，再按照一定的利润率核算而成。对于玻璃产品，成本一般包括玻璃加工价、粘胶、磨边、工人人工费等，其他费用一般有运费、订单过程中产生的相关费用等。这种定价方法核算起来相对简单，对于不熟悉成本的销售人员在特殊情况下也可以进行快速报价；但是简单同时也是其缺点，就是这种价格核定方式过于笼统，用这种方法定价的产品只有价格高低之分，难以区分品质。因此 HIGLAS 品牌在定价策略上需要做出调整，对不同的产品采用不同的定价方法。

①捆绑定价法

HIGLAS 品牌产品将采用捆绑定价法，针对于家庭推出了“亲子套餐”，该套餐中将不同尺寸大小的产品组合在一起进行销售。

通过这种产品组合,一方面降低了消费者的搜寻成本,尤其在基本产品与捆绑产品互补性很强的情况下,这种交易成本的节约更加突出,消费者的购买欲会增加。另一方面,这种策划可有效对抗竞争对手,并设置进入堡垒,由于捆绑定价将多次销售行为整合为一次性的销售,降低了竞争对手与自身争夺客户的机会。最后,HIGLAS 品牌通过这种组合能降低每种产品的广告费用,从而取得范围经济的效果。通过操纵产品组合中不同产品的价格实现自己的利润,扩大自己的盈利空间。

②渗透定价法

目前几家实力雄厚的玻璃品牌通过大量的电视广告进行广告宣传,但很少有创意独特、内涵丰富、记忆点强的广告牌,广告效应的延续性也不强,对于品牌形象的提升和品牌资产的积累的作用不大,而且资金耗费非常大,一旦把握不好甚至能对企业造成伤害。

因此,HIGLAS 品牌的广告策略是既要注重广告效果又要控制广告开支,要尽可能利用成本较低、传播效果较好的广告形式。另外,在广告信息的传播上一定要集聚一点,以求达到最佳的广告效果。

3. HIGLAS 品牌广告推广策略

(1)广告目标

HIGLAS 品牌在玻璃产品市场虽然有一定的知名度,但是其产品相对同类领头产品还有一定的差距。广告的主要目标是提高 HIGLAS 品牌形象,提高在目标市场中的知名度,使潜在客户能了解到产品的特点和质量,以刺激客户的购买欲望。

(2)广告信息

HIGLAS 品牌采用了与音乐相结合的手段来进行广告宣传——用"love song to the earth"与 HIGLAS 产品进行宣传,把这首音乐作为主题音乐或者背景音乐大量使用,达到这样的效果:人们一听到"love song to the earth"就能想到 HIGLAS 产品,一使用 HIGLAS 品牌产品就能想到 love song to the earth 这首歌,这样做的理由如下:

①"love song to the earth"这首歌突出反应了绿色环保与 HIGLAS 品牌所要表达的情感信息基本一致。

②"love song to the earth"这首歌比较经典,是一首能够触发人们心灵的经典歌曲,HIGLAS 品牌可以完全利用这首歌来提高产品知名度。

此外,HIGLAS 品牌还可以借鉴其他品牌的音乐营销的成功经验。在宣传 HIGLAS 品牌时一定要关注情感,与潜在消费者建立密切联系是非常重要,只有这样才能充分利用"love song to the earth"这首经典歌曲尽快扩大品牌的影响和形象。

(3)广告媒体

广告媒体是表达广告信息的物质技术手段或工具。通俗地说,凡是能刊载和传递广告信息的物质都可以称为广告媒体。

根据 HIGLAS 品牌产品的特点,决定利用电台、电视、杂志作为广告媒体进行广告宣传。

①电台

选择背景:电台拥有覆盖面广、成本低、针对性强的特点,在提高市场认知上有好的效果。

投放策略:把交通台作为重点宣传载体,因为很多出租车司机都有边开车边听交通台的习惯,出租车的客人自然是一些消费群体,他们虽然是出于一个被动的收听环境,但路途疲倦之时,听到"love song to the earth"不失为一种精神慰藉,能够激发消费者的购买欲望。

这种广告效果自然不错。另外交通台的广告费用相对便宜，可以大密度播出，播出时间应集中在早上或者晚上，上下班的高峰期。

②电视

选择背景：电视推广能更加引起高度注意，加上它的触及面广，对 HIGLAS 品牌的形象提升能发挥出重要作用。

投放策略：选择购物台及其他台广告时间投放。在选择购物台投放时，进行轮回播放，吸引消费者的眼球进而激发一些潜在消费者的购买欲望。而在选择其他台广告时间投放时，要合理利用 HIGLAS 品牌宣传片，结合“love song to the earth”音乐进行投放，能更好发挥出广告带来的作用。

③杂志

选择背景：杂志承载信息量大、覆盖面广的特点，对 HIGLAS 品牌的形象提升有较好效果。

文案标题：“您的贴身管家”——拥有 HIGLAS 品牌产品，追随优质的生活。

文案内容：外出工作的你，时常想念家的温暖。选择 HIGLAS 品牌让你在外能感受家带来的“温暖”。

投放策略：选择各地订阅量较大的地方杂志，结合生活版进行 HIGLAS 品牌的软文广告的投放。

4. 结合多行优势，进行公共关系策略

HIGLAS 品牌形象的提升离不开公共关系。公共关系是社会组织与相关公众的互动。这种互动不仅给互动的双方带来了良好的效益，还在社会的各个方面发挥着重要的作用。

(1)文化艺术节

通过结合多家企业发起文化艺术节，从而引起人们瞩目，树立企业形象。通过文化艺术节，可以展现出品牌其特点，进而可以强化品牌形象。

(2)传统节日活动

中国人民的传统节日对于许多品牌来说是一个不可忽视的时机，HIGLAS 品牌也要重视这些传统节日。比如可以通过邮寄贺卡的方式表达问候，证明您心中有用户，比如利用春节期间走访用户，拜年送一些小礼物，表达对用户的感谢。通过春节这些传统节日表达对用户的关心和友谊。

5. 利用情感共鸣，进行情感营销推广

随着情感消费时代的到来，消费行为从理性走向感性，消费者在购物时更注重环境、气氛、美感，追求品位，要求舒适，寻求享受。情感营销不仅重视企业和消费者之间的买卖关系的建立，更强调相互之间的情感交流，因而致力于营造一个温馨、和谐、充满情感的营销环境，这对品牌树立良好形象、建立良好人际关系、实现长远目标是非常重要的。

现在的市场竞争日益激烈，是否有优秀的品牌已成为企业竞争成败的重要因素。一个好的品牌能建立顾客偏好，吸引更多的品牌忠诚者。但是品牌忠诚的建立除了有过硬的产品质量、完美的产品市场适应性和营销推广策略外，在很大程度上与消费者的心理因素有很密切的关系。情感营销正是以攻心为上，把顾客对企业品牌的忠诚建立在情感的基础之上，满足顾客情感上的需求，使之得到心理上的认同，从而产生偏爱，形成忠实顾客群。

因此，HIGLAS 品牌采用情感营销来进一步扩大品牌的形象。我们可以围绕家庭情感来进行推广，例如：在一个家庭中，丈夫需要从早到晚在外工作一天，中午没时间吃饭。这时，早上他的妻子使用我们品牌产品为其准备饭菜，丈夫在中午的时候还能吃上热的饭菜。又或者，在吃年夜饭的时候，由于工作原因不能回家过年，家人使用我们品牌产品为其送饭，仍然能吃上家人准备的热乎乎的年夜饭。

（四）HIGLAS 品牌临门一脚的实效战术，开展互联网推广与传播

信息时代，你可以凭借“千丝万缕”的网络来做生意，如下图可以看出我国网民规模和互联网普及率的提升。利用网络来做生意不仅可以节约你的成本，而且还可以减少你的交易环节，24 小时进行产品买卖。随着网络的无地域性和资源共享性，许多同行或许已经先行一步，获得了成功。信息化能够有效地帮助这些企业解决市场中竞争力的大问题。对于这些企业而言，如果打破玻璃产品的传统销售瓶颈，充分利用网络营销的优势把玻璃产品通过网络来进行销售，必定会开拓出更大的销售市场。

1. 微信推广策略

微信是由移动即时通信工具衍生而来，具有很强的提醒力度，如铃声、通知中心消息停驻、角标等，随时提醒用户收到未阅读的信息，曝光率高达 100%。

高接受率：微信用户达 7 亿之众，已经超过手机短信和电子邮件的接收，其广泛和普及性成为营销的基础。

高精准度：拥有庞大粉丝量且高度集中的垂直微信账号，是炙手可热的营销资源和推广渠道。智能手机拥有 PC 的任何功能且携带方便，用户能够随时随地获取信息，给商家的营销带来极大的方便。因此，制定一系列微信营销策略来进行 HIGLAS 品牌的推广，更有利于产品的推广和提高产品的影响力。

创建公众号：

HIGLAS 品牌在微信上注册微信服务号/公众号，拥有属于自己的微信营销平台。这一营销平台针对的客户非常精确，只要有一定的客户基础，就可以推送真正针对客户的信息，大大增加用户和品牌之间的黏度。

2. 多平台推广策略

近年来自媒体行业飞速发展，呈现出百花齐放的状态，人人都是媒体人，这极大地方便了大众的社交网络的拓展。HIGLAS 品牌应该充分地借助微播、今日头条等自媒体平台进行营销。同时在宣传的过程中，宣传的内容应该更加地丰富和多样化，利用互联网思维来打造粉丝效应。让客户在认可产品和相关服务的同时，更认可 HIGLAS 品牌，对品牌产生更好的感观，这有利于品牌的建设和口碑传播，从而促进互联网营销的发展。

微博推广：

微博是非常重要的营销阵地，它允许用户以简短的文本形式更新内容。而且任何人都可以阅读，这无疑扩大了单个文本带来的影响。微博较好的开放性和用户之间的较强交互性特征。这使得微博信息的交互式传递能力极强，因此在微博上，信息的传递速度远高于其他互联网平台。所以 HIGLAS 品牌在开展互联网营销推广的过程中，不能忽视微博的重要性。

网络品牌营销推广：

网络品牌营销是企业或个人或组织机构利用互联网为媒介，利用各种网络营销推广手段进行产品或者服务的推广，在消费者心目中树立良好的品牌形象，最终把企业的产品或服务推广出去。因此，HIGLAS 品牌在这些拥有较高的用户流量的网络平台上进行推广，用以做资源渠道。

3. KOL+KOC 双管齐下，实行“内容+媒介覆盖”

KOL 指关键意见领袖，KOC 指关键意见消费者。KOL 负责话题造势获得大量曝光，KOC 则负责下沉到真实消费用户中去，它们都是销售转化中不可缺失的一环。所以，KOC 和 KOL 并不是剑拔弩张、针锋相对，而是互补的金字塔矩阵。HIGLAS 品牌通过这种 KOL+KOC 的组合营销方式，能够大大提升流量转化率。

(1)与 KOL 合作

传播平台众多，信息严重过载，消费者面对海量同类产品的选择，往往受网络意见领袖的影响。HIGLAS 品牌对于消费者来说还是初生品牌，想要扩大品牌影响力宜与各平台粉丝数量较多的营销账号合作，网红内容制作经验丰富，积累了大批粉丝，带货能力强，能够在短时间内起到良好的传播效果。

(2)与 KOC 合作

以更低的成本去完成更高效的传播，是当下品牌方越来越重视的问题。在互联网下半场，流量红利濒于消失，大 V 投放成本越来越高的情况下，KOC 也越来越有崛起的理由。在私域流量与种草营销的加持下，KOC 正逐渐成为品牌传播的一个重要突破点，帮品牌更高效收集消费意见，低成本测试市场反馈，能够在一定范围内口碑传播，迅速引爆势能。

HIGLAS 品牌也曾尝试进行 KOC 私域流量传播，成功实现了销售突破。HIGLAS 品牌启动超百个带货 KOC，以社群负责人(城市/个人社群)、社交平台达人(微博/小红书/抖音等)以及部分商城高级会员为重点，但也不乏粉丝量小的达人素人，通过在微博、公众号、社群及 KOC 朋友圈等渠道内容种草实现快速裂变传播，扩大 HIGLAS 品牌声量。

4. 直播平台营销策略

新冠肺炎疫情的来临让直播行业处在了“火热”的状态，通过直播这种实时互动对话，让用户有强烈参与感，极大地增加粉丝之间的黏性，可以使用较少的投入却能获得很好的宣传效果。直播带货成为一种新势力，抖音、快手、淘宝等平台作为最热门的短视频直播平台也吸引众多人。

最近几年，在新冠肺炎疫情和防疫措施的影响下，群体聚集类活动被迫停止。伴随而来的却是网络直播用户规模及使用时长的大幅增长。

(五)传播诉求及效果预期

通过策划线上线下传播推广活动，全方位提升入消费者对 HIGLAS 品牌的知名度、认知度、美誉度和忠诚度。在提高品牌形象的同时，引导顾客二次消费。让 HIGLAS 品牌成为消费者在选择玻璃品时的首选品牌。

HIGLAS 品牌将打造出更加完善服务业务链，使其旗下产品成为黑山玻璃重要产品支撑点。HIGLAS 品牌产品体系得到完善，市场竞争力得到提高，增加了 HIGLAS 品牌在玻璃产品市场上的份额。

六、风险管理

(一)风险识别

1. 竞争能力难以确定

HIGLAS 品牌产品面临着激烈的竞争市场,生产玻璃的厂商逐年增多,品牌不仅面临企业之间的竞争,同时还有潜在进入者的威胁。尽管我们的产品生产质量再好,也难以在玻璃生产行业繁多的产品样式中脱颖而出。现代知识更新的加速和科技发展的速度日新月异,致使新产品、新技术的生命周期缩短,我们的产品或技术被另一项更新的产品或技术所替代的时间是难以确定的。当更新的产品或技术比预计提前出现时,原有的产品和技术将会受到毁灭性的打击。

2. 现实与预期的不一致性

这是我们决策过程中不可避免的风险。虽然我们对市场做了分析和预测,以此制订了各种方案,但是市场是在不停地变化之中,我们所做的各种数据都不一定精确,这些不确定性都是不容忽视的风险。

3. 市场发展的不确定性

市场的接受能力和接受时间难以确定。市场的容量基本是一定的,由于我们的产品并不是必需品,而且市场上和我们相似的产品有很多,所以很难确定我们产品的性质和样式能否符合地区的风俗习惯,是否能得到消费者的喜爱。产品大力推出后到顾客完全接受之间有一个时滞,如果这一时滞时间过长将会导致企业的开发资金难以回收。

4. 第三方网络平台营销风险

对于这种以计算机为平台的虚拟交易市场,最大的风险就是交易的安全性,造成安全风险的因素有很多,既有人为的也有系统自身缺陷造成的,例如,信息确认风险、数据交换风险、交易者身份不确定风险等。因对网络技术和与之相关技术手段的不成熟和不稳定,给交易双方带来一定风险。此外信用风险也是网络营销发展中的主要障碍,如果没有任何信用保证,网络营销是难以开展的。

(二)风险评估

依据风险发生的概率,可将概率划分为五个等级,分别为很低(1%~10%)、低(11%~30%)、中(31%~50%)、高(51%~70%)、很高(>70%),通过成本损失、时间消耗等方面衡量,将影响也划分五个等级,分别为很低(0.1)、低(0.3)、中(0.5)、高(0.7)、很高(0.9)。以此通过评分的方式,将不同风险据重要程度进行排序,可便于优先并集中应对重要度更高的风险。

(三)风险应对

企业在经营发展的过程中,风险是不可避免的,在面对经营风险时需要积极对面,对风险进行全面评估,保证企业有充足的准备应对风险。着重从以下四大策略入手。

1. 规避策略

缩小项目工作范围以避免某些高风险的任务活动。

2. 转移策略

把风险的影响和责任转移给第三方，通常是为第三方付一定费用作为承担风险的报酬。

3. 减轻策略

谋求减低不利风险发生的可能性和影响程度。

4. 接受策略

制定应急计划并在风险发生时执行，做足风险储备，可大大减少处理风险的损失。

利用数据合理分析市场竞争者数量，通过加大市场的广告投入，扩大市场的占有率。合理做出各期生产计划，保证商品流动性，构建独立、高效的市场风险管理组织体系，强化风险意识，营造良好的市场风险管理文化。

通过网络第三方平台进行低成本宣传吸引消费者，再结合促销活动来提高市场竞争力，给顾客以高质量的服务，让顾客也成为宣传中的一股力量，同时建立完善的市场反馈体系，提高产品的顾客满意度。另外，在产品方面，创新是一个很重要的核心竞争力，只有不断地推陈出新才能让企业有新鲜感，使品牌产品更具吸引力和竞争力，更大程度上降低竞争风险的压力。

无论网络安全、网上结算还是货物配送，都涉及法律法规问题，完善网络交易的法律法规，规避网络营销风险，保证网络营销的正常运行，加强对网络第三方平台营销的信用认证，把信用风险降到最低，促进网络营销的健康发展。

结语

本品牌策划方案首先通过对 HIGLAS 品牌背景的介绍及发展情况、营销现状分析，接着在营销环境的分析、STP 战略分析的基础上，制定 HIGLAS 品牌推广与传播。

在 HIGLAS 品牌的营销环境分析过程中，分别通过宏观环境、微观环境、竞争环境、需求环境和 SWOT 进行分析，并根据市场需求总量、需求发展趋势为依据，确定了 HIGLAS 品牌的销售目标。

接着利用 STP 分析法对产品的目标市场进行分析，对市场进行细分，确定了目标市场，进行市场定位，为推广与传播的制定提供的依据，接着通过这些依据制定了一套完整的品牌推广与传播计划，分析其出现的风险，制定相应的对策。

本品牌策划方案限于时间和水平，还有很多内容可以详细补充和完善，例如，品牌定位可以针对更细分的客群思索更多角度，视觉设计方案可以在咨询设计公司的协助下更加专业，具体的营销活动方案可以增添案例以便执行过程中有更多参照，媒介传播方案可以规划到具体日期和相应的文案配图，等等。

附件

关于餐具品牌的问卷调查

感谢您在百忙之中能抽出宝贵的时间来填写这份问卷。我们希望通过这份问卷了解您对餐具品牌的看法、需求以及宝贵建议，分享您的真实感受，以便我们日后为您提供更好的服务。本次调查属于匿名调查，各种答案没有正误之分，只需按照您的实际情况回答每个问题。我们对您的支持与合作表示由衷的感谢！

1. 您的性别？

1. 男　　B. 女

2. 您的年龄？

1. 15~24 岁　　B. 24~35 岁　　C. 35~50 岁　　D. 50 岁以上

3. 您现在的工作？

A. 学生　　B. 上班族　　C. 自由职业者　　D. 其他

4. 企业社会形象会不会对您购买该企业产品产生影响？

A. 会　　B. 不会

5. 您通常是通过以下哪种途径了解品牌信息？

A. 新媒体广告　　B. 电视广告　　C. 报纸、杂志、广告牌　　D. 朋友推荐

6. 您对一个品牌忠诚的原因是什么？

A. 产品质量　　B. 明星代言　　C. 售后服务

D. 性价比高　　E. 品牌知名度高

7. 您认为市场上出现的品牌标志有哪些不足之处？

A. 视觉冲击力不强的文化和精神面貌

B. 没有显示企业　　C. 艺术感不强　　D. 其他

8. 您更倾向于什么风格的品牌标志？

A. 传统稳重　　B. 国际化　　C. 热情、亲和

D. 时尚、前沿　　E. 民族文化

9. 您认为品牌在市场中最具竞争力的要素是什么？

A. 产品品牌　　B. 产品质量　　C. 产品价格　　D. 技术领先

E. 销售渠道　　F. 服务水平　　G. 产品宣传

10. 您认为在品牌传播方面要重视？

A. 商品质量　　B. 品牌文化　　C. 联系热点　　D. 迎合消费者爱好

E. 品牌差异化　　F. 其他

11. 您愿意尝试新品牌的原因是？

A. 广告影响　　B. 社会热度/朋友反馈　　C. 商品本身吸引人

D. 价格优惠　　E. 喜欢尝试新事物　　F. 其他

12. 您不愿意尝试新品牌的原因是？

A. 品牌知名度不高　　B. 品牌缺乏文化支撑

C. 广告不吸引人　　D. 价格不够优惠　　E. 其他

13. 您一般在什么地方购买日用产品？

A. 便利店　　B. 日用百货专卖店

C. 网购　　D. 社区团购

14. 您的家庭餐具更偏向于哪一种材质？

A. 玻璃材质　　B. 质瓷材质　　C. 不锈钢材质　　D. 塑料材质

15. 你在选择玻璃日用品时，更注重它什么哪些特性？

A. 材质健康　　B. 携带轻便　　C. 价格低廉　　D. 样式美观

附录B　中华人民共和国广告法

（1994年10月27日第八届全国人民代表大会常务委员会第十次会议通过。2015年4月24日第十二届全国人民代表大会常务委员会第十四次会议修订。根据2018年10月26日第十三届全国人民代表大会常务委员会第六次会议《关于修改〈中华人民共和国野生动物保护法〉等十五部法律的决定》修正）

中华人民共和国广告法

第一章　总　则

第一条　为了规范广告活动，保护消费者的合法权益，促进广告业的健康发展，维护社会经济秩序，制定本法。

第二条　在中华人民共和国境内，商品经营者或者服务提供者通过一定媒介和形式直接或者间接地介绍自己所推销的商品或者服务的商业广告活动，适用本法。

本法所称广告主，是指为推销商品或者服务，自行或者委托他人设计、制作、发布广告的自然人、法人或者其他组织。

本法所称广告经营者，是指接受委托提供广告设计、制作、代理服务的自然人、法人或者其他组织。

本法所称广告发布者，是指为广告主或者广告主委托的广告经营者发布广告的自然人、法人或者其他组织。

本法所称广告代言人，是指广告主以外的，在广告中以自己的名义或者形象对商品、服务作推荐、证明的自然人、法人或者其他组织。

第三条　广告应当真实、合法，以健康的表现形式表达广告内容，符合社会主义精神文明建设和弘扬中华优秀传统文化的要求。

第四条　广告不得含有虚假或者引人误解的内容，不得欺骗、误导消费者。

广告主应当对广告内容的真实性负责。

第五条　广告主、广告经营者、广告发布者从事广告活动，应当遵守法律、法规，诚实信用，公平竞争。

第六条　国务院市场监督管理部门主管全国的广告监督管理工作，国务院有关部门在各自的职责范围内负责广告管理相关工作。

县级以上地方市场监督管理部门主管本行政区域的广告监督管理工作，县级以上地方人民政府有关部门在各自的职责范围内负责广告管理相关工作。

第七条　广告行业组织依照法律、法规和章程的规定，制定行业规范，加强行业自律，促进行业发展，引导会员依法从事广告活动，推动广告行业诚信建设。

第二章　广告内容准则

第八条　广告中对商品的性能、功能、产地、用途、质量、成分、价格、生产者、有效期限、允诺等或者对服务的内容、提供者、形式、质量、价格、允诺等有表示的，应当准确、清楚、明白。

广告中表明推销的商品或者服务附带赠送的，应当明示所附带赠送商品或者服务的品种、规格、数量、期限和方式。

法律、行政法规规定广告中应当明示的内容，应当显著、清晰表示。

第九条　广告不得有下列情形：

（一）使用或者变相使用中华人民共和国的国旗、国歌、国徽，军旗、军歌、军徽；

（二）使用或者变相使用国家机关、国家机关工作人员的名义或者形象；

（三）使用“国家级”“最高级”“最佳”等用语；

（四）损害国家的尊严或者利益，泄露国家秘密；

（五）妨碍社会安定，损害社会公共利益；

（六）危害人身、财产安全，泄露个人隐私；

（七）妨碍社会公共秩序或者违背社会良好风尚；

（八）含有淫秽、色情、赌博、迷信、恐怖、暴力的内容；

（九）含有民族、种族、宗教、性别歧视的内容；

（十）妨碍环境、自然资源或者文化遗产保护；

（十一）法律、行政法规规定禁止的其他情形。

第十条　广告不得损害未成年人和残疾人的身心健康。

第十一条　广告内容涉及的事项需要取得行政许可的，应当与许可的内容相符合。

广告使用数据、统计资料、调查结果、文摘、引用语等引证内容的，应当真实、准确，并表明出处。引证内容有适用范围和有效期限的，应当明确表示。

第十二条　广告中涉及专利产品或者专利方法的，应当标明专利号和专利种类。

未取得专利权的，不得在广告中谎称取得专利权。

禁止使用未授予专利权的专利申请和已经终止、撤销、无效的专利作广告。

第十三条　广告不得贬低其他生产经营者的商品或者服务。

第十四条　广告应当具有可识别性，能够使消费者辨明其为广告。

大众传播媒介不得以新闻报道形式变相发布广告。通过大众传播媒介发布的广告应当显著标明“广告”，与其他非广告信息相区别，不得使消费者产生误解。

广播电台、电视台发布广告，应当遵守国务院有关部门关于时长、方式的规定，并应当对广告时长作出明显提示。

第十五条　麻醉药品、精神药品、医疗用毒性药品、放射性药品等特殊药品，药品类易制毒化学品，以及戒毒治疗的药品、医疗器械和治疗方法，不得作广告。

前款规定以外的处方药，只能在国务院卫生行政部门和国务院药品监督管理部门共同指定的医学、药学专业刊物上作广告。

第十六条　医疗、药品、医疗器械广告不得含有下列内容：

（一）表示功效、安全性的断言或者保证；

（二）说明治愈率或者有效率；

（三）与其他药品、医疗器械的功效和安全性或者其他医疗机构比较；

（四）利用广告代言人作推荐、证明；

（五）法律、行政法规规定禁止的其他内容。

药品广告的内容不得与国务院药品监督管理部门批准的说明书不一致，并应当显著标明禁忌、不良反应。处方药广告应当显著标明“本广告仅供医学药学专业人士阅读”，非处方药广告应当显著标明“请按药品说明书或者在药师指导下购买和使用”。

推荐给个人自用的医疗器械的广告，应当显著标明“请仔细阅读产品说明书或者在医务人员的指导下购买和使用”。医疗器械产品注册证明文件中有禁忌内容、注意事项的，广告中应当显著标明“禁忌内容或者注意事项详见说明书”。

第十七条　除医疗、药品、医疗器械广告外，禁止其他任何广告涉及疾病治疗功能，并不得使用医疗用语或者易使推销的商品与药品、医疗器械相混淆的用语。

第十八条　保健食品广告不得含有下列内容：

（一）表示功效、安全性的断言或者保证；

（二）涉及疾病预防、治疗功能；

（三）声称或者暗示广告商品为保障健康所必需；

（四）与药品、其他保健食品进行比较；

（五）利用广告代言人作推荐、证明；

（六）法律、行政法规规定禁止的其他内容。

保健食品广告应当显著标明“本品不能代替药物”。

第十九条　广播电台、电视台、报刊音像出版单位、互联网信息服务提供者不得以介绍健康、养生知识等形式变相发布医疗、药品、医疗器械、保健食品广告。

第二十条　禁止在大众传播媒介或者公共场所发布声称全部或者部分替代母乳的婴儿乳制品、饮料和其他食品广告。

第二十一条　农药、兽药、饲料和饲料添加剂广告不得含有下列内容：

（一）表示功效、安全性的断言或者保证；

（二）利用科研单位、学术机构、技术推广机构、行业协会或者专业人士、用户的名义或者形象作推荐、证明；

（三）说明有效率；

（四）违反安全使用规程的文字、语言或者画面；

（五）法律、行政法规规定禁止的其他内容。

第二十二条　禁止在大众传播媒介或者公共场所、公共交通工具、户外发布烟草广告。禁止向未成年人发送任何形式的烟草广告。

禁止利用其他商品或者服务的广告、公益广告，宣传烟草制品名称、商标、包装、装潢以及类似内容。

烟草制品生产者或者销售者发布的迁址、更名、招聘等启事中，不得含有烟草制品名称、商标、包装、装潢以及类似内容。

第二十三条　酒类广告不得含有下列内容：

（一）诱导、怂恿饮酒或者宣传无节制饮酒；

（二）出现饮酒的动作；

（三）表现驾驶车、船、飞机等活动；

（四）明示或者暗示饮酒有消除紧张和焦虑、增加体力等功效。

第二十四条　教育、培训广告不得含有下列内容：

（一）对升学、通过考试、获得学位学历或者合格证书，或者对教育、培训的效果作出明示或者暗示的保证性承诺；

（二）明示或者暗示有相关考试机构或者其工作人员、考试命题人员参与教育、培训；

（三）利用科研单位、学术机构、教育机构、行业协会、专业人士、受益者的名义或者形象作推荐、证明。

第二十五条　招商等有投资回报预期的商品或者服务广告，应当对可能存在的风险以及风险责任承担有合理提示或者警示，并不得含有下列内容：

（一）对未来效果、收益或者与其相关的情况作出保证性承诺，明示或者暗示保本、无风险或者保收益等，国家另有规定的除外；

（二）利用学术机构、行业协会、专业人士、受益者的名义或者形象作推荐、证明。

第二十六条　房地产广告，房源信息应当真实，面积应当表明为建筑面积或者套内建筑面积，并不得含有下列内容：

（一）升值或者投资回报的承诺；

（二）以项目到达某一具体参照物的所需时间表示项目位置；

（三）违反国家有关价格管理的规定；

（四）对规划或者建设中的交通、商业、文化教育设施以及其他市政条件作误导宣传。

第二十七条　农作物种子、林木种子、草种子、种畜禽、水产苗种和种养殖广告关于品种名称、生产性能、生长量或者产量、品质、抗性、特殊使用价值、经济价值、适宜种植或者养殖的范围和条件等方面的表述应当真实、清楚、明白，并不得含有下列内容：

（一）作科学上无法验证的断言；

（二）表示功效的断言或者保证；

（三）对经济效益进行分析、预测或者作保证性承诺；

（四）利用科研单位、学术机构、技术推广机构、行业协会或者专业人士、用户的名义或者形象作推荐、证明。

第二十八条广告以虚假或者引人误解的内容欺骗、误导消费者的，构成虚假广告。

广告有下列情形之一的，为虚假广告：

（一）商品或者服务不存在的；

（二）商品的性能、功能、产地、用途、质量、规格、成分、价格、生产者、有效期限、销售状况、曾获荣誉等信息，或者服务的内容、提供者、形式、质量、价格、销售状况、曾获荣誉等信息，以及与商品或者服务有关的允诺等信息与实际情况不符，对购买行为有实质性影响的；

（三）使用虚构、伪造或者无法验证的科研成果、统计资料、调查结果、文摘、引用语等信息作证明材料的；

（四）虚构使用商品或者接受服务的效果的；

（五）以虚假或者引人误解的内容欺骗、误导消费者的其他情形。

第三章　广告行为规范

第二十九条　广播电台、电视台、报刊出版单位从事广告发布业务的，应当设有专门从事广告业务的机构，配备必要的人员，具有与发布广告相适应的场所、设备，并向县级以上地方市场监督管理部门办理广告发布登记。

第三十条　广告主、广告经营者、广告发布者之间在广告活动中应当依法订立书面合同。

第三十一条　广告主、广告经营者、广告发布者不得在广告活动中进行任何形式的不正当竞争。

第三十二条　广告主委托设计、制作、发布广告，应当委托具有合法经营资格的广告经营者、广告发布者。

第三十三条　广告主或者广告经营者在广告中使用他人名义或者形象的，应当事先取得其书面同意；使用无民事行为能力人、限制民事行为能力人的名义或者形象的，应当事先取得其监护人的书面同意。

第三十四条　广告经营者、广告发布者应当按照国家有关规定，建立、健全广告业务的承接登记、审核、档案管理制度。

广告经营者、广告发布者依据法律、行政法规查验有关证明文件，核对广告内容。对内容不符或者证明文件不全的广告，广告经营者不得提供设计、制作、代理服务，广告发布者不得发布。

第三十五条广告经营者、广告发布者应当公布其收费标准和收费办法。

第三十六条　广告发布者向广告主、广告经营者提供的覆盖率、收视率、点击率、发行量等资料应当真实。

第三十七条　法律、行政法规规定禁止生产、销售的产品或者提供的服务，以及禁止发布广告的商品或者服务，任何单位或者个人不得设计、制作、代理、发布广告。

第三十八条　广告代言人在广告中对商品、服务作推荐、证明，应当依据事实，符合本法和有关法律、行政法规规定，并不得为其未使用过的商品或者未接受过的服务作推荐、证明。

不得利用不满十周岁的未成年人作为广告代言人。

对在虚假广告中作推荐、证明受到行政处罚未满三年的自然人、法人或者其他组织，不得利用其作为广告代言人。

第三十九条　不得在中小学校、幼儿园内开展广告活动，不得利用中小学生和幼儿的教材、教辅材料、练习册、文具、教具、校服、校车等发布或者变相发布广告，但公益广告除外。

第四十条　在针对未成年人的大众传播媒介上不得发布医疗、药品、保健食品、医疗器械、化妆品、酒类、美容广告，以及不利于未成年人身心健康的网络游戏广告。

针对不满十四周岁的未成年人的商品或者服务的广告不得含有下列内容：

（一）劝诱其要求家长购买广告商品或者服务；

（二）可能引发其模仿不安全行为。

第四十一条　县级以上地方人民政府应当组织有关部门加强对利用户外场所、空间、设施等发布户外广告的监督管理,制定户外广告设置规划和安全要求。

户外广告的管理办法,由地方性法规、地方政府规章规定。

第四十二条　有下列情形之一的,不得设置户外广告:

(一)利用交通安全设施、交通标志的;

(二)影响市政公共设施、交通安全设施、交通标志、消防设施、消防安全标志使用的;

(三)妨碍生产或者人民生活,损害市容市貌的;

(四)在国家机关、文物保护单位、风景名胜区等的建筑控制地带,或者县级以上地方人民政府禁止设置户外广告的区域设置的。

第四十三条任何单位或者个人未经当事人同意或者请求,不得向其住宅、交通工具等发送广告,也不得以电子信息方式向其发送广告。

以电子信息方式发送广告的,应当明示发送者的真实身份和联系方式,并向接收者提供拒绝继续接收的方式。

第四十四条　利用互联网从事广告活动,适用本法的各项规定。

利用互联网发布、发送广告,不得影响用户正常使用网络。在互联网页面以弹出等形式发布的广告,应当显著标明关闭标志,确保一键关闭。

第四十五条　公共场所的管理者或者电信业务经营者、互联网信息服务提供者对其明知或者应知的利用其场所或者信息传输、发布平台发送、发布违法广告的,应当予以制止。

第四章　监督管理

第四十六条　发布医疗、药品、医疗器械、农药、兽药和保健食品广告,以及法律、行政法规规定应当进行审查的其他广告,应当在发布前由有关部门(以下称广告审查机关)对广告内容进行审查;未经审查,不得发布。

第四十七条　广告主申请广告审查,应当依照法律、行政法规向广告审查机关提交有关证明文件。

广告审查机关应当依照法律、行政法规规定作出审查决定,并应当将审查批准文件抄送同级市场监督管理部门。广告审查机关应当及时向社会公布批准的广告。

第四十八条　任何单位或者个人不得伪造、变造或者转让广告审查批准文件。

第四十九条市场监督管理部门履行广告监督管理职责,可以行使下列职权:

(一)对涉嫌从事违法广告活动的场所实施现场检查;

(二)询问涉嫌违法当事人或者其法定代表人、主要负责人和其他有关人员,对有关单位或者个人进行调查;

(三)要求涉嫌违法当事人限期提供有关证明文件;

(四)查阅、复制与涉嫌违法广告有关的合同、票据、账簿、广告作品和其他有关资料;

(五)查封、扣押与涉嫌违法广告直接相关的广告物品、经营工具、设备等财物;

(六)责令暂停发布可能造成严重后果的涉嫌违法广告;

(七)法律、行政法规规定的其他职权。

市场监督管理部门应当建立健全广告监测制度,完善监测措施,及时发现和依法查处违法广告行为。

第五十条　国务院市场监督管理部门会同国务院有关部门,制定大众传播媒介广告发布行为规范。

第五十一条　市场监督管理部门依照本法规定行使职权，当事人应当协助、配合，不得拒绝、阻挠。

第五十二条　市场监督管理部门和有关部门及其工作人员对其在广告监督管理活动中知悉的商业秘密负有保密义务。

第五十三条　任何单位或者个人有权向市场监督管理部门和有关部门投诉、举报违反本法的行为。市场监督管理部门和有关部门应当向社会公开受理投诉、举报的电话、信箱或者电子邮件地址，接到投诉、举报的部门应当自收到投诉之日起七个工作日内，予以处理并告知投诉、举报人。

市场监督管理部门和有关部门不依法履行职责的，任何单位或者个人有权向其上级机关或者监察机关举报。接到举报的机关应当依法作出处理，并将处理结果及时告知举报人。

有关部门应当为投诉、举报人保密。

第五十四条　消费者协会和其他消费者组织对违反本法规定，发布虚假广告侵害消费者合法权益，以及其他损害社会公共利益的行为，依法进行社会监督。

第五章　法律责任

第五十五条违反本法规定，发布虚假广告的，由市场监督管理部门责令停止发布广告，责令广告主在相应范围内消除影响，处广告费用三倍以上五倍以下的罚款，广告费用无法计算或者明显偏低的，处二十万元以上一百万元以下的罚款；两年内有三次以上违法行为或者有其他严重情节的，处广告费用五倍以上十倍以下的罚款，广告费用无法计算或者明显偏低的，处一百万元以上二百万元以下的罚款，可以吊销营业执照，并由广告审查机关撤销广告审查批准文件、一年内不受理其广告审查申请。

医疗机构有前款规定违法行为，情节严重的，除由市场监督管理部门依照本法处罚外，卫生行政部门可以吊销诊疗科目或者吊销医疗机构执业许可证。

广告经营者、广告发布者明知或者应知广告虚假仍设计、制作、代理、发布的，由市场监督管理部门没收广告费用，并处广告费用三倍以上五倍以下的罚款，广告费用无法计算或者明显偏低的，处二十万元以上一百万元以下的罚款；两年内有三次以上违法行为或者有其他严重情节的，处广告费用五倍以上十倍以下的罚款，广告费用无法计算或者明显偏低的，处一百万元以上二百万元以下的罚款，并可以由有关部门暂停广告发布业务、吊销营业执照、吊销广告发布登记证件。

广告主、广告经营者、广告发布者有本条第一款、第三款规定行为，构成犯罪的，依法追究刑事责任。

第五十六条　违反本法规定，发布虚假广告，欺骗、误导消费者，使购买商品或者接受服务的消费者的合法权益受到损害的，由广告主依法承担民事责任。广告经营者、广告发布者不能提供广告主的真实名称、地址和有效联系方式的，消费者可以要求广告经营者、广告发布者先行赔偿。

关系消费者生命健康的商品或者服务的虚假广告，造成消费者损害的，其广告经营者、广告发布者、广告代言人应当与广告主承担连带责任。

前款规定以外的商品或者服务的虚假广告,造成消费者损害的,其广告经营者、广告发布者、广告代言人,明知或者应知广告虚假仍设计、制作、代理、发布或者作推荐、证明的,应当与广告主承担连带责任。

第五十七条　有下列行为之一的,由市场监督管理部门责令停止发布广告,对广告主处二十万元以上一百万元以下的罚款,情节严重的,并可以吊销营业执照,由广告审查机关撤销广告审查批准文件、一年内不受理其广告审查申请;对广告经营者、广告发布者,由市场监督管理部门没收广告费用,处二十万元以上一百万元以下的罚款,情节严重的,并可以吊销营业执照、吊销广告发布登记证件:

(一)发布有本法第九条、第十条规定的禁止情形的广告的;

(二)违反本法第十五条规定发布处方药广告、药品类易制毒化学品广告、戒毒治疗的医疗器械和治疗方法广告的;

(三)违反本法第二十条规定,发布声称全部或者部分替代母乳的婴儿乳制品、饮料和其他食品广告的;

(四)违反本法第二十二条规定发布烟草广告的;

(五)违反本法第三十七条规定,利用广告推销禁止生产、销售的产品或者提供的服务,或者禁止发布广告的商品或者服务的;

(六)违反本法第四十条第一款规定,在针对未成年人的大众传播媒介上发布医疗、药品、保健食品、医疗器械、化妆品、酒类、美容广告,以及不利于未成年人身心健康的网络游戏广告的。

第五十八条　有下列行为之一的,由市场监督管理部门责令停止发布广告,责令广告主在相应范围内消除影响,处广告费用一倍以上三倍以下的罚款,广告费用无法计算或者明显偏低的,处十万元以上二十万元以下的罚款;情节严重的,处广告费用三倍以上五倍以下的罚款,广告费用无法计算或者明显偏低的,处二十万元以上一百万元以下的罚款,可以吊销营业执照,并由广告审查机关撤销广告审查批准文件、一年内不受理其广告审查申请:

(一)违反本法第十六条规定发布医疗、药品、医疗器械广告的;

(二)违反本法第十七条规定,在广告中涉及疾病治疗功能,以及使用医疗用语或者易使推销的商品与药品、医疗器械相混淆的用语的;

(三)违反本法第十八条规定发布保健食品广告的;

(四)违反本法第二十一条规定发布农药、兽药、饲料和饲料添加剂广告的;

(五)违反本法第二十三条规定发布酒类广告的;

(六)违反本法第二十四条规定发布教育、培训广告的;

(七)违反本法第二十五条规定发布招商等有投资回报预期的商品或者服务广告的;

(八)违反本法第二十六条规定发布房地产广告的;

(九)违反本法第二十七条规定发布农作物种子、林木种子、草种子、种畜禽、水产苗种和种养殖广告的;

(十)违反本法第三十八条第二款规定,利用不满十周岁的未成年人作为广告代言人的;

(十一)违反本法第三十八条第三款规定,利用自然人、法人或者其他组织作为广告代言人的;

(十二)违反本法第三十九条规定,在中小学校、幼儿园内或者利用与中小学生、幼儿有关的物品发布广告的；

（十三）违反本法第四十条第二款规定，发布针对不满十四周岁的未成年人的商品或者服务的广告的；

（十四）违反本法第四十六条规定，未经审查发布广告的。

医疗机构有前款规定违法行为，情节严重的，除由市场监督管理部门依照本法处罚外，卫生行政部门可以吊销诊疗科目或者吊销医疗机构执业许可证。

广告经营者、广告发布者明知或者应知有本条第一款规定违法行为仍设计、制作、代理、发布的，由市场监督管理部门没收广告费用，并处广告费用一倍以上三倍以下的罚款，广告费用无法计算或者明显偏低的，处十万元以上二十万元以下的罚款；情节严重的，处广告费用三倍以上五倍以下的罚款，广告费用无法计算或者明显偏低的，处二十万元以上一百万元以下的罚款，并可以由有关部门暂停广告发布业务、吊销营业执照、吊销广告发布登记证件。

第五十九条　有下列行为之一的，由市场监督管理部门责令停止发布广告，对广告主处十万元以下的罚款：

（一）广告内容违反本法第八条规定的；

（二）广告引证内容违反本法第十一条规定的；

（三）涉及专利的广告违反本法第十二条规定的；

（四）违反本法第十三条规定，广告贬低其他生产经营者的商品或者服务的。

广告经营者、广告发布者明知或者应知有前款规定违法行为仍设计、制作、代理、发布的，由市场监督管理部门处十万元以下的罚款。

广告违反本法第十四条规定，不具有可识别性的，或者违反本法第十九条规定，变相发布医疗、药品、医疗器械、保健食品广告的，由市场监督管理部门责令改正，对广告发布者处十万元以下的罚款。

第六十条　违反本法第二十九条规定，广播电台、电视台、报刊出版单位未办理广告发布登记，擅自从事广告发布业务的，由市场监督管理部门责令改正，没收违法所得，违法所得一万元以上的，并处违法所得一倍以上三倍以下的罚款；违法所得不足一万元的，并处五千元以上三万元以下的罚款。

第六十一条　违反本法第三十四条规定，广告经营者、广告发布者未按照国家有关规定建立、健全广告业务管理制度的，或者未对广告内容进行核对的，由市场监督管理部门责令改正，可以处五万元以下的罚款。

违反本法第三十五条规定，广告经营者、广告发布者未公布其收费标准和收费办法的，由价格主管部门责令改正，可以处五万元以下的罚款。

第六十二条　广告代言人有下列情形之一的，由市场监督管理部门没收违法所得，并处违法所得一倍以上二倍以下的罚款：

（一）违反本法第十六条第一款第四项规定，在医疗、药品、医疗器械广告中作推荐、证明的；

（二）违反本法第十八条第一款第五项规定，在保健食品广告中作推荐、证明的；

（三）违反本法第三十八条第一款规定，为其未使用过的商品或者未接受过的服务作推荐、证明的；

（四）明知或者应知广告虚假仍在广告中对商品、服务作推荐、证明的。

第六十三条　违反本法第四十三条规定发送广告的，由有关部门责令停止违法行为，对广告主处五千元以上三万元以下的罚款。

违反本法第四十四条第二款规定，利用互联网发布广告，未显著标明关闭标志，确保一键关闭的，由市场监督管理部门责令改正，对广告主处五千元以上三万元以下的罚款。

第六十四条违反本法第四十五条规定，公共场所的管理者和电信业务经营者、互联网信息服务提供者，明知或者应知广告活动违法不予制止的，由市场监督管理部门没收违法所得，违法所得五万元以上的，并处违法所得一倍以上三倍以下的罚款，违法所得不足五万元的，并处一万元以上五万元以下的罚款；情节严重的，由有关部门依法停止相关业务。

第六十五条　违反本法规定，隐瞒真实情况或者提供虚假材料申请广告审查的，广告审查机关不予受理或者不予批准，予以警告，一年内不受理该申请人的广告审查申请；以欺骗、贿赂等不正当手段取得广告审查批准的，广告审查机关予以撤销，处十万元以上二十万元以下的罚款，三年内不受理该申请人的广告审查申请。

第六十六条　违反本法规定，伪造、变造或者转让广告审查批准文件的，由市场监督管理部门没收违法所得，并处一万元以上十万元以下的罚款。

第六十七条　有本法规定的违法行为的，由市场监督管理部门记入信用档案，并依照有关法律、行政法规规定予以公示。

第六十八条　广播电台、电视台、报刊音像出版单位发布违法广告，或者以新闻报道形式变相发布广告，或者以介绍健康、养生知识等形式变相发布医疗、药品、医疗器械、保健食品广告，市场监督管理部门依照本法给予处罚的，应当通报新闻出版、广播电视主管部门以及其他有关部门。新闻出版、广播电视主管部门以及其他有关部门应当依法对负有责任的主管人员和直接责任人员给予处分；情节严重的，并可以暂停媒体的广告发布业务。

新闻出版、广播电视主管部门以及其他有关部门未依照前款规定对广播电台、电视台、报刊音像出版单位进行处理的，对负有责任的主管人员和直接责任人员，依法给予处分。

第六十九条　广告主、广告经营者、广告发布者违反本法规定，有下列侵权行为之一的，依法承担民事责任：

（一）在广告中损害未成年人或者残疾人的身心健康的；

（二）假冒他人专利的；

（三）贬低其他生产经营者的商品、服务的；

（四）在广告中未经同意使用他人名义或者形象的；

（五）其他侵犯他人合法民事权益的。

第七十条　因发布虚假广告，或者有其他本法规定的违法行为，被吊销营业执照的公司、企业的法定代表人，对违法行为负有个人责任的，自该公司、企业被吊销营业执照之日起三年内不得担任公司、企业的董事、监事、高级管理人员。

第七十一条　违反本法规定，拒绝、阻挠市场监督管理部门监督检查，或者有其他构成违反治安管理行为的，依法给予治安管理处罚；构成犯罪的，依法追究刑事责任。

第七十二条　广告审查机关对违法的广告内容作出审查批准决定的，对负有责任的主管人员和直接责任人员，由任免机关或者监察机关依法给予处分；构成犯罪的，依法追究刑事责任。

第七十三条　市场监督管理部门对在履行广告监测职责中发现的违法广告行为或者对经投诉、举报的违法广告行为，不依法予以查处的，对负有责任的主管人员和直接责任人员，依法给予处分。

市场监督管理部门和负责广告管理相关工作的有关部门的工作人员玩忽职守、滥用职权、徇私舞弊的，依法给予处分。

有前两款行为，构成犯罪的，依法追究刑事责任。

第六章　附则

第七十四条　国家鼓励、支持开展公益广告宣传活动，传播社会主义核心价值观，倡导文明风尚。

大众传播媒介有义务发布公益广告。广播电台、电视台、报刊出版单位应当按照规定的版面、时段、时长发布公益广告。公益广告的管理办法，由国务院市场监督管理部门会同有关部门制定。

第七十五条　本法自 2015 年 9 月 1 日起施行。

参 考 文 献

[1] 曹虎,王赛,乔林,等.数字时代的营销战略[M].北京:机械工业出版社,2017.

[2] 张戟.新经济时代[M].济南:山东科学技术出版社,2015.

[3] 刘昊,李勇.企业营销战略管理[M].北京:清华大学出版社,2016.

[4] 汪长江.市场营销战略研究:分析、规划、实施与控制[M].上海:上海交通大学出版社,2015.

[5] 卢泰宏,周懿瑾.消费者行为学:中国消费者透视[M].2版.北京:中国人民大学出版社,2015.

[6] 汪丁丁.行为经济学要义[M].上海:上海人民出版社,2015.

[7] 所罗门,卢泰宏,杨晓燕.消费者行为学[M].10版.杨晓燕,郝佳,胡晓红,等,译.北京:中国人民大学出版社,2015.

[8] 凯勒.战略品牌管理[M].4版.吴水龙,何云,译.北京:中国人民大学出版社,2014.

[9] 余明阳.市场营销战略[M].北京:北京交通大学出版社,2009.

[10] 张宇燕,刘增刚.国际经济政治学[M].上海:上海人民出版社,2008.

[11] 科特勒,凯勒.营销管理[M].14版.上海:上海人民出版社,2012.

[12] 万后芬,汤定娜,杨智.市场营销教程[M].2版.北京:高等教育出版社,2007.

[13] 普赖德,费雷尔.营销观念与战略[M].梅清豪,译.北京:中国人民大学出版社,2005.

[14] 孙立樵,冯致笺.现代领导学教程[M].北京:中共中央党校出版社,2002.

[15] 刘丽.精准扶贫背景下农产品网络营销平台建设探究[J].山西农经,2017(2):50-51.

[16] 汪丽霞.经济全球化背景下的会计理论与方法[J].商场现代化,2017(5):175-176.

[17] 孙晓莉.论新经济时代我国企业财务管理的创新[J].中国商论,2017(20):90-91.

[18] 石菲.刍议新经济时代销售竞争能力的塑造[J].中国高新区,2017(17):224.

[19] 刘大旭,李硕熙,王冠卓.新经济时代市场营销发展的实践创新途径[J].经济研究导刊,2017(23)188-189.

[20] 张艳.新经济时代的市场营销发展探索[J].经济研究导刊,2017(25)56-57.

[21] 潘娅.新经济时代的营销组合策略分析[J].企业改革与管理,2017(15):102.

[22] 龙自臻.新经济时代企业人力资源管理创新问题的思考[J].人力资源管理,2017(9):71-72.

[23] 沈建忠.创新,拥抱新经济时代[J].城市开发,2017(14):54-55.

[24] 李淼.什么是新经济时代的钢铁[J].小康,2017(22):1672-4879.

[25] 沈建忠.新经济时代颠覆性变换的动力[J].城市开发,2017(15):1002-3062.

[26] 王斌,张昱.通信运营企业大数据平台建设思考[J].邮电设计技术,2017(8):73-78.

[27] 彭凌志.大数据在电信行业市场客户营销和管理的应用[J].电脑知识与技术,2017(17):275-276.

[28] 张燕,徐婷.关于我国移动互联网产业发展的思考[J].财经界(学术版),2016(3):81.

[29] 何斯斐. 国际服务贸易促进福建现代服务业发展研究:基于金融服务、商贸服务、运输服务、旅游服务视角[J]. 中国集体经济,2016(3):106-108.
[30] 梁方正,蒋婷."双主体"运行机制下的校地合作办学实践与探索[J]. 中国培训,2016(8):27-28.
[31] 聂林海. 我国电子商务创新与规范发展[J]. 中国流通经济,2016(6):52-57.
[32] 姚栋,王维周. 对"新经济"统计的思考[J]. 中国统计,2016(8):58-60.
[33] 王超贤. 电子商务对中国经济的影响[J]. 中国流通经济,2016(11):75-82.
[34] 姜安印,郑博文. 中国开发性金融经验在一带一路建设中的互鉴性[J]. 中国流通经济,2016,30(11):50-57.
[35] 高拓,孙久文. 提升城镇化发展质量的策略与路径[J]. 中州学刊,2015(1):31-35.
[36] 刘俊. 校园微信营销平台发展策略研究[J]. 福建质量管理,2015(12):93.
[37] 李晓华. 国际产业分工格局与中国分工地位发展趋势[J]. 国际经贸探索,2015,31(6):4-17.
[38] 拓晓瑞,左连村. 基于增加值核算的我国出口产业竞争力分析[J]. 国际经贸探索,2015,31(6):46-56.
[39] 李非,黄伟. 全球价值链分工下两岸贸易利益的分配:基于两岸制造业贸易附加值的研究[J]. 经济问题探索,2015(6):39-45.
[40] 向琳睿,史长宽. 异质企业模型对建立中华自由贸易区的启示[J]. 统计与决策,2014(11):183-185.
[41] 苏清斌. 谈与经济环境相适应的企业市场营销操作创新[J]. 商业经济研究,2015(34):60-61.
[42] 魏巍. 面向新经济时代的企业市场营销策略[J]. 现代经济信息,2015(1):42-42.
[43] 刘艳梅. 企业市场营销危机管理策略研究[J]. 统计与管理,2015(3):145-146.
[44] 杜娟. 电信运营商基于大数据的业务模式分析[J]. 移动通信,2015,39(13):77-81.
[45] 喻新安,杨兰桥,刘晓萍,等. 中部崛起战略实施十年的成效、经验与未来取向[J]. 中州学刊,2014(9):45 54.
[46] 嵇舒昕,郑毓波,潘贤芬. 基于 LBS 的微信营销平台预期经济、社会及生态效益分析[J]. 新西部(理论版),2014(6):90-97.
[47] 樊茂清,黄薇. 基于全球价值链分解的中国贸易产业结构演进研究[J]. 世界经济,2014,37(2):50-57.